图书在版编目（CIP）数据

汉韵细品. 声律启蒙精读 / 陈泓，李海洁编著. -- 重庆：重庆出版社，2017.12
ISBN 978-7-229-12598-1

Ⅰ.①汉… Ⅱ.①陈… ②李… Ⅲ.①诗词格律－中国－启蒙读物 Ⅳ.①H194.1②I207.21

中国版本图书馆CIP数据核字(2017)第206382号

汉韵细品·声律启蒙精读
HANYUNXIPIN·SHENGLUQIMENGJINGDU

陈　泓　李海洁　编著

责任编辑：郭玉洁
　　　　　李云伟
文字统筹：王艺桦
责任校对：杨　婧
封面设计：韩　青

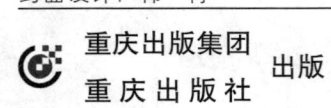

重庆出版集团 出版
重庆出版社

重庆市南岸区南滨路162号1幢　邮政编码：400061　http://www.cqph.com
北京彩虹伟业印刷有限公司印刷
重庆出版集团图书发行有限公司发行
E-MAIL:fxchu@cqph.com　邮购电话：023-61520646

全国新华书店经销

开本：710mm×1000mm　1/16　印张：19　字数：250千
2017年12月第1版　2017年12月第1次印刷
ISBN 978-7-229-12598-1
定价：48.00元

如有印装质量问题，请向本集团图书发行有限公司调换：023-61520678

版权所有　侵权必究

汉韵细品

声律启蒙

陈泓 李海洁 编著

精读

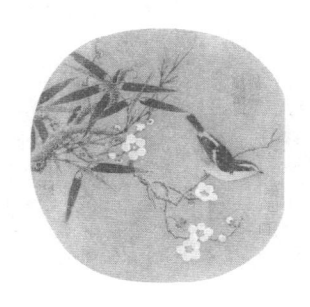

前　言

　　中国的诗、词、曲、联是很讲究声韵格律的。最早的韵书产生于魏晋时期。从清朝康熙年间流传至今的《声律启蒙》和《笠翁对韵》两书，是学习汉语音韵格律和修辞技巧、对仗对偶的优秀实用读物；是写近体诗押平声韵的主要参照书。两书均是采用金代王文郁所著的《平水韵》中的平声三十韵而编写。

　　《声律启蒙》作者车万育（1632—1705），系康熙三年进士，湖南邵阳人，任授户部给事中、兵科掌印给事中，他为官清廉，直言敢谏，学问赅博，擅长书法。著有《历代君臣交儆录》《萤照堂明代法书石刻》《怀园集唐诗》《声律启蒙》等留于后世。

　　车万育所著的《声律启蒙》采用的是对韵的编写手法。平声三十韵，每韵三段，从单字对到十一字对，层层属对，句句对偶，联联对仗，声调平仄交替，音韵谐和优美，节奏明快上口，在启蒙读物中独具一格，儿童诵读如同对歌一般，广大诗词爱好者和戏剧编唱人士也十分喜爱。车万育不愧是进士出身，文化底蕴十分了得，《声律启蒙》贵就贵在内容甚为丰富，涉及天文地理、神话典故、时令民俗、道德人伦、山河景物、鸟兽花木等多方面；车万育随手拈来华夏经典，就可巧妙地融入韵书之中，其精美的语言多源于历代名人的诗、词、文、赋，有的是引用原话，有的是化用句

意，往往形成以诗组诗、以诗组联，或者以故事对故事、以经典对经典，内涵寓意深邃而又清新丰富。如果没有详细的注释，读者较难理解其真正含义。因此，编者很注重对原书每句话每个词的源头探寻，用相当长的时间徜徉在文山书海之中，找寻每句话、每个典故的来源出处，解密每句话背后的美诗美文和有趣的历史故事，以向读者展现小韵书大知识的广博内涵，达到读书不枯燥，读出经典，读出历史，读出新诗，读出楹联，读出智慧。本书的注文均是从古代文人的名篇佳句中遴选出来的。也吸纳了先贤的研究成果，但都重新作了检验，认定其是否正确。

  2014年与王润安合著出版《声律启蒙与笠翁对韵探源精解》后，我广泛听取了专家和读者的建议，本着普及、提高、学术、兴趣、推广、应用相结合的原则，邀请青年教师李海洁与我一起，重新择本、注释编写；为方便各层次读者对原著的理解和领会，采用比照学习的方法，在本书中加写了对原著的译文；为方便诗词爱好者写诗词对韵查字，本书在每个韵部后增加了同韵代表字；同时，增加了各个韵部的格律诗例选；增加了读写诗词的基本常识。加写这四个方面的内容其目的是有益于对平水韵的掌

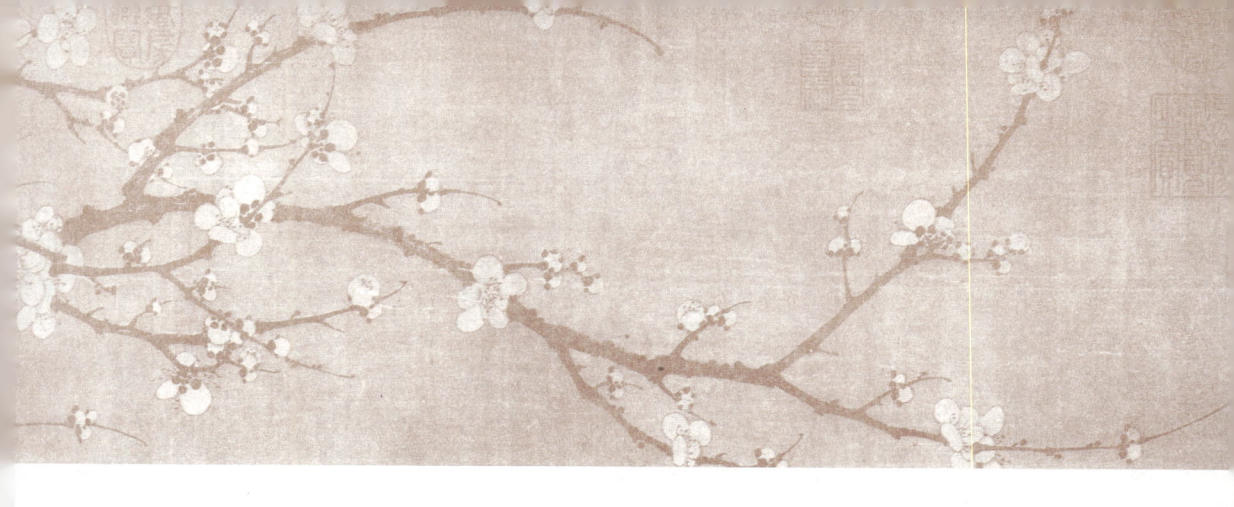

握和运用，将平水韵推向大众化。对于想写诗词想写对联的读者，只要这一册书在手，不管是模仿写还是独自创作，都会从中得到启示和帮助。

  本书在写作过程中，注意语言通俗易懂，以照顾大小读者。对原文加注汉语拼音，尊重旧读，有的字仍按古音拼出，属一字多音的，由"音随意定，韵依音归"而定。鉴于青少年读者对入声字很生疏，所以对原文中的入声字未加标出，只是在"读写诗词常识"一栏中将入声字逐一列出。

  中国汉语是世界最美的语言，美就美在音韵上，而诗词则是美中之大美。《声律启蒙》是平水韵对句的集大成，又是实用性强的韵书普及本，细细诵读细细品味，汉语音韵之美会渐渐潜入到每个人的说与写之中，改变一个人的话语品质，一向被认为高雅的诗词和楹联也会脱口而出，随手写出。让我们从幼儿从中小学生做起，共同努力！

  由于才疏学浅，书中难免有错，敬请同道指正。

陈泓　2017秋夜

目　录

上卷（上平声） .... /1

一　东 .... 读写诗词常识　广韵 /2

二　冬 .... 读写诗词常识　平水韵 /12

三　江 .... 读写诗词常识　押韵 /22

四　支 .... 读写诗词常识　四声 /32

五　微 .... 读写诗词常识　平仄 /42

六　鱼 .... 读写诗词常识　古体诗 /50

七　虞 .... 读写诗词常识　近体诗 /59

八　齐 .... 读写诗词常识　五律的平仄 /68

九　佳 .... 读写诗词常识　七律的平仄 /78

十　灰 .... 读写诗词常识　五绝的平仄 /88

十一　真 .... 读写诗词常识　七绝的平仄 /96

十二　文 .... 读写诗词常识　粘对 /105

十三　元 .... 读写诗词常识　孤平 /115

十四　寒 .... 读写诗词常识　拗救 /124

十五　删 .... 读写诗词常识　对偶、对仗 /134

目 录

下卷（下平声）............ /147

一　先 .... 读写诗词常识　古风、入律的古风 /148

二　萧 .... 读写诗词常识　词和流派 /158

三　肴 .... 读写诗词常识　词的分类 /168

四　豪 .... 读写诗词常识　词牌　词调 /178

五　歌 .... 读写诗词常识　词谱（一）/186

六　麻 .... 读写诗词常识　词谱（二）/196

七　阳 .... 读写诗词常识　词谱（三）/206

八　庚 .... 读写诗词常识　词的格律要求 /216

九　青 .... 读写诗词常识　诗与词的区别 /226

十　蒸 .... 读写诗词常识　邻韵 /235

十一　尤 .... 读写诗词常识　乐府 /245

十二　侵 .... 读写诗词常识　炼句 /255

十三　覃 .... 读写诗词常识　对联 /264

十四　盐 .... 读写诗词常识　声韵、口语、散文 /274

十五　咸 .... 读写诗词常识　入声字表 /283

主要参考文献 .... /293

上卷（上平声）

一　东

云对雨，雪对风，晚照对晴空①。来鸿对去燕②，宿鸟对鸣虫③。三尺剑④，六钧弓⑤，岭北对江东⑥。人间清暑殿⑦，天上广寒宫⑧。夹岸晓烟杨柳绿⑨，满园春色杏花红⑩。两鬓风霜，途次早行之客⑪；一蓑烟雨，溪边晚钓之翁⑫。

沿对革，异对同，白叟对黄童⑬。江风对海雾⑭，牧子对渔翁。颜巷陋⑮，阮途穷⑯，冀北对辽东⑰。池中濯足水⑱，门外打头风⑲。梁帝讲经同泰寺[20]，汉皇置酒未央宫[21]。尘虑萦心，懒抚七弦绿绮[22]；霜华满鬓，羞看百炼青铜[23]。

贫对富，塞对通[24]，野叟对溪童[25]。鬓皤对眉绿[26]，齿皓对唇红[27]。天浩浩[28]，日融融[29]，佩剑对弯弓[30]。半溪流水绿[31]，千树落花红[32]。野渡燕穿杨柳雨[33]，芳池鱼戏芰荷风[34]。女子眉纤，额下现一弯新月[35]；男儿气壮，胸中吐万丈长虹[36]。

译文

　　云对雨，雪对风，晚霞对晴空。飞来的大雁对飞去的小燕，熟睡的鸟儿对鸣叫的小虫儿。三尺长剑对六钧硬弓，五岭山北对江河以东。人间有清暑殿，天上有广寒宫。西湖苏堤两边的杨柳依依，春雨过后满园的杏花更红。冒着风霜严寒，外出谋生的人早就出发了；溪边烟雨之中，披着蓑衣端坐垂钓的是位渔翁。

　　沿袭对变革，相异对相同，白发老人对黄发幼童。江上风对海上雾，放牧的小孩对打鱼的老翁。颜回身居陋巷而志坚常乐，阮籍驾车狂奔到了末路悲怆恸哭，冀北对辽东。池中有洗足水，门外刮顶头风。梁武帝常在同泰寺讲经念佛，汉高祖在未央宫大摆酒宴庆功。世间尘杂常烦恼心头，懒得拨弄七弦绿琴；满鬓华发，不愿在青铜镜前看衰老面容。

　　贫穷对富有，堵塞对畅通，山野老人对溪边顽童。鬓发雪白对眉毛乌黑，牙齿洁白对嘴唇鲜红。辽阔的天空，温暖的阳光，身上的佩剑对手上的弯弓。半溪流水碧绿，千树桃花落红。野外的渡口，燕子在烟雨杨柳中穿舞，芳香的荷塘，鱼儿在红花绿叶里戏游。女子的眉毛纤细，好像一弯美丽的新月；男儿壮志豪情，如胸中吐出万丈长虹。

探源 解意

　　①**晚照**：夕阳的余晖。源于[唐]杜甫《秋野》诗句："远岸秋沙白，连山晚照红。" **晴空**：晴朗的天空。源于[唐]李白《秋登宣城谢朓北楼》诗句："江城如画里，山晚望晴空。"以及[唐]刘禹锡《秋词》诗："晴空一鹤排云上，便引诗情到碧霄。"

　　②**来鸿去燕**：鸿雁家燕春回北方繁殖，秋来南方越冬。"来鸿去燕"比喻行踪漂泊不定的人。[金]元好问《江城子十九首》诗："来鸿去燕十年间。镜中看，各衰颜。"

　　③**宿鸟**、**鸣虫**：归巢夜宿的鸟与鸣叫的昆虫。源于[唐]无可《陨叶》诗："别林遗宿鸟，浮水载鸣虫。"

　　④**三尺剑**：刘邦任泗上亭长时，为沛县衙送民工往骊山筑秦始皇墓。夜经大泽，一条白蛇（传说是秦朝"白帝子"）当道，便拔剑斩之。刘邦推翻秦朝建立汉朝后，曾说："吾以布衣提三尺剑（古剑长约三尺）取天下，此非

天命乎？"（见《史记·高祖本纪》）

⑤**六钧弓**：钧是古代重量计量单位。一钧相当于30斤，六钧即180斤。比喻强弓。《左传·定公八年》载：鲁定公入侵齐国，夸耀说："颜高（鲁国武臣）之弓六钧。"令众士传观。齐人出城应战，六钧弓施展不开，颜高只好夺来下士的弱弓射杀齐兵。

⑥**岭北**：泛指山的北面。特指大庾、始安、临贺、桂阳、揭阳五岭以北；也专指大庾岭（别名"梅岭"）。此二字来源于[唐]韩愈《次同冠峡》诗句："无心思岭北，猿鸟莫相撩。"**江东**：历史上，特指长江从芜湖、南京到入海的长江以南地区，史称"江东"。西楚霸王项羽领江东八千子弟西渡打天下，最后兵败乌江无一人还，项羽仗义自刎，"不肯过江东"。（见《史记·项羽本纪》）

⑦**人间清暑殿**：东晋孝武帝司马曜太元二十一年（公元396年）春在今南京市鸡鸣山南建造清暑殿，"殿前重楼复道，通华林园，爽垲奇丽，天下无比；虽暑月，常有清风，故以为名。"（见《晋书·孝武帝纪》、王琦《景定建康志》）

⑧**天上广寒宫**：传说唐明皇李隆基八月十五日梦游月宫，见一大宫殿，题名"广寒清虚之府"，故称月亮为"广寒宫"。（见柳宗元《明皇梦游广寒宫》）

⑨**夹岸晓烟杨柳绿**：北宋元祐年间，苏轼任杭州知州，在西湖筑堤，横截湖面，用以开湖蓄水。堤上建六桥九亭，夹道植柳，名为苏公堤。明代杨周《苏堤春晓》诗："柳岸花明春正好，重湖雾散分林沙。何处黄鹂破瞑烟，一声啼过苏堤晓。"

⑩**满园春色杏花红**：这是宋代诗人叶适《游园不值》中"春色满园关不住，一枝红杏出墙来"诗句的化用。

⑪**两鬓风霜，途次早行之客**：不畏严寒，一早动身上路的旅客。途次是旅途的意思。指外出谋生的人。

⑫**一蓑烟雨，溪边晚钓之翁**：商朝末年，姜子牙年近八十，每天在渭水之磻溪钓鱼，但用直钩且无饵，谓之愿者上钩，等明主来访他。周西伯

（文王）将出猎，占卜者说他猎获的将是"霸王之辅"。文王在磻溪遇上了姜子牙。二人一见倾心。文王说："吾太公（指文王之父季历）在世时就说过，欲兴周，必须有圣人来辅佐；吾太公望子久矣！"遂称姜子牙为"太公望"，拜为军师。姜子牙辅佐文王征伐，"天下三分，其二归周"。后又辅佐武王伐纣灭商，建立周朝。武王封姜子牙为齐王，成为齐国（今山东境内）之始祖。（见《史记·齐太公世家》）

⑬**白叟、黄童**：白发老人和黄毛儿童。[唐]韩愈《元和圣德》诗云："卿士庶人，黄童白叟，踊跃欢呀（欢呼）。"[宋]蔡肇《大港即事次韵》诗云："村落家家有酒沽，黄童白叟醉相扶。"

⑭**江风、海雾**：江上的风，海上的雾。[唐]骆宾王《晚泊江镇》诗句："海雾笼边徼，江风绕戍楼。"

⑮**颜巷陋**：孔子的得意弟子颜回，字子渊，家庭贫穷，食宿简陋，"一箪食，一瓢饮，在陋巷；人不堪其忧，回也不改其乐。"（见《论语·雍也》）

⑯**阮途穷**：三国魏文学家、思想家阮籍，魏晋"竹林七贤"之一，曾任东平府相、步兵校尉。他藐视世间礼俗，不攀权贵，行为狂放古怪。当官的上任，不是坐轿，就是骑马，而他上任却骑驴。常独自驾车，不走常道，无目的地漫游，车到穷境，就恸哭而返。　[南朝宋]颜延之在《五君咏·阮步兵》诗作中写道："物故（死亡）不可论，途穷能无恸？"

⑰**冀北**：指河北、山西、辽宁地区。有一个比喻善用人才的"马空冀北"典故，故事说：善识良马的伯乐将冀北之良马搜选一空，无所遗漏。唐朝韩愈在《送温处士赴河阳军序》中写道："伯乐一过冀北之野，而马群遂空。"**辽东**：辽河以东地区，即今辽宁省的东部和南部。有一个比喻少见多怪的"辽东白豕"典故，故事说：辽东有一人家，母猪产下一头"白头豕"，以为稀见之物，想要上贡给皇上。到了河东，见到这样的"白头豕"遍地皆是，于是才败兴而归。（见[后汉]朱浮《与彭宠书》）

⑱**池中濯足水**：**濯足水**：洗足水。战国伟大诗人屈原在《楚辞·渔父》文中写道："沧浪之水清兮，可以濯吾缨（系帽的带子）；沧浪之水浊兮，可以濯吾足。"

⑲**门外打头风**：**打头风**：顶头风。[唐]白居易《小舫》诗曰："黄柳影笼随棹月，白苹香起打头风。"[宋]范成大《泊长沙楚秀亭》诗曰："舟行风打头，陆行泥没鞍。"

⑳**梁帝讲经同泰寺**：南朝梁武帝萧衍，崇儒敬佛，大兴寺庙。在皇宫旁修建同泰寺，亲赴同泰寺，脱御服、换法衣当和尚，举办佛教庆典大会，连日亲自讲经。（见《南史·梁武帝本纪》）

㉑**汉皇置酒未央宫**：汉高祖刘邦九年（前198年），"[长安]未央宫成，高祖大朝诸侯群臣，置酒未央前殿"。高祖捧玉杯向其父（太上皇）敬酒，说："以前大人说我是个无赖汉，治产业不如我哥哥刘仲；现在我所取得的业绩，与仲哥相比，谁的多？"殿上群臣皆呼"万岁！"大笑为乐。（见《史记·高祖本纪》）

㉒**尘虑萦心，懒抚七弦绿绮**：**尘虑**：思虑尘世之事。**绿绮**：名琴。宋代爱国名将岳飞一生的抱负，是雪耻报国，反对与金人议和。但他喊破喉咙，当权者中却无人听取。他在《小重山》词中写道："欲将心事付瑶琴，知音少，弦断有谁听！"

㉓**霜华满鬓，羞看百炼青铜**：**霜华**：花白发鬓。**青铜**指青铜镜，古时用青铜炼制的镜子。[元]贯云石《凭阑人·题情》诗云："冷落桃花扇影歌，羞（害臊，不好意思）对青铜扫翠蛾。" [唐]罗隐《伤华发》诗云："已衰曾轸虑（哀伤），初见忽沾巾，……青铜不见，只拟老他人。"

㉔**塞、通**：通畅与阻塞。来源：[唐]杜甫《归梦》诗句："道路时通塞，江山日寂寥。"

㉕**野叟、溪童**：亦作野老溪童、野老村童。指山野老人和河边顽童。[明]杨慎《写词述怀》文写道："想山翁野叟，正尔高眠。"[宋]司马光《叠石溪二首》诗云："野老相迎拜，溪童乍见惊。"

㉖**鬓皤**：鬓角花白。[元]元好问在《中州乐府·临江仙》中写道："卢郎心未老（传说唐代有个卢家子弟到了老年才当上校书郎，并娶妻崔氏），潘令（指曾为河阳令的晋朝美男子潘岳）鬓先皤。"**眉绿**：眉毛乌黑。[宋]陆游《拟岘台观雪》诗云："世间成坏本相寻，却看晴山晕眉绿。"[宋]苏轼《南歌子》词云：

"半年眉绿未曾开。明月好风闲处、是人猜。"

㉗**齿皓、唇红**：牙齿白，嘴唇红。**皓**：洁白，形容人的容貌俊美。《水浒传》写道："那厮唤做小张三，生得眉清目秀，齿白唇红。"

㉘**天浩浩**：天空辽阔。《诗经·小雅·雨无正》云："浩浩昊天（苍天），不骏（通'峻'，长久；经常）其德。"

㉙**日融融**：阳光和暖。[唐]冯延巳《金错刀》文云："日融融，草芊芊，黄莺求友啼林前。"[唐]杜牧《阿房宫赋》云："歌台暖响，春光（春日阳光）融融。"

㉚**佩剑**：系在腰间的剑。[唐]杜甫《人日》云："佩剑冲星聊暂拔，匣琴流水自须弹。" [元]杨载《次韵袁伯长》诗云："佩剑黄金环，咀丹白玉盘。"**弯弓**：拉开弓箭。[唐]杜甫《悲青坂》诗云："黄头奚儿日向西，数骑弯弓敢驰突。"

㉛**半溪流水绿**：溪映碧山流水绿。这是唐代诗人杜牧《残春独来南亭因寄张祜》中"一岭桃花红锦黻，半溪山水碧罗新"诗句的化用。

㉜**千树落花红**：千树红花尽败落。唐代诗人刘禹锡因参加革新，被从监察御史贬为朗州司马。过了十年，朝廷想重新起用他，但他刚回长安即写《游玄都观》称："玄都观（在长安）里桃千树（暗指朝中爬上来的新贵），尽是刘郎（指自己）去后（被贬朗州以后）栽。"这下，又得罪了新权贵，再度被排挤出长安，改任连州刺史。又过十四年，三度被召回京都任职时，他又写《再游玄都观》称："百亩庭中半是苔，桃花（暗指新权贵）净尽菜花开；种桃道士归何处？前度刘郎今又来。"

㉝**野渡燕穿杨柳雨**：燕子在郊野渡口烟雨蒙蒙的杨柳树间飞舞。这是宋朝著名词人柳永《定风波》中"日上花梢，莺穿柳带"以及宋朝佚名词人《失调名》中"双双飞燕柳边轻"词语的化用。

㉞**芳池鱼戏芰荷风**：鱼儿在芳草池塘香气浓浓的荷花丛中嬉游。这是唐代诗人郑巢《陈氏园林》中"蝉鸣槐叶雨，鱼散芰荷风"和汉乐府《江南》中"莲叶何田田，鱼戏莲叶间"诗句的化用。

㉟**女子眉纤，额下现一弯新月**：女子的细眉像新生的月牙一样美丽。

[宋]僧文珦《初三夜月》诗云:"新月似蛾眉,娟娟止片时。"[南朝宋]鲍照《玩月》诗云:"始见东南楼,纤纤如玉钩。未央西北墀,娟娟似蛾眉。"

㊱**男儿气壮,胸中吐万丈长虹:长虹:**形容男儿的豪气像空中的彩虹一样壮烈。秦始皇灭了韩、赵,又攻燕国。燕太子丹招募勇士荆轲刺杀秦王。为取信秦王,荆轲带着燕国愿意把督亢(燕地,今河北涿州)献给秦国的地图,和秦始皇正在悬赏捉拿的樊於期的人头(秦将樊於期逃亡燕国,为支持荆轲刺秦王,自刎献头)赴秦。行前,"白虹贯日(白色长虹穿日而过,是凶兆)",太子丹预感刺秦王必败。荆轲见秦王,先献樊於期人头,秦王大悦;再献地图,"图穷匕首见(图全展开现出匕首)",荆轲操起匕首刺向秦王。秦王绕柱躲避,后拔背剑杀死荆轲。(见《史记·刺客列传》)

东韵部代表字

东	同	童	僮	铜	桐	峒	筒	瞳	中	衷
忠	虫	冲	终	忡	崇	嵩	戎	狨	弓	躬
宫	融	雄	熊	穹	穷	冯	风	枫	丰	鄘
充	隆	空	公	功	工	攻	蒙	朦	濛	幪
笼	胧	崆	蚣	聋	柊	洪	红	虹	鸿	丛
翁	忽	葱	聪	骢	通	棕	蓬			

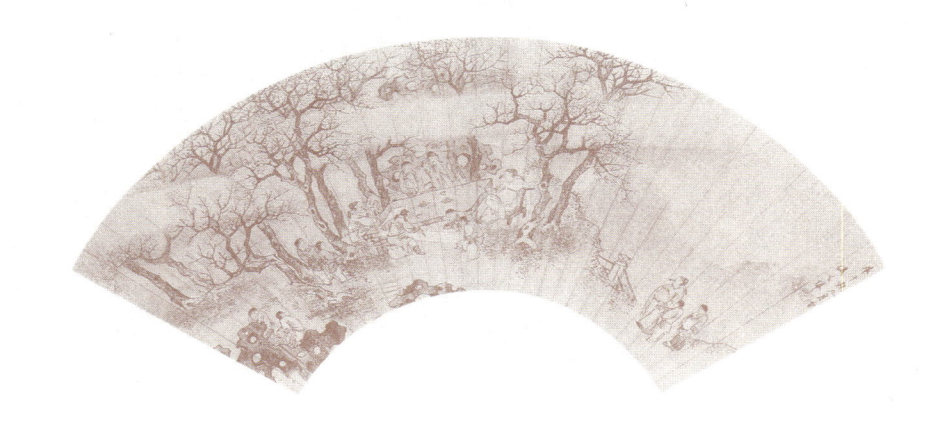

东韵律诗例选

秋登宣城谢朓北楼

[唐]李 白

江城如画里，山晚望晴空。
两水夹明镜，双桥落彩虹。
人烟寒橘柚，秋色老梧桐。
谁念北楼上，临风怀谢公？

读写诗词常识

广 韵

中国汉字由声、韵、调组成，"韵"大致等于现今汉语拼音中的韵母，写诗词讲押韵，韵是诗词格律的基本要素之一。

自魏晋南北朝以来，中国民间已有韵书出现，但大都亡佚。现在能看到的是隋代陆法言等8人所撰的《切韵》残卷，全书分为193个韵部，最早确立了汉语音韵的规则标准。传至唐代，出现以《切韵》为基础，由孙愐修改刊定的《唐韵》，然而原书也亡佚。北宋初年，陈彭年、邱雍等人奉诏对《切韵》《唐韵》等韵书进行完善增订，于宋真

宗大中祥符元年（1008年）完成，更名《大宋重修广韵》，简称《广韵》。这是我国第一部官修的韵书。全书206韵，平声57韵（上平28韵，下平29韵），上声55韵，去声60韵，入声34韵。之所以比《切韵》多13韵，是因记录了始从南北朝到唐代的语言系统，兼收了方言之音，在分韵中更加细致严格。《广韵》一直流传至今，是后人考证汉语上古音、中古音、近代音字音字义的重要依据，《广韵》乃中华音韵宝典。

二 冬

春对夏，秋对冬，暮鼓对晨钟①。观山对玩水②，绿竹对苍松③。冯妇虎④，叶公龙⑤，舞蝶对鸣蛩⑥。衔泥双紫燕⑦，课蜜几黄蜂⑧。春日园中莺恰恰⑨，秋天塞外雁雍雍⑩。秦岭云横，迢递八千远路；巫山雨洗，嵯峨十二危峰⑪⑫。

明对暗，淡对浓，上智对中庸⑬。镜奁对衣笥⑭，野杵对村舂⑮。花灼烁⑯，草蒙茸⑰，九夏对三冬⑱。台高名戏马⑲，斋小号蟠龙⑳。手擘蟹螯从毕卓[21]，身披鹤氅自王恭[22]。五老峰高，秀插云霄如玉笔，三姑石大，响传风雨若金镛[24]。

仁对义，让对恭，禹舜对羲农[25]。雪花对云叶[26]，芍药对芙蓉[27]。陈后主[28]，汉中宗[29]，绣虎对雕龙[30]。柳塘风淡淡，花圃月浓浓[31]。春日正宜朝看蝶[32]，秋风那更夜闻蛩[33]。战士邀功，必借干戈成勇武[34]；逸民适志，须凭诗酒养疏慵[35]。

译文

春对夏，秋对冬，寺庙傍晚的鼓声对清晨的钟声。游山对玩水，绿竹对苍松。冯妇爱打虎，叶公假好龙，飞舞的蝴蝶对鸣叫的蟋蟀。双双紫燕衔泥筑巢屋，黄蜂飞来飞去采花把蜜酿。春日园中黄莺啼恰恰，秋天塞外大雁叫雍雍。秦岭云雾缭绕，绵延八千里；巫山烟雨蒙蒙，耸立十二座高峰。

明对暗，淡对浓，智慧对中庸。镜匣对衣箱，野外棒槌捣衣对村内舂米用木杵。花儿艳丽，芳草萋萋，盛夏对严冬。项羽高高戏马台取乐，桓温小小书斋画蟠龙。毕卓持蟹饮酒不醉不休，王恭披裘驾车雪中潇洒漫游。五老峰高峻，如同玉笔直插云霄；三姑石巨大，像金钟敲响震荡风雨之中。

仁厚对正义，谦让对恭敬，夏禹、虞舜对伏羲、神农。雪花对云朵，芍药对芙蓉。陈后主，汉中宗，曹植绣虎对刘勰雕龙。柳塘清风淡淡，花圃月色浓浓。春和日丽宜看蝴蝶飞舞，秋天夜寒不愿听蟋蟀虫鸣。战士想要功名，必须在战场杀敌成就自己的英勇；隐士要想如愿，需借诗酒寄托心志养就疏朗风度。

探源 解意

①**暮鼓、晨钟**：寺庙中早撞钟、暮击鼓以报时的钟鼓，也作晨钟暮鼓，形容僧尼孤寂单调的生活。[宋]陆游《短歌行》诗云："百年鼎鼎世共悲，晨钟暮鼓无休时。"

②**观山、玩水**：比喻庸人贪图安逸荒废了事业。南宋孝宗（赵昚）在《题冷泉堂飞来峰》诗作中讽喻北宋徽钦二帝荒政亡国，曰："一线南迁已甚危，徽钦北去竟忘之。正当尝胆卧薪日，却作观山玩水时。"

③**绿竹、苍松**：亦作"苍松翠竹"。比喻人品高贵，节操坚定。[宋]杨万里《大丞相益国周公访予于碧瑶洞天》诗曰："苍松翠竹青苔径，也不传呼宰相来。"

④**冯妇虎**：东周大力士冯妇，善于与虎搏斗。一天，众人在追赶一只老虎，老虎跑到山湾处，无人敢去接近。这时冯妇驾车走来，卷袖振臂下车去与老虎搏斗。众人皆称赞冯妇勇敢。（见《孟子·尽心下》）

⑤**叶公龙**：春秋时期，有个叫叶子高的人，很喜爱龙，满屋是画龙雕龙。真龙闻之，从天而降其屋中，"叶公见之，弃而还走（回头就跑），失其

魂魄，五色无主"。后人以"叶公好龙"讽刺某些人表面喜爱某事，实际却很畏惧它。（见［汉］刘向《新序·杂事》）

⑥**舞蝶**：蝴蝶飞舞。［唐］刘兼《春燕》诗："花间舞蝶和香趁，江畔春燕带雨衔。" **鸣蛩**：蟋蟀鸣叫。［唐］王维《早秋山中作》诗云："草间蛩响临秋急，山里蝉声薄暮悲。"

⑦**衔泥双紫燕**：燕子衔泥筑巢。《古诗十九首·东城高且长》诗云："愿为双飞燕，衔泥巢（筑巢）君屋。"［明］徐霖《绣襦记·追奠亡辰》云："忍看寄垒（筑巢）人家双紫燕，母子自喃喃引数飞。"

⑧**课蜜几黄蜂**：**课蜜**：采花酿蜜。［金］元好问《赠休粮张炼师》诗云："中林宴坐人不知，野鹿衔花蜂课蜜。"［元］张子渊《焙蜂》诗云："飞雪满天地，万类各蛰形（潜身）；山蜂尔何为？课蜜亦人称。"

⑨**春日园中莺恰恰**：**恰恰**：黄莺和谐的鸣叫声。［唐］杜甫《江畔独步寻花》诗云："留连戏蝶时时舞，自在娇莺恰恰啼。"［宋］刘师复《题汪水云诗卷十一首》诗云："别港莺娇恰恰啼，苏公堤过赵公堤。水西云北春无赖，细柳新蒲绿未齐。"

⑩**秋天塞外雁雍雍**：**雍雍**：大雁互相应和的鸣叫声。《诗经·邶风·匏有苦叶》云："雍雍鸣雁，旭日始旦（黎明）。"

⑪**秦岭云横，迢递八千远路**：秦岭在陕西境内的一段叫终南山，山势雄伟，云烟飘逸，迢递（遥远）无际。唐代诗人韩愈，曾任刑部侍郎，因上书谏阻唐宪宗迎佛骨获罪，被贬为距长安八千里之遥的潮州刺史。韩愈借秦岭云横之景赋诗，抒发其离开长安的心情："一封朝奏九重天，夕贬潮州路八千；云横秦岭家何在？雪拥蓝关（蓝田关）马不前。"（见韩愈《左迁至蓝关示侄孙湘》）

⑫**巫山雨洗，嵯峨十二危峰**：重庆境内的巫山，有十二座高峰，并立长江两岸。［唐］李端《巫山高》诗云："巫山十二峰，皆在碧虚（蓝色天空）中。"

⑬**上智**：智慧杰出的人。《孙子·用间》文载："明君贤将，能以上智为间（间谍）者，必成大功。" **中庸**：才能一般的人。［汉］贾谊《过秦论》

文载:"[陈涉]材(才)能及中庸。"

⑭**镜奁**:妇女用的镜匣。[唐]杜甫《往在》诗云:"镜奁换粉黛,翠羽犹葱茏。"**衣笥**:盛衣用的竹器。《尚书·说命》文载:"惟衣裳在笥,惟干戈省厥躬(意思是,赐官服、授兵器应视其本人是否称职和胜任)。"

⑮**野杵、村舂**:亦作"村野杵舂"。**杵**:捣米或捶衣用的木棒。**舂**:用木棒捣去谷类的壳。[东汉]桓谭《新论·离事》文载:"宓牺(古帝伏羲氏)之制杵舂,万民以济(得益),及后人加巧,因延力借身重以践碓,而利十倍。"

⑯**花灼烁**:繁花光彩明丽。[西汉]蔡邕《弹棋赋》云:"荣华灼烁,萼不韡韡。"

⑰**草蒙茸**:青草蓬松柔嫩。[宋]胡宏《雨急》云:"雨急落花零乱,风微吹草蒙茸。"

⑱**九夏**:因夏季有九十天,故谓九夏。[南朝梁]萧统《锦带书十二月启林钟六月》云:"三伏渐终,九夏将谢(结束)。"**三冬**:因冬季有三个月,故谓三冬;或指冬季的第三个月,即第十二月份。[唐]杜甫《遣兴》诗云:"蛰龙三冬卧,老鹤万里心。"

⑲**台高名戏马**:指项羽戏马台,在今江苏铜山县南。[北魏]郦道元《水经注》称即项羽之掠马台,其下有玉钩斜道,说项羽在此驰马取乐。另说河北临漳和江苏江都也有"戏马台",分别又称"阅马台"和"玉钩斜"。

⑳**斋小号蟠龙**:《晋书·刘毅传》云:"初,桓温起斋,画龙于上,号蟠龙斋。后桓玄(桓温之子)篡晋,刘毅起兵讨玄,至是居之,盖毅小字蟠龙。"另,《宋书·志二十一》载:"桓玄出镇南州(荆州),立斋名曰'蟠龙'。"

㉑**手擘蟹螯从毕卓**:东晋吏部侍郎毕卓,喜欢喝酒吃蟹,他说:"右手持酒杯,左手持蟹螯(螃蟹脚)",不醉不休。(见《晋书·毕卓传》)

㉒**身披鹤氅自王恭**:东晋建威将军王恭,貌美英俊,常乘高车,披鹤氅裘涉雪而行。有一名士见了,羡慕不已,感叹说:"风度翩翩,此真神仙中人也!"(见《晋书·王恭传》)

㉓**五老峰高，秀插云霄如玉笔**：玉笔：碧绿的山峰像锥笔。江西庐山东南，有五座高峰耸立，像五位席地而坐的老翁。《浔阳记》载："山北有五峰，于庐山最为峻极，其形如河中虞乡县前五老之形，故名。"[唐]李白《望庐山五老峰》诗云："庐山东南五老峰，青天削出金芙蓉。九江秀色可揽结，吾将此地巢云松。"

㉔**三姑石大，响传风雨若金镛**：福建省北部武夷山换骨岩之侧的大王峰顶，立有三石，相距数米，形似三座大钟，山民称其为"三姑石"（三姐妹）。大石之顶树木簇拥，称为大姐爱戴花；次石斜偏于大石，称为二姐爱撒娇；三石的岩腰呈三个层次的重叠之状，形似三朵蘑菇，称为三姐身怀六甲。（见《武夷山志》）

㉕**禹舜、羲农**：古代帝王夏禹、虞舜、伏羲氏和神农氏。

㉖**雪花**：空中水汽受寒结成六角形晶体而飘下，称作雪花。《太平御览·韩诗外传》云："凡草木花多五出（五个花瓣），雪花独六出。"**云叶**：本为木名，其叶如云头，故名云叶。此处云叶乃指云朵呈片状，像树之阔叶。[南朝梁]萧统《黄钟十一月启》云："彤云（红云）垂四百之叶，玉雪（白雪）开六出之花。"[元]袁桷《上京杂咏再次韵》诗云："风花秋黯淡，云叶雨连绵。"

㉗**芍药**：多年生草本植物，花大而美，供观赏。一名可离，故常作离别赠花。《诗经·郑风·溱洧》云："维士（小伙子）与女（姑娘），伊其相谑（开玩笑），赠之以芍药。"**芙蓉**：也称木莲，其花八九月始开，耐寒不落，故又名拒霜。[宋]苏轼《和陈述古拒霜花》诗云："千株扫作一番黄，只有芙蓉独自芳。"

㉘**陈后主**：南朝陈国末代皇帝陈叔宝，生活侈靡，好作艳词（如《玉树后庭花》《临春乐》等），不顾国难。后被隋兵俘虏，陈国灭亡。（见《南史·陈后主本纪》）

㉙**汉中宗**：西汉宣帝刘询。汉武帝晚年，信鬼神，求长生，宫廷内斗激烈，刚出生几个月的刘询也被牵连入狱。后放在民间长大，故了解民间疾苦。当了皇帝后，逐步剪除擅权的霍（霍光）氏家族擅政，加强君权，"亲

躬万机,励精图治",汉朝出现了"中兴盛世"局面。(见《汉书·宣帝纪》)

㉚**绣虎**:比喻才思敏捷的人。三国魏文帝曹丕,嫉妒弟弟曹植的文才,欲加害之,逼弟于七步之内作诗一首。植应声道:"煮豆燃豆萁,豆在釜中泣;本是同根生,相煎何太急?"竟成诗章。《玉箱杂记》云:"曹植七步成章,号'绣虎'。"**雕龙**:比喻善于文辞的人。南北朝时期南朝梁代,著名文学理论家、文学批评家刘勰(约465—520年)著书《文心雕龙》,在中国文学界影响极大。后人因此将刘勰与"雕龙"联系在一起。

㉛**柳塘风淡淡,花圃月浓浓**:这是宋朝诗人晏殊《寓意》中"梨花院落溶溶月,柳絮池塘淡淡风"两句诗的化用。

㉜**春日正宜朝看蝶**:春和日丽宜看蝴蝶飞舞。[宋]陆游《春晴暄甚游西市施家园》诗云:"税驾(停车)名园半日留,游丝飞蝶晚悠悠。"

㉝**秋风那更夜闻蛩**:秋夜寒凉厌听蟋蟀鸣。**那更**:不堪。[唐]王维《早秋山中作》诗云:"草间蛩(蟋蟀)响临秋急,山里蝉声薄暮悲。"[唐]姚合《郡中冬夜闻蛩》诗云:"秋蛩声尚在,切切起苍苔。"

㉞**战士邀功,必借戈干成勇武**:战士借征战勇武求取功名。**邀功**:求取功名。盛唐时期,人们把从军远征,当作求取功名做官的主要途径。[唐]岑参《送李副使赴碛西官军》诗云:"脱鞍暂入酒家垆,送君万里西击胡;功名只向马上取,真是英雄一丈夫。"[宋]陆游《谢池春》词云:"壮岁从戎,曾是气吞残虏。阵(战场)云高,狼烽(狼烟烽火)夜举。朱颜青鬓,拥雕戈(刻绘花纹的长矛)西戍(西部守边)。"

㉟**逸民适志,须凭诗酒养疏慵**:隐士凭诗酒养清闲成为志趣。**适志**:满意。**疏慵**:懒散,清闲。[唐]岑参《题梁鍠城中高居》诗云:"居住最高处,千家恒(遍及)眼前;题诗饮酒后,只对诸峰眠。"

冬韵部代表字

溶	容	冲	松	春	龙	锺	钟	宗	农	彤	冬
逢	从	重	浓	雍	匈	汹	凶	胸	封	蓉	庸
慵	筇	邛	茸	踪	纵	烽	蜂	丰	锋	峰	缝
									供		恭

冬韵律诗例选

喜见外弟又言别

[唐]李　益

十年离乱后，长大一相逢。
问姓惊初见，称名忆旧容。
别来沧海事，语罢暮天钟。
明日巴陵道，秋山又几重。

平水韵

"平水韵"一词出现在宋末。山西平水县（今山西临汾）分管图书的官员、金人王文郁在《广韵》的基础上，根据当时汉语的发展流变，著《平水新刊韵略》，将同用的韵合并为106部；同时期山西平水籍人刘渊著《壬子新刊礼部韵略》，将韵并为107部。两位"平水"人所撰的韵部系统遂被称为"平水韵"；清康熙年间，官修辞典《佩文韵府》明确刊印平水韵106部，从此，《平水韵》在社会上广为流传，成为清代的官韵。《平水韵》不是只讲"平"声韵，而是平、上、去、入四声的韵部都有，仍属古韵。平声韵30部，因平声字多，故分上平15部，下平15部；上声韵29部；去声韵30部；入声韵17部，共106韵部。每一个韵部包含若干同韵汉字，以供创作人员写律诗绝句参照。其实，《平水韵》就是由《广韵》而来，是《广韵》的略本。

格律诗是押《平水韵》中的平声韵的，并且每首诗的韵脚必须出自同一韵部，不能混用，这是科举应试以来一直遵循的文风规则。需要说明的是：平声三十韵中有的字今音相同，用现在的汉语拼音，其韵母一样，但却分属不同韵部，比如"东"、"冬"二韵，各自均有所属同韵的若干字。这是为什么？因为"东"、"冬"的古音是不同的。现保留并延续，是为了适应创作格律诗的规范要求。

清朝车万育和李渔分别著的《声律启蒙》和《笠翁对韵》，就是将《平水韵》中的平声三十韵抽出，采用对韵的手法，赋予每个词韵以生动的内容，加强了"韵"的艺术魅力；特别是独具一格的由单字对到多字对的层层属对，读者念起来朗朗上口，容易记忆。《声律启蒙》和《笠翁对韵》在普及《平水韵》，助力国人创作格律诗词，以及让大美汉语口语更加抑扬动听等方面的潜移默化作用是不可小视的。

　　另要明确：《平水韵》属于古韵，与《新声韵》截然不同，新韵是以普通话的音韵为基础，将汉语拼音的35个韵母，划分合并为14个韵部，比旧韵要简单、宽泛得多，且容量大，比较好掌握，对于繁荣诗歌创作是有促进作用的。但在一首诗中，《平水韵》与《新声韵》不得混用，各是各，若用新韵一定要加以注明。

三 江

楼对阁①，户对窗，巨海对长江②。蓉裳对蕙帐③，玉斝对银釭④。青布幔⑤，碧油幢⑥，宝剑对金釭⑦。忠心安社稷⑧，利口覆家邦⑨。世祖中兴延马武⑩，桀王失道杀龙逄⑪。秋雨潇潇，烂漫黄花初满径；春风袅袅，扶疏绿竹正盈窗⑫。

旌对旆⑭，盖对幢⑮，故国对他邦⑯。千山对万水⑰，九泽对三江⑱。山岌岌⑲，水淙淙⑳，鼓振对钟撞㉑。清风生酒舍㉒，皓月照书窗㉓。阵上倒戈辛纣战[24]，道旁系颈子婴降[25]。夏日池塘，出没浴波鸥对对[26]；春风帘幕，往来营垒燕双双[27]。铢对两[28]，只对双，华岳对湘江[29]。朝车对禁鼓[30]，宿火对寒釭[31]。青琐闼[32]，碧纱窗[33]，汉社对周邦[34]。笙箫鸣细细[35]，钟鼓响摐摐[36]。主簿栖鸾名有览[37]，治中展骥姓惟庞[38]。苏武牧羊，雪屡餐于北海[39]；庄周活鲋，水必决于西江[40]。

译文

　　楼对阁，门对窗，大海对长江。芙蓉花裙子对香蕙草帷帐，玉做的酒器对银质的灯盏。拉上青布幔，遮上绿油幢，闪亮的宝剑对黄金的灯台。贤良忠臣使国家安定，小人谗言使国破家亡。世祖刘秀重用马武汉朝中兴，桀王无道杀忠臣龙逢夏亡。秋雨潇潇，灿烂黄菊满幽径；春风荡漾，繁茂翠竹掩窗纱。

　　旌旗对垂旒，篷盖对车帘，家乡故土对异国他邦。千山对万水，九泽对三江。山高峻，水流急，击鼓对钟撞。清风吹拂酒舍，皓月映照书窗。牧野大战纣兵倒戈伐纣王，秦王子婴丝带系颈投降刘邦。夏日池塘，对对鸥鸟水中嬉戏；春风吹卷帘幕，双双燕儿来往筑巢。

　　铢对两，单对双，华山对湘江。上朝车对宵禁鼓，过夜的香火对寒夜的灯光。青色的宫门，碧绿的纱窗，汉家社稷对周朝天下。笙箫声细绵，钟鼓音洪亮。东汉主簿仇览，贤才善德胸怀大志，三国庞统做了大官，方能施展千里马才华。苏武牧羊，常在北海边以雪为餐；庄周救鱼，非要把遥远的西江水引来。

探源 解意

①**楼、阁**：两层以上的房屋。[唐]白居易《江楼早秋》诗云："楼阁宜佳客，江山入好诗。"

②**巨海、长江**：巨海：指辽阔的海洋。长江：泛指长的河流，我国专称的水名叫长江。[唐]李白《赠升州王使君忠臣》诗云："巨海一边静，长江万里清。"

③**蓉裳、蕙帐**：芙蓉花染的衣裳；香蕙草薰的帐子。蓉：芙蓉，观赏植物，其花鲜艳。蕙：香草名，古代习俗烧蕙草以熏除灾邪。屈原《离骚》云："集芙蓉以为裳。"[宋]王安石《题定林壁怀李叔时》诗云："燎炉无伏火，蕙帐冷空山。"

④**玉斝**：盛行于商周时代温酒用的三足酒器。[元]张养浩《喜春来》曲云："兴来时斟玉斝，看天上碧桃花。"**银釭**：古代灯具。[宋]蔡伸《生查子》词云："银釭委坠红，碧锁朦胧晓。"

⑤**青布幔**：青布帷幕。[唐]段成式《酉阳杂俎·礼异》云："北朝婚礼，青布幔为屋，在门内外，谓之青庐，于此交拜。"

⑥**碧油幢**：挂有绿色油布帷幕的官车。唐代御史及其他大臣用车。[唐]方干《上越州杨岩中丞》诗云："试把十年辛苦志，问津同拜碧油幢。"

⑦**宝剑**：珍贵名剑，亦名三尺水。[南朝梁]吴筠《咏宝剑》诗云："我有一宝剑，出自昆吾溪；照人如照水，切玉如切泥。"**金釭**：古用灯具。[唐]李白《夜坐吟》诗云："冬夜夜寒觉夜长，沉吟久坐坐北堂。冰合井泉月入闺，金釭清凝照悲啼。"

⑧**忠心安社稷**：这是《孟子·尽心上》中"有安社稷（泛指国家）臣者，以安社稷为悦（志趣）也"语句的化用。

⑨**利口覆家邦**：这是《论语·阳货》中"子（孔子）曰：'恶紫（邪色）之夺朱（正色）也；恶郑声（淫声）之乱雅乐也；恶利口（华而不实的巧辩）之覆邦家（泛指国家）者'"语意的化用。

⑩**世祖中兴延马武**：王莽新朝末年，马武参加了绿林军起义，后归顺刘秀麾下。刘秀建立东汉政权，年号世祖，帝号光武，马武任侍中、骑都尉，与虎牙将军盖延等击败刘永割据势力，为汉朝中兴屡建战功。（见《后汉书·马武传》）

⑪**桀王失道杀龙逄**：夏朝末帝夏桀王荒淫无道，大臣关龙逄力谏桀王说："今君用财若无穷，杀人若不胜（没完没了），民心已去，天命不佑（保佑）。"桀王说："吾有天下，犹如天上有日，日亡吾亡。"遂杀死关龙逄。（见王凤洲《纲鉴合纂》）

⑫**秋雨潇潇，烂漫黄花初满径**：经秋雨洗礼，烂漫黄花满菊园。**黄花**：秋日菊花。这是宋代女词人朱淑真《暮秋》中"潇潇风雨暗残秋，忍见黄花满径幽"诗句的化用。

⑬**春风袅袅，扶疏绿竹正盈窗**：受春风吹拂，茂盛绿竹掩纱窗。**扶疏**：枝叶茂盛，疏密有致。这是南朝齐诗人谢朓《咏竹》中"窗前一丛竹，青翠独言奇……月光疏已密，风来起复垂"诗意的化用。

⑭**旌、旆**：两种古代旗帜。也借指军旅。[唐]孟浩然《送苏六从军》诗云："汉兵将灭虏，王粲始从军。旌旆边庭去，山川地脉分。"

⑮**盖、幢**：古时将军刺史的仪仗，称"曲盖"、"赤幢"。亦借指刺

史、郡守。[宋]苏轼《阎立本职贡图》云:"珍禽瑰产争牵扛,名王解辫却盖幢。"

⑯**故国**:祖国;故乡。[唐]杜甫《上白帝城》:"取醉他乡客,相逢故国人。"**他邦**:他国;异乡。南宋初年,金军攻破建康(今南京),通判杨邦义威武不屈,咬破手指,用鲜血在衣襟上写下十个大字:"宁作赵氏(宋朝是赵氏天下)鬼,不为他邦臣。"

⑰**千山、万水**:形容山水重重,比喻路途遥远而艰险。[唐]宋之问《至端州驿见杜审言沈佺期题壁慨然成咏》诗云:"岂意南中歧路多,千山万水分乡县。"

⑱**九泽**:亦称九薮,指古代的九大湖泊,但对九泽所指说法有出入,可视为泛指湖泽。《周礼·夏官·职方氏》把泽、薮并称,其名称及位置如下:扬州具区;荆州云梦;豫州圃田;青州望诸;兖州大野;雍州弦蒲;幽州貕养;冀州杨纡;并州昭馀祁。**三江**:三江是古代各地对本地区主要江河的称呼,因此三江所指说法不一,可视为泛指江河。《周礼·夏官职方氏》载:"其川三江,其浸(湖泽)五湖。"

⑲**山岌岌**:山势高峻。[唐]张九龄《奉和圣制途经华山》诗云:"攒峰势岌岌,翊辇气雄雄。"

⑳**水淙淙**:激流响声。[唐]白居易《草堂前新开一池》诗云:"淙淙三峡水,浩浩万顷陂。"

㉑**鼓振、钟撞**:击鼓撞钟。《墨子·非乐上》云:"撞巨钟,击鸣鼓,弹琴瑟,吹竽笙。"《荀子·富国》云:"故儒术诚行,则天下大而富,使而功,撞钟击鼓而和。"

㉒**清风生酒舍**:这是《南史·谢谖传》中"有时独醉,曰:'入吾室者,但有清风;对吾饮者,唯有明月'"文意的化用。

㉓**皓月照书窗**:这是唐代诗人卢仝《听萧君姬人弹琴》中"月照书窗归独眠"诗句的化用。

㉔**阵上倒戈辛纣战**:这是写周武王伐纣之牧野大战。商朝末代帝王殷纣王,暴虐无道。牧野大战时,纣兵纷纷倒戈,回攻纣王。纣王见大势已

去,于商都朝歌(今河南淇县)身裹珠宝,登鹿台自焚。(见《史记·殷纪》)

㉕**道旁系颈子婴降**:这是写秦王子婴向刘邦投降。刘邦大军攻到长安以东灞上时,"秦王子婴素车白马,系颈以组(用丝带系颈以示降后欲自杀),封(密封)皇帝玺(印)、符节,降(投降)轵道(今西安东北)旁"。(见《史记·高祖本纪》)

㉖**夏日池塘,出没浴波鸥对对**:鸥鸟在夏日池塘里戏水。**浴波**:破水。[元]张献武《水鸥》诗云:"万里长江两白鸥,溶溶浅浅恣(尽情)沉浮;一般都在东风里,反不如它得自由。"

㉗**春风帘幕,往来营垒燕双双**:燕子在主人家筑巢。**营垒**:筑巢。[元]葛易之《京城燕》诗云:"主家帘幕重重垂,衔芹(燕子衔芹菜地的软泥以筑巢)却旁檐间飞。"[唐]杜甫《双燕》诗云:"旅食惊双燕,衔泥入此堂。"

㉘**铢、两**:重量单位。《汉书·律历志》载:"二十四铢为两,十六两为斤。"铢两比喻极其轻微的分量。

㉙**华岳**:西岳华山,在陕西华阴县境。[元]王实甫《西厢记》云:"泪添九曲黄河溢,恨压三山华岳低,此恨谁知?"**湘江**:湘水,源于广西,流经湖南注入长江。

㉚**朝车**:古代君臣举行朝夕礼和饮宴时的出入用车。《吕氏春秋·赞能》载:"管仲至齐境,桓公使人以朝车迎之。"**禁鼓**:设在宫城谯楼上的报时鼓。[明]施耐庵《水浒传》云:"早听得谯楼禁鼓,却转初更。"

㉛**宿火**:过夜的香火。例如,[唐]韦应物《郡斋卧疾绝句》云:"香炉宿火灭,兰灯宵影微。"**寒釭**:寒夜的灯光。[唐]白居易《不睡》诗云:"焰短寒釭尽,声长晓漏迟。"

㉜**青琐闼**:刻有青色连环图案的宫门,借指皇宫、朝廷。[南朝梁]范云《古意赠王中书》云:"摄官青琐闼,遥望凤凰池(指宰相府)。"

㉝**碧纱窗**:装有绿色薄纱的窗。[前蜀]李珣《酒泉子》词云:"秋月婵娟,皎洁碧纱窗外照。"

㉞**汉社**:指汉朝。**社**:社稷,代表国家。[明]胡应麟《少室山房笔

丛·史书佔毕二》云："蒙策权袭害关羽，而汉社瓜分。"**周邦**：指周朝。**邦**：国家，古代诸侯的封国叫"邦"。《尚书·尧典》云："百姓昭明，协和万邦。"

㉟**笙箫鸣细细**：笙音高亢，箫音幽远。**细细**：听音乐的一种感觉。源于宋朝苏轼《春宵》中"歌管楼台声细细"之诗句。

㊱**钟鼓响撚撚**：钟鼓声洪亮。**撚撚**：敲击钟鼓的象声词。源于《史记·司马相如列传》中"撚金鼓"和元代著名文学家杨维桢《江西铙歌》中"钲鼓撚撚"之诗句。

㊲**主簿栖鸾名有览**：东汉考城县令王涣，崇尚以严猛治政。他问善以德教感化犯人的主簿仇览说："你就没有'鹰鹯（两种猛禽，比喻勇猛）之志'？"仇览说："鹰鹯不如鸾凤（鸾鸟和凤凰，比喻美善贤俊）。"王涣说："我这小县衙不是你这大贤久留之地。"王涣识才，遂赠仇览路费，荐举他到京城太学发展。（见《后汉书·循吏列传》）

㊳**治中展骥姓惟庞**：刘备任命庞统为耒阳县令，庞统却不治事。不久，庞统因渎政而被免官。鲁肃知道后，写信对刘备说："庞统不只是个县令之才，让他当州官，才能发挥其骥足（千里马）之才。"（见《三国志·蜀书·庞统传》）

㊴**苏武牧羊，雪屡餐于北海**：公元前100年，汉武帝答应匈奴双方修好，派中郎将苏武为正使，中郎将张胜为副使，常惠为助手，拿着杆头挂有一串毛绒球的"使节"（表示使者身份的凭证）和汉武帝写给匈奴单于的信，带着大批金银绸缎礼物，护送以前扣留的全部匈奴使者，出使匈奴。但假意求和的匈奴单于把汉武帝的修好诚意视为软弱，对苏武一行十分傲慢。在苏武即将回汉的时候，发生了单于抓汉朝副使张胜入狱的事件。缘由是先前的汉朝使者卫律背叛汉朝投降了匈奴，大干坏事，卫律的助手虞常也被扣留在匈奴，但虞常人在匈奴心在汉，一心伺机除掉卫律。苏武来到匈奴，虞常把他的计谋告诉了故交副使张胜，得到了张胜的赞许。但计划不慎败露，虞常张胜被抓，苏武也被牵连受审。在刑审房，虞常当场被杀，张胜跪地求降。卫律以"副使犯罪，正使应连坐（连带受罚）"，诱逼苏武投降，被苏武痛骂

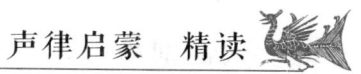

一顿。单于用封官许愿诱降、囚禁断食逼降均告失败，便下令把苏武放逐北海（今俄罗斯贝加尔湖）边牧羊，声称"待公羊生下小羊，方能放你们回汉"。苏武坚贞不屈，餐雪茹毛（嚼毡毛），节（使节）不离身。汉武帝驾崩，汉昭帝继位。匈奴新单于壶衍鞮无力与汉朝为敌，又向汉朝求和。汉朝使者又到匈奴，并索要苏武，匈奴单于谎称苏武早已病死。被扣在匈奴的苏武的助手常惠设法夜会汉使，告知苏武还在北海，并教使臣向单于索要苏武的一套说辞："不久前，大汉天子在上林苑打猎，射下一只鸿雁，雁足上系有一条绸带，上有苏武亲笔写字，说他被放北海牧羊。"汉使见了单于，就用常惠编好的说辞，痛斥单于说谎，直言苏武还在北海，指出单于如真有和好诚意，就该放苏武回汉。单于对汉使"鸿雁传书"的说辞信以为真，遂向汉使道歉，答应释放苏武。公元前81年，苏武、常惠等回到了已别十九年的汉朝。（见《汉书·苏武传》）

㊵**庄周活鲋，水必决于西江**：战国的庄周驾车出使越国，车辙的小水坑中有一尾鲋鱼求他用升斗之水以活命。庄周夸口说："我求越王引西江之水救你。"鲋鱼气愤地说："你给我升斗之水我就能活下来，你竟这样说大话……你去干鱼店找我好了。"（见《庄子·外物》）此故事比喻远水解不了近渴。

江韵部代表字

江　钉　窗　邦　降　双　泷　庞　舡　撞

江韵律诗例选

沧浪静吟

[宋]苏舜钦

独绕虚亭步石矼，静中情味世无双。
山蝉带响穿疏户，野蔓盘青入破窗。
二子逢时犹死饿，三闾遭逐便沉江。
我今饱食高眠外，唯恨澄醪不满缸。

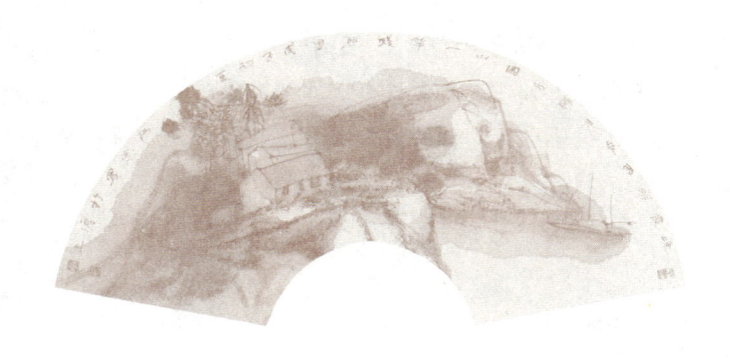

读写诗词常识

押　韵

　　韵是诗词格律的基本要素之一。从古代《诗经》到当代诗词，都讲究用韵，叫做押韵。所谓韵，简单点说，就是指每个汉字的韵母是否相同，韵母相同便是同韵字，同韵字出现在同一首诗每句的末尾字上，便是押韵了。末尾字韵叫"韵脚"。比如：

枫桥夜泊

[唐]张　继

月落乌啼霜满天，(tiān)
江枫渔火对愁眠。(mián)
姑苏城外寒山寺，
夜半钟声到客船。(chuán)

"天"、"眠"、"船"的韵母都是an，韵母相同，三个字同属平水韵中的[先]韵，出现在一、二、四句韵脚上，读起来乐音回环，优美动听。

同韵字不要求声母相同，只要求韵母相同。古诗里今音别于古音，以古音为准，否则就不押韵了。比如"斜"应读xiá，不能读xié。

格律诗是按平水韵中的平声韵押韵的。

四 支

茶对酒，赋对诗①，燕子对莺儿②。栽花对种竹，落絮对游丝②。四目颉③，一足夔④，鸲鹆对鹭鸶⑤。半池红菡萏⑥，一架白荼蘼⑦。几阵秋风能应候⑧，一犁春雨甚知时⑨。智伯恩深，国士吞变形之炭⑩；羊公德大，邑人竖堕泪之碑⑪。

行对止，速对迟，舞剑对围棋⑫。花笺对草字⑬，竹简对毛锥⑭。汾水鼎⑮，岘山碑⑯，虎豹对熊罴⑰。花开红锦绣⑱，水漾碧琉璃⑲。去妇因探邻舍枣[20]，出妻为种后园葵[21]。笛韵和谐，仙管恰从云里降[22]；橹声咿哑，渔舟正向雪中移[23]。

戈对甲，鼓对旗，紫燕对黄鹂[24]。梅酸对李苦[25]，青眼对白眉[26]。三弄笛[27]，一围棋[28]，雨打对风吹[29]。海棠春睡早[30]，杨柳昼眠迟[31]。张骏曾为槐树赋[32]，杜陵不作海棠诗[33]。晋士特奇，可比一斑之豹[34]；唐儒博识，堪为五总之龟[35]。

译文

　　茶对酒，赋对诗，燕子对黄莺。栽花对种竹，纷落的柳絮对飘浮的游丝。仓颉四目灵光生而能写书，舜乐官夔正六律一人足够，八哥对白鹭。半池红荷花，一架白荼蘼。秋风阵阵应季候，一场春雨报农时。智伯恩深，家臣豫让以漆涂身、吞炭致哑为智伯报仇；羊祜清廉高德，砚山百姓立碑建庙、每年祭奠落泪怀念。

　　行对止，速对迟，舞剑对下棋。精美的信笺对潇洒的草书，竹简对毛笔。汾水出过宝鼎，砚山有个堕泪碑，虎豹对熊罴。花开红艳如锦绣，碧波荡漾似琉璃。王吉妻摘邻家枣要被休，公仪妻后园种菜与民争利被夫弃。笛音优美和谐，仿佛仙乐从云间传下；咿哑哑摇橹声，渔舟正行进在雪花飘洒的江面中。

　　戈对盔，鼓对旗，紫燕对黄鹂。酸梅对苦李，阮籍青眼对马良白眉。善吹笛，喜下棋，雨打对风吹。大唐贵妃春宵宿醉睡懒，汉苑"柳人"白天三眠三起。张骏曾写槐树赋，杜甫从来不作海棠诗。东晋书法家王献之，从小才华奇特，何以一斑之豹；唐代大儒殷践猷，博学多闻，称得上是千年五总之龟。

探源 解意

①**赋**：文体名，诗歌的表现手法之一。[东汉]班固《两都赋序》云："赋者，古诗之流也。"

②**落絮**：随风飘落的白色绒毛，如柳絮。[南朝梁]萧子显《春日贻刘孝绰》诗云："新禽争弄响，落絮乱从风。"**游丝**：蜘蛛或其他虫类所吐之丝，飞扬于空中，谓之游丝。[南朝梁]沈约《会圃临春风》诗云："游丝暖如烟，落花氛（飞散）如雾。"

③**四目颉**：传说仓颉是黄帝的史臣，汉字的创造者。《春秋元命苞》载："仓帝史皇氏，名颉，姓侯冈，龙颜侈侈（大嘴巴），四目灵光，实有大德，生而能书。"汉字由仓颉一人创造只是传说，他可能是象形字的整理

者，但他在汉字的整理、使用和创造的过程中，起到了重要作用，被后人尊为"造字圣人"。

④**一足夔**：传说夔是一种奇异如龙的动物，一只足。《庄子·秋水》云："夔对蚿说：'我用一只脚跳着走路。'"另据《吕氏春秋·察传》载：舜帝的乐官名夔，"正六律，和五声，以通八风，而天下大服。"重黎建议再增加一名乐师参与正六律，舜帝说："若夔者，一而足矣（有像夔这样的高手，一个人就足够了）。"后人把"一而足"误传为乐师夔是一只脚，是不对的。

⑤**鸲鹆**：亦作鹳鹆，即八哥。[唐]刘长卿《山鸲鹆歌》云："山鸲鹆，长在此山吟古木。"**鹭鸶**：亦称白鹭，其头顶、胸肩、背部皆生长白毛如丝。[唐]杜牧《鹭鸶》诗云："雪衣雪发青玉嘴，群捕鱼儿溪影中。"

⑥**半池红菡萏**：源于唐代诗人李商隐《赠荷花》中"惟有绿荷红菡萏，卷舒开合任天真"名句。**菡萏**：芙蓉，荷花的别称。

⑦**一架白荼蘼**：这是《全元曲·烧夜香》中"一架荼蘼只见满院香"句子的化用。**荼蘼**：亦作酴醿，观赏小灌木，开白花，有香气。

⑧**几阵秋风能应候**：源于唐代诗人穆寂"独喜登台日，先知应候风"诗句。**应候**：顺应气候。

⑨**一犁春雨甚知时**：这是诗圣杜甫《春夜喜雨》中"好雨知时节，当春乃发生"诗句的化用。**知时**：适应季节。

⑩**智伯恩深，国士吞变形之炭**：战国初期，晋国的韩、赵、魏三家联合灭掉了智氏家族，智伯（智氏之长）瑶被杀。智伯的家臣豫让为替恩人智伯瑶报仇，改名迁居，以掩其身；用漆涂身，以变其形；吞炭致哑，以失其言，暗伏汾水桥下，谋杀赵襄子。未遂，被捕。临刑前，他求得赵襄子一件衣服，拔剑刺衣，以示已为智伯报仇。然后伏剑自杀。（见《史记·刺客列传》）

⑪**羊公德大，邑人竖堕泪之碑**：西晋大臣羊祜，任尚书左仆射都督荆州诸军事时，出镇襄阳，开屯田，储军粮，功绩卓著。他为官清俭，自谓"拜爵公朝，谢恩私门，吾所不取"。死后，当地人民在岘山上羊祜生前游

息之处，建碑立庙，每年祭祀。见碑者无不落泪怀念。（见《晋书·羊祜传》）[唐]孟浩然《与诸子登岘山》诗云："江山流胜迹，我辈复登临。羊公碑尚在，读罢泪沾襟。"

⑫**舞剑**：剑术。《史记·项羽本纪》云："今者项庄拔剑舞，其意常在沛公也。"**围棋**：又称"手谈"。传说为尧帝首创。春秋战国时即有围棋记载，隋唐时传入韩国、日本。[宋]邵雍《观棋大吟》诗云："人有精游艺，予尝观弈棋。"

⑬**花笺**：供题诗、写信用的精美纸张。[南朝陈]徐陵《玉台新咏集序》云："三台妙迹，龙伸蠖屈之书；五色花笺，河北胶东之纸。"**草字**：汉字字体的一种，即草书，简称"草"。[宋]陆游《作字》诗云："书成半行草，眼倦正昏花。"

⑭**竹简**：古代用以记事的竹片。[晋]荀勖《穆天子传·序》云："汲郡（今河南卫辉）民不得盗发古冢所得书也，皆竹简素丝编……其简，长二尺四寸，以墨书，一简四十字。"**毛锥**：写字用的毛笔。[宋]杨万里《跋徐恭仲省干近诗》云："仰枕槽丘俯墨池，左提大剑右毛锥。"

⑮**汾水鼎**：亦称汾阴鼎。汉武帝在汾阴得一宝鼎，藏于甘泉宫。后宝鼎用以象征国家权力。（见《史记·封禅书》）

⑯**岘山碑**：纪念羊祜的"堕泪碑"。（参见本韵注⑪）

⑰**熊罴**：熊和罴均为猛兽。古人认为人梦到熊罴，是要生男孩子的吉兆。《诗经·小雅·斯干》云："吉梦维何？……大人占之：维熊维罴，男子之祥。"

⑱**花开红锦绣**：[唐]杨巨源《城东早春》诗云："若待上林花似锦，出门俱是看花人"之诗意的化用。

⑲**水漾碧琉璃**：[唐]上官昭容《游长宁公主流杯池》诗云："玳瑁凝春色，琉璃漾水波"之诗意的化用。

⑳**去妇因探邻舍枣**：西汉益州刺史王吉的邻居家有棵枣树，树枝垂伸到了王吉的院内，王吉的妻子摘枣给他吃。王吉知情后很生气，把妻子休（离弃）了。邻居主人认为是自家枣树惹的祸，要砍掉枣树，被乡邻劝止；

又劝王吉把妻子接了回来。(见《汉书·王吉传》)

㉑**出妻为种后园葵**:春秋时期,鲁国宰相公仪休,奉法循理。其妻在后花园种葵菜,又自纺织。公仪休认为这会造成与农夫、织妇争利,竟怒而拔掉葵菜、烧毁织机,并把妻子休了。(见《史记·循吏列传》)

㉒**笛韵和谐,仙管恰从云里降**:玉笛谐音从天外传来。这是宋朝苏舜钦《演化琴德素高昔尝供奉先帝闻予所藏宝琴求而挥弄不忍去因作歌以写其意云》中"风吹仙籁下虚空"诗意的化用。**仙管**:笛箫类乐器。

㉓**橹声咿哑,渔舟正向雪中移**:渔舟咿哑在雪中移动。这是唐代诗人柳宗元《江雪》中"孤舟蓑笠翁,独钓寒江雪"诗意的化用。

㉔**紫燕、黄鹂**:[唐]杜甫《柳边》诗云:"紫燕(又称'越燕')时翻翼,黄鹂(又称'黄莺')不露身。"[宋]黄庭坚《听宋宗儒摘阮歌》诗云:"深闺洞房语恩怨,紫燕黄鹂韵桃李。"

㉕**梅酸**:魏武帝(曹操)行军途中,失去水源,将士口渴难忍。曹操谎称:"前有大梅林,饶子(梅子很多),甘酸可以解渴。"将士一听,口皆出水,快步赶路,到了前面有水源的地方。(见《世说新语·假谲》)**李苦**:西晋"竹林七贤"之一王戎,自幼聪慧。一天,他与一群儿童在路边玩耍时,看到李树上结了很多果子,群儿抢着去摘,唯独王戎不动。有人问他为什么不摘,王戎说:"树在道旁而多子,此必苦李。"取来一尝,果然。(见《世说新语·雅量》)

㉖**青眼**:三国时魏文学家、思想家阮籍,藐视礼俗,善待贤达,以白眼斜视"礼俗之士",以青眼(黑眼珠居中直视对方)善待喜交之友。籍母丧,刺史嵇喜来吊,籍作白眼,喜不悦而归。当"竹林七贤"之首嵇康(嵇喜之弟)来祭时,阮籍大悦,以青眼相迎。(见《晋书·阮籍传》)**白眉**:三国时,蜀国侍中马良,有兄弟五人,均才干出众,尤以马良为最。马良眉毛已变白,故称其为"白眉"。(见《三国志·蜀书·马良传》)

㉗**三弄笛**:东晋桓伊,喜音乐,善吹笛,时称"江左第一"。官至江州刺史,四郡都督。一次,他驾车外出,黄门侍郎王徽之(字子猷)请他奏笛。他不认识子猷,但久闻子猷的名望。于是下车,"据胡床,奏三调。

弄毕，上车而去"。显示了桓伊既有礼貌，又不巴结权贵的姿态。（见《晋书·桓伊传》）据《神奇秘谱》说法，流传后世的"梅花三弄"名曲，即是据此三调改编而成。

㉘**一围棋**：东晋宰相王导的次子王恬，少好武，性傲诞，不拘礼法。多技艺，善弈棋，号称"中兴第一"。（见《晋书·王导传》）

㉙**雨打、风吹**：指风雨的侵害。比喻经受艰苦磨炼。例如，[宋]范成大《春晚偶题》诗云："寂寥春事冷于秋，雨打风吹断送休。"

㉚**海棠春睡早**："海棠"是唐玄宗对杨贵妃娇美姿容的爱称。《太真外传》载：唐明皇李隆基在沉香亭召见杨贵妃，杨太真（杨贵妃玉环）初睡起，宿醉未醒，淡妆应召。明皇笑曰："海棠春睡未足耶！"

㉛**杨柳昼眠迟**：出自"人柳"典故。**杨柳**：通称为柳。《三辅旧事》云："汉苑中有柳，状如人形，号曰'人柳'，一日三眠三起。"

㉜**张骏曾为槐树赋**：此说法欠妥。据《晋书·昭武凉王传》载，十六国时期，前凉王张骏曾在河右（亦称"河西"）地区广植槐、柏、漆树，均难活，只"酒泉宫之西北隅有槐树生焉。玄盛又著《槐树赋》以寄情"。玄盛乃是前凉以后西凉国的建立者，名李暠，字玄盛，即昭武凉王。这就是说，凉州槐树是前凉张骏始植，而《槐树赋》则是西凉的李暠所著。

㉝**杜陵不作海棠诗**：**杜陵**：杜少陵，是杜甫的别名。《王禹偁诗话》载：杜甫的母亲，乳名"海棠"，故杜甫讳作海棠诗。唐代诗人郑谷曾以《海棠》为题赋诗，盛赞海棠；当他提到杜甫的态度时，却写道："浣花溪（成都'杜甫草堂'所在地）上添惆怅，子美（杜甫的字）无情为发扬。"说明郑谷也认为杜甫忌讳作海棠诗。但宋代陆游认为杜甫不应无海棠诗，可能是失传了。

㉞**晋士特奇，可比一斑之豹**：东晋书法家王献之乃王羲之第七子，从小聪慧。刚几岁时，见父亲的门生在玩博弈游戏，他一看形势，便说某某"南风不竞（古指南方民歌曲调不强壮，多死音，是失败的征兆）"。有门生却轻视他，说：这孩子"管中窥豹，时见一斑"。（见《世说新语·方正》）管中窥豹，不能看到全貌，但见微知著，能看出大略，也算是有远见。

㉟**唐儒博识，堪为五总之龟**：唐代大儒殷践猷，博学多闻，贺知章称他为"五总龟"（龟每二百岁生出二尾称一总，至千岁生出五总称一聚），说他阴阳、数术、医方、刑法各种知识无所不通，尤精"百家之说"。唐代大书法家颜真卿说："贺（知章）呼君为五总龟，以龟千年五聚，问无不知也。"（见《新唐书·殷践猷传》）

支韵部代表字

仪	宜	奇	碑	陂	吹	垂	为	移	枝	支
师	夷	危	规	池	驰	知	施	离	儿	皮
诗	时	螭	卮	芝	之	悲	眉	龟	迟	姿
丝	姬	疑	基	祠	期	差	词	辞	旗	棋
麾	维	痴	随	持	滋	思	帷	医	葵	司
狸	尸	嬉	披	雌	脂	肌	遗	慈	弥	墀
岐	歧	骑	亏	卑	茨	疲	兹	篱	湄	炊
髭	彝	羁	觜	疵	欺	熙	窥	私	斯	谁
箕	缁	淇	伊	姨	锥	衰	饥	縻	资	颐
麒	骊	骊	嬴	羲	绥	縻	推	而	尼	治
狝	蛋	蛋	椅	鹂	漓	罹	锤	骐	崎	祁
籭	淄	璃	栀	鹚	尸	枇	琵	伾	貔	罴
鹩	貽	匙	葰	睢	虽	隋	嗤	踟	鸥	绨
裨		迆	逶	偲	澌	厮	氂	惟	菱	瓷
					猗	痿		蠡	嵋	丕

支韵律诗例选

咏怀古迹

[唐] 杜甫

摇落深知宋玉悲,风流儒雅亦吾师。
怅望千秋一洒泪,萧条异代不同时。
江山故宅空文藻,云雨荒台岂梦思。
最是楚宫俱泯灭,舟人指点到今疑。

读写诗词常识

四 声

　　古代汉语有四个声调：平、上、去、入；今普通话也有四个声调：阴、阳、上、去。区别在于：古代平声到了清代基本完成了**"平分阴阳"**，即古代平声分化为阴平声和阳平声。"平水韵"中所说的平声包括今天的阴平声和阳平声。

　　"入声"的发音特点是声音短促，韵尾拖个喉塞音。入声在后代发展变化较大，韵尾脱落，喉塞音舒化。入声分化后分别进入平、上、去声中，这就是后来所称谓的**"入派三声"**。"入派三声"到了清代基本完成，当时的平声是包含着阴平声和阳平声的。现在，普通话和书面语言里均已没有入声，但在方言区里，比如：豫北西部、山西、江浙、福建、广东等地的口语中还保留着大量的入声。古代格律诗词是有入声的，所以现代人对入声要有一个基本的了解。

　　四声和韵的关系很密切，在诗词中，不同声调的字不属同韵。辨别四声，是辨别平仄的基础。

　　入派三声示图：

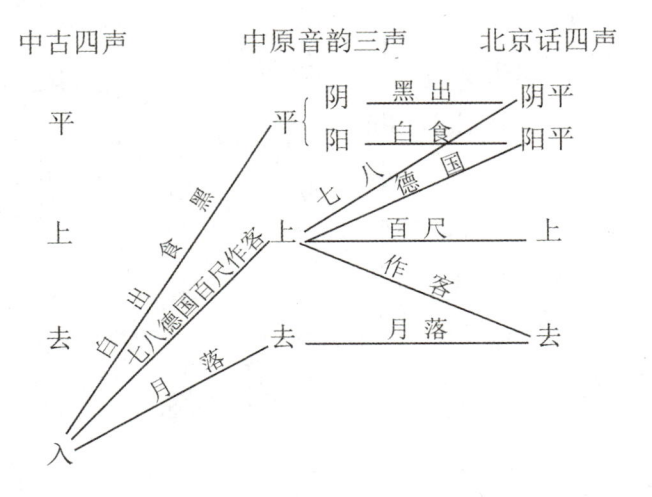

```
    中古四声         中原音韵三声      北京话四声
                              阴  黑 出 ───── 阴平
    平 ─────────── 平
                              阳  白 食 ───── 阳平
                                  七 八 德 国
    上                        上   百 尺 ───── 上
                                     作 答
    去                        去     月 落 ───── 去
    入
```

五　微

来对往，密对稀，燕舞对莺飞①。风清对月朗②，露重对烟微③。霜菊瘦④，雨梅肥⑤，客路对渔矶⑥。晚霞舒锦绣⑦，朝露缀珠玑⑧。夏暑客思欹石枕⑨，秋寒妇念寄边衣⑩。春水才深，青草岸边渔父去⑪；夕阳半落，绿莎原上牧童归⑫。

宽对猛，是对非⑬，服美对乘肥⑭。珊瑚对玳瑁⑮，锦绣对珠玑⑯。桃灼灼⑰，柳依依⑱，绿暗对红稀⑲。窗前莺并语，帘外燕双飞⑳。汉致太平三尺剑[21],周臻大定一戎衣[22]。吟成赏月之诗,只愁月堕;斟满[23]送春之酒,惟憾春归[24]。

声对色,饱对饥,虎节对龙旗[25]。杨花对桂叶[26],白简对朱衣[27]。尨也吠[28],燕于飞[29],荡荡对巍巍[30]。春暄资日气[31],秋冷借霜威[32]。出使振威冯奉世[33],治民异等尹翁归[34]。燕我弟兄,载咏棣棠骅骅[35];命伊将帅,为歌杨柳依依[36]。

译文

　　来对去,密对稀,燕舞对莺飞。清风对明月,露水浓重对烟雾轻微。霜后秋菊瘦,雨后梅子肥,旅途路上对水边岩石。天空的晚霞像展开的长卷锦绣,清晨的露水像绿叶上缀满透亮的珍珠。夏日炎炎,游客斜倚石枕想家乡,秋日风寒,妻子思念边关的丈夫寄去棉衣。春水刚刚大,岸边渔父便摇着船儿打鱼去;夕阳还没落山,青绿草场的牧童便已踏歌回。

　　宽容对严厉,正确对错误,穿着华丽的衣服对驾着肥壮马的车。珊瑚对玳瑁,丝绸对珠宝。桃花艳,柳叶青,浓绿对稀红。窗前黄莺两两鸣唱,帘外燕子双双对飞。高祖刘邦凭借三尺剑统一天下,周武王一身戎装牧野伐纣建立周朝。赏月吟唱诗词,兴高只怕月落;斟满送春之酒,酒酣只恐春归去。

　　声音对颜色,肚饱对饥饿,出国虎节对王侯龙旗。杨树花对桂树叶,御史手握白简对红色官衣。狗在叫,燕子飞,江流浩荡对山势巍巍。春暖靠日气,秋寒借霜威。冯奉世持节出使西域大振汉朝国威,为官清廉家无余财当属汉臣尹翁归。款待兄弟,吟唱棣棠之歌情谊无比;被任将帅,出征边疆得胜归来再唱"杨柳依依"。

探源 解意

①**燕舞、莺飞**:亦作莺歌燕舞,象征春光明媚。[宋]姜夔《白石词·杏花天影》词云:"金陵路,莺歌燕舞,算潮水知人最苦。"

②**风清、月朗**:春风清爽,月色明朗。形容夜景美好。[唐]段成式《酉阳杂俎续集·支诺皋下》诗云:"时春季夜间,风清月朗。"

③**露重、烟微**:亦作露重烟轻。**烟微**:雾气轻微。[宋]欧阳修《蝶恋花》词云:"鹈鴂滩头风浪晚。露重烟轻,不见来时伴。"

④**霜菊瘦**:经霜秋菊,花瓣细而长。**霜菊**:傲霜的秋菊。[宋]苏轼《甘菊》诗云:"越山春始寒,霜菊晚愈好。"

⑤**雨梅肥**:雨后梅子,果实肥而壮。[宋]周邦彦《满庭芳·夏景》词云:"风老鹰雏,雨肥梅子。"[宋]华岳《别蓝详道》诗云:"竹孙和客凌风瘦,梅子偏他得雨肥。"

⑥**客路**:旅途。[宋]苏轼《次韵孙巨源见记》云:"应知客路愁无奈,故遣吟诗调李陵。"**渔矶**:供垂钓的水边岩石。[唐]戴叔伦《过故人陈羽山

居》诗云："峰攒仙境丹霞上，水绕渔矶绿玉湾。"

⑦**晚霞舒锦绣**：落日的云彩像锦绣（精美鲜艳的丝织品）一样舒展在天空里。源于明人李梦阳《平坡寺》中"西山万佛寺，灿若舒锦绣"诗句。

⑧**朝露缀珠玑**：清晨的露水像珠玉一样点缀在草叶上。这是宋代诗人陈宓《秋夜》中"白月无瑕呈佩玦，黄花有露缀珠玑"诗句的化用。

⑨**夏暑客思欹石枕**：炎夏，闲客总爱侧身枕着石头歇凉。[唐]太上隐者《答人》诗云："偶来松树下，高枕石头眠。"

⑩**秋寒妇念寄边衣**：寒秋，婚妇时刻挂念给征夫寄棉衣。[唐]陈玉兰《寄夫》诗云："夫戍边关妾在吴，西风吹妾妾忧夫。一行书信千行泪，寒到君边衣到无？"

⑪**春水才深，青草岸边渔父去**：[唐]张志和《渔父歌》诗云："青草湖（在湖南岳阳市西南）中月正圆，巴陵（今岳阳）渔父棹（划船）歌还。"

⑫**夕阳半落，绿莎原上牧童归**：绿莎：生长于湿地或沼泽中的绿色莎草。[唐]吕岩《牧童》诗云："草铺横野六七里，笛弄晚风三四声。归来饱饭黄昏后，不脱蓑衣卧月明。"[宋]雷震《村晚》诗云："草满池塘水满陂，山衔落日浸寒漪。牧童归去横牛背，短笛无腔信口吹。"

⑬**宽、猛**：宽容与凶猛。指施政应宽严适度，互相补充。《左传·昭公二十年》："政宽则民慢，慢则纠之以猛；猛则民残，残则施之以宽。宽以济猛，猛以济宽，政是以和。" **是、非**：对的与错的。指看问题应有是非标准。[唐]刘兼《诫是非》诗云："巧舌如簧总莫听，是非多自爱憎生。三人告母虽投杼，百犬闻风只吠声。辨玉且宽和氏罪，诬金须认不疑情。"

⑭**服美、乘肥**：服装美丽，乘马肥壮。**乘**：指驾车的马。古时一车四马为"一乘"。《论语·雍也》载："赤（公西赤）之适齐也，乘肥马，衣轻裘。"

⑮**珊瑚**：热带海中腔肠动物，形如树枝，质地细腻柔和而富韧性，属于高档珍玩珠宝。[三国魏]曹植《美女篇》诗云："明珠交玉体，珊瑚间木难（树枝冒充珊瑚难）。" **玳瑁**：大海中似龟的动物，甲壳光滑而有花纹，可作装饰品。《淮南子·泰族训》："瑶碧玉珠，翡翠玳瑁，文彩明朗，润泽若濡

（柔软）。"

⑯**锦绣**：刺有彩色花纹的丝织品。《汉书·景帝纪》云："锦绣纂组（赤色绶带），害女红者也……女红害，则寒（贫寒）之原（源）也。"**珠玑**：珠宝。《墨子·节葬》载："诸侯死者，虚（空虚）车府，然后金玉珠玑比（靠近）乎身（尸体）。"

⑰**桃灼灼**：《诗经·周南·桃夭》云："桃之夭夭，灼灼（鲜艳）其华。"

⑱**柳依依**：《诗经·小雅·采薇》云："昔我往矣，杨柳依依。"

⑲**绿暗、红稀**：暮春时节，绿荫浓郁幽暗，红花凋谢稀少。[唐]韩琮《暮春浐水送别》诗云："绿暗红稀出凤城，暮云楼阁古今情。"

⑳**窗前莺并语，帘外燕双飞**：莺燕成双成对地歌唱飞舞。这两句是唐代诗人杜牧《为人题赠诗》中"绿树莺莺语，平江燕燕飞"诗句的化用。比喻春光美好。

㉑**汉致太平三尺剑**：刘邦剑斩白蛇，举行大泽乡起义，推翻秦朝，他说："吾以布衣提三尺剑取天下，此非天命乎？"（见《汉书·高祖本纪》）

㉒**周臻大定一戎衣**：《尚书·武成》云："一戎衣，天下大定。"说的是周武王姬发身着戎装，率八百诸侯讨伐殷纣王，牧野一战灭商，建立了周朝。

㉓**吟成赏月之诗，只愁月堕**：这是文人的恋月情怀。[唐]李白《把酒问月》诗云："古人今人若流水，共看明月皆如。唯愿当歌对酒时，月光长照金樽里。"

㉔**斟满送春之酒，惟憾春归**：这是文人的惜春情怀。[宋]黄庭坚《清平乐·晚春》词云："春归何处？寂寞无行路。若有人知春去处，唤取归来同住。"

㉕**虎节**：古代使节所持的虎形信物。《周礼·地官掌节》云："凡邦国（指周朝各诸侯国）之使节，山国（山地之国）用虎节，土国（平原之国）用人节，泽国（水乡之国）用龙节。"**龙旗**：古代王侯仪仗与卫士用画有龙图的旗子。《史记·礼书》云："龙旗九斿（旗上装饰物），所以养信（信仰）也。"

㉖**杨花**：柳絮。[北周]庾信《春赋》云："新年鸟声千种啭,二月杨花满路飞。"**桂叶**：桂树叶。桂树秋季开花,极芳香,故称九里香。[唐]李商隐《无题·重帏深下莫愁堂》诗云："风波不信菱枝弱,月露谁教桂叶香?"

㉗**白简**：简：本为竹片或木片,代纸用。后纸质书笺亦通称"简"。古代御史上弹劾奏章时,皆用白简。**朱衣**：古代帝王夏季穿的朱红色服装。唐宋时期,四品、五品官穿绯(红色)服,通称"朱衣"。

㉘**尨也吠**：尨：杂色长毛狗。《诗经·召南·野有死麕》云："无感(撼)我帨(裙)兮,无使尨也吠。"诗写男女幽会,美女劝公子别动手动脚,怕引起狗叫。

㉙**燕于飞**：《诗经·邶风·燕燕》云："燕燕于飞,差池其羽;之子于归,远送于野。"诗写西周末期,卫庄公死,夫人庄姜无子,其妾戴妫所生之子继为桓公。后来桓公被异母弟弟州吁杀死。戴妫为避难,离开卫国回陈国娘家,庄姜远送于野方告别。故后人以"燕于飞"为送别亲人之典故。

㉚**荡荡、巍巍**：形容功业崇高而伟大。《后汉书·皇后纪》云："巍巍(崇高)之业,可闻而不可及;荡荡(广大)之勋,可诵而不可名。"

㉛**春暄资日气**：春暖靠阳光照射。**暄**：暖和。**资**：凭借;依靠。**日气**：晒干;阳光照射。《周易·说卦》云："雨以润之,日以晅(日气;晒干)之。"

㉜**秋冷借霜威**：秋冷借霜寒之威。**霜威**：寒霜肃杀的威力。[唐]白居易《雪中即事答微之》诗云："润含玉德怀君子,寒助霜威忆大夫。"

㉝**出使振威冯奉世**：西汉宣帝时,名将冯奉世以卫侯使身份,持节赴大宛国(今中亚弗尔干纳盆地)处理莎车人杀害汉朝官员事。他率兵击破莎车叛乱,威震西域,巩固了汉朝在该地区的统治。(见《汉书·冯奉世传》)

㉞**治民异等尹翁归**：西汉名臣尹翁归,擅长击剑,无人能当。原为狱小吏,继而任东海太守,后升右扶风。他公正明察,尽知奸邪;清廉自守,死时家无余财。汉元帝制诏称："扶风尹翁归,廉平乡正,治民异等。"(见《汉书·尹翁归传》)

㉟燕我弟兄，载咏棣棠铧铧：燕：通宴，宴饮。《诗经·小雅·常棣》云："常棣（同'棣棠'，树名，古时为兄弟的代称）之华，鄂不铧铧；凡今之人，莫如兄弟。"诗写棠棣花之艳丽，比喻兄弟宴饮亲近之快乐。

㊱命伊将帅，为歌杨柳依依：《诗经·小雅·采薇》云："昔我往矣（离家出征），杨柳依依（形容春暖柳绿）；今我来思（要回故乡），雨雪霏霏（形容大雪纷飞）。行道迟迟，载渴载饥。我心伤悲，莫知我哀。"诗写戍边将士从奉命出征到回归故乡所经历的艰苦生活。

微韵部代表字

微 薇 晖 辉 徽 挥 韦 围 帏 违 闱 霏
菲 妃 飞 非 扉 肥 威 祈 旂 畿 机 几
稀 希 衣 依 归 苇 饥 矶 欷

微韵律诗例选

挽戴安澜将军

毛泽东

外侮需人御，将军赋采薇。
师称机械化，勇夺虎罴威。
浴血东瓜守，驱倭棠吉归。
沙场竟殒命，壮志也无违。

读写诗词常识

平　仄

　　平为平坦意，仄为不平意，二字组词"平仄"成为诗词格律的专用名词，平代表平声，仄代表上、去、入声。

　　平仄在格律诗中是交错出现的：本句中交替出现；对句中对立出现。比如：

　　毛泽东的七律《长征》第五、六两句：

　　　　金沙水拍云崖暖，
　　　　大渡桥横铁索寒。

　　这两句诗的平仄是：

　　　　平平|仄仄|平平|仄，
　　　　仄仄|平平|仄仄|平。

　　第一句，平起句（看句中的第二字，是平声，叫平起），平平后跟着仄仄，仄仄后跟着平平，最后字仄。本句中平仄交替。

　　第二句，仄起句（看句中的第二字，是仄声，叫仄起），仄仄后跟着平平，平平后跟着仄仄，最后字平。本句中平仄交替。

　　这两句是对句，"金沙"对"大渡"，是平平对仄仄，"水拍"对"桥横"，是仄仄对平平，"云崖"对"铁索"，是平平对仄仄，"暖"对"寒"是仄对平。这是对句中的对立。

　　平仄转现在普通话四声里，阴平声、阳平声属于平声；上声、去声属于仄声。入声属于仄声，但普通话里没有入声，有入声的方言区里的人好辨认，没有入声的方言区里的人要辨认只能查字典或韵书，不过还是有规律可循的。"拍"就是入声，属于仄声。（后附有入声字表）

六 鱼

无对有，实对虚，作赋对观书。绿窗对朱户①，宝马对香车②。伯乐马③，浩然驴④，弋雁对求鱼⑤。分金齐鲍叔⑥，奉璧蔺相如⑦。掷地金声孙绰赋⑧，回文锦字窦滔书⑨。未遇殷宗，胥靡困傅岩之筑⑩；既逢周后，太公舍渭水之鱼⑪。

终对始，疾对徐⑫，短褐对华裾⑬。六朝对三国⑭，天禄对石渠⑮。千字策⑯，八行书⑰，有若对相如⑱。花残无戏蝶⑲，藻密有潜鱼⑳。落叶舞风高复下[21]，小荷浮水卷还舒[22]。爱见人长，共服宣尼休假盖[23]；恐彰己吝，谁知阮裕竟焚车[24]。

麟对凤[25]，鳖对鱼，内史对中书[26]。犁锄对耒耜[27]，畎浍对郊墟[28]。犀角带[29]，象牙梳[30]，驷马对安车[31]。青衣能报赦[32]，黄耳解传书[33]。庭畔有人持短剑[34]，门前无客曳长裾[35]。波浪拍船，骇舟人之水宿[36]；峰峦绕舍，乐隐者之山居[37]。

译文

　　无对有，虚对实，作赋对看书。绿色纱窗对红漆大门，优良的马对华丽的车。伯乐善相马，孟浩然喜骑驴，射雁对捉鱼。慷慨分钱鲍叔牙，完璧归赵蔺相如。孙绰的《天台山赋》词章优美句句金石落地有声，窦滔妻苏蕙思夫在五彩锦缎上织《回文璇玑图诗》言简情深（八百四十字顺逆回环皆为诗，凄婉动人精妙一绝）。胥靡原是筑墙奴隶，遇殷高宗官升为相治国有功；姜子牙受周文王重用不再垂钓，辅佐文王建周。

　　结束对开始，迅速对缓慢，粗布短服对华贵长衣。六朝对三国，矢禄阁对石渠阁。千字策论，八行书信，有若同相如践行和为贵。花残不见蝴蝶来，水藻下面有潜鱼藏。树上落叶随风飘舞，水面荷叶风吹卷舒。好话别人长处，孔子不借子夏伞；担心显露吝啬，阮裕竟烧自家好车。

　　麒麟对凤凰，龟鳖对鱼虾，内史对宰相。犁锄对耒耜，水沟对土堆。犀角腰带，象牙梳子，驷马高车对单匹小车。传说黑衣人外报苻坚特赦令，黄耳狗为陆机千里送家书。荆轲刺秦王"图穷匕首见"，刘濞谋反门前无长衣食客。波浪拍船，渔父舟中食宿习惯颠簸；峰峦环绕，隐士住深山老林自得其乐。

探源 解意

　　①**绿窗**：绿色纱窗。文人常用"绿窗"比喻贫穷人家。[唐]白居易《议婚》诗云："红楼富家女，金缕绣罗襦……绿窗贫家女，寂寞二十余。"**朱户**：红漆大门。文人常用"朱户"比喻富户豪门。[唐]李绅《过吴门二十四韵》诗云："朱户千家室，丹楹（计算房屋间数的量词）百处楼。"

　　②**宝马、香车**：装饰华丽的车马。[唐]王维《同比部杨员外十五夜游有怀静者季》诗云："香车宝马共喧阗，个里多情侠少年。"

　　③**伯乐马**：古时善相马者伯乐，姓孙，名阳，字伯乐，是春秋中期秦穆公的家臣。伯乐年长后，推荐九方皋为秦穆公相马。秦穆公说九方皋找马连毛色雌雄都弄不清。伯乐说："九方皋相马，得其精而忘其粗，在其内而忘其外，不能只看其形象与毛色。"（见《列子·说符》）又一说伯乐是春秋时期赵简子的家臣邮无恤，字子良，号伯乐，善驭马，又善相马。（见《韩非子·说林下》）

④**浩然驴**：唐代诗人孟浩然曾骑驴冒雪到灞桥（在今陕西长安县东）寻梅吟诗。他说："吾诗思在风雪中驴子背上。"（见《韵府》）[唐]唐彦谦《忆孟浩然》诗云："郊外凌兢（寒冷）西复东，雪晴驴背兴（诗兴）无穷。句搜明月梨花内，趣入春风柳絮中。"

⑤**弋雁**：用系绳子的箭射雁。《诗经·郑风·女曰鸡鸣》云："将翱将翔，弋凫（野鸭）与雁。" **求鱼**：指"缘木求鱼"，爬到树上去捉活鱼。这方法错误，不可能达到目的。《孟子·梁惠王上》云："以若所为（指齐宣王想用武力扩张领土），求若所欲（满足这种欲望），犹缘木而求鱼也。"

⑥**分金齐鲍叔**：春秋时期，政治家管仲，早年家贫，与鲍叔牙一起做生意，分盈利时，鲍叔牙总是多给管仲一些。不是因为管仲爱占便宜，而是鲍叔牙知道他家贫。后人常用"鲍叔"代称知己好友。（见《史记·管仲列传》）

⑦**奉璧蔺相如**：战国时期，赵惠文王得到楚国一块无价之宝"和氏璧"。秦昭王写信给赵王说愿以秦国十五城换璧。赵王怕受秦骗，犹豫不决。文臣蔺相如说他愿奉璧去秦国换城，"城入赵而璧留秦；城不入，臣请完璧归赵。"蔺相如献璧后，见秦王无意偿城，遂以要向秦王指出璧之瑕疵为借口，取回原璧，派人送归赵国。（见《史记·廉颇蔺相如列传》）

⑧**掷地金声孙绰赋**：东晋文学家孙绰，少爱隐居，以文才著名，能诗善赋。他写成《游天台山赋》后，对其好友范荣期说："试掷地上，当作金石声。"范荣期读后，惊其辞章优美，赞叹不已。（见《晋书·孙绰传》）

⑨**回文锦字窦滔书**：东晋秦州刺史窦滔被前秦苻坚遣徙流沙（西北沙漠地区），其妻苏蕙因思念丈夫，织锦成《回文璇玑图诗》赠给窦滔。其诗顺逆回环皆成文，结构巧妙而词情凄婉，共八百四十字。（见《晋书·列女传》）另一说法是，窦滔任安南将军，出镇襄阳，携宠妾赵阳台同行。去后，与其妻苏蕙断绝音信。苏蕙悲伤愤恨，因织五彩锦作《回文璇玑图诗》，计八百余言，文词凄婉，寄予窦滔。窦滔感悟，复好如初。（见武则天《苏氏织锦回文记》）

⑩**未遇殷宗，胥靡困傅岩之筑**：传说胥靡原是傅岩地方的筑墙奴隶，

后被殷高宗武丁用为宰相，治理国家，成绩卓著。（见《书经·说命上》）

⑪**既逢周后，太公舍渭水之鱼**：**周后**：指周文王姬发。**太公**：即"太公望"，姜子牙，又名姜尚。（参见本卷"一东"注⑫）

⑫**疾、徐**：快慢。一般指弹奏乐器的节奏。《淮南子·泰族训》文载："故寒暑燥湿，以类相从，声响疾徐，以音相应也。"

⑬**短褐**：古时贫民用兽毛或粗麻制成的短衣。《墨子·公输》云："今有人于此，舍其锦绣，邻有短褐，而欲窃之。"**华裾**：华贵的服装。[唐]李贺《高轩过》诗云："华裾织翠青如葱，金环压辔摇玲珑。"

⑭**六朝**：指南北朝时期先后建于建业（今南京）的吴、东晋、宋、齐、梁、陈南朝六国。**三国**：指三国时代的魏、蜀、吴。

⑮**天禄、石渠**：天禄阁和石渠阁。是西汉长安未央宫中的两座藏书阁，萧何所建。

⑯**千字策**：旧时科举殿试考试时，皇帝亲自向应试者发问，谓之"策问"；应试者的回答，谓之"对策"。对策文章有一定格式，策文不限字数，但"最短以千字为率（标准），不及千字以不入式（合格）论"。（见商衍鎏《清代科举考试述禄》）

⑰**八行书**：指书信。旧时信纸一页多为八行。[唐]孟浩然《登万岁楼》诗云："今朝偶见同袍友，却喜家书寄八行。"

⑱**有若**：字子有，孔子的弟子。身体魁伟，有勇力。主张"礼之用，和为贵"。（见《论语·学而》）**相如**：战国时期赵国蔺相如，善谋而有勇，以不畏强秦"完璧归赵"而誉名天下。他是履行"和为贵"的代表人物。（见《史记·廉颇蔺相如列传》）

⑲**花残无戏蝶**：这是元朝无名氏《山丹花》中"今朝花落委（坠于）苍苔，不见蝴蝶来，蝴蝶来"曲文的化用。

⑳**藻密有潜鱼**：这是唐代诗人白居易《玩松竹二首》中"栖凤安于梧，潜鱼乐于藻"诗句的化用。[元]孙大全《竹间亭》诗云："悠悠水中鱼，出入藻与萍。"

㉑**落叶舞风高复下**：风吹落叶忽上忽下地飘落。这是战国时期楚国伟

大诗人屈原《九歌·湘夫人》中"袅袅兮秋风,洞庭波兮木叶下"诗意的化用。

㉒**小荷浮水卷还舒**:池面荷叶被风吹得时卷时展开。这是唐代诗人李商隐《赠荷花》中"惟有绿荷红菡萏,卷舒开合任天真"诗句的化用。

㉓**爱见人长,共服宣尼休假盖**:**宣尼**:汉平帝刘衎追封孔子为"褒成宣尼公"。**休假**:不借。**盖**:覆盖物。一天,孔子出游,忽然下雨。随行弟子建议去向子夏(名商,孔子弟子)借个避雨覆盖物,孔子说:"我知道子夏家有盖,但他家很穷,如果他不想借给我们,不等于揭他家穷的短处吗?应该多宣扬他人的长处,少触犯人家的短处。"(见刘向《说苑·杂言》)

㉔**恐彰己吝,谁知阮裕竟焚车**:**恐彰**:怕显露。晋朝阮裕家有好车,有借者无不给。有个邻居要葬母,想借用,却因用以送丧不好开口。阮裕知道后,担心外人会认为是自己吝啬而不借给邻居,于是很痛心地把好车烧了。(见《晋书·阮裕传》)

㉕**麟、凤**:麒麟和凤凰,历来被人们认为是祥瑞禽兽。《管子·封禅》云:"今凤凰麒麟不来,嘉谷(好庄稼)不生。"

㉖**内史**:古代官名。西周始置,协助天子管理爵、禄、废、置等政务。《孔子家语·执辔》:"古者天子以内史为左右手。"**中书**:古代官名。隋唐以中书令、侍中、尚书令共议国政,俱为宰相,后因以中书称宰相。《汉书·萧望之传》云:"望之以为中书政本,宜以贤明之选。"

㉗**耒耜**:古代一种像犁一样的农具,泛指农具。《孟子·滕文公上》云:"陈良之徒陈相与其弟辛,负耒耜而自宋之(到;去)滕(战国时一小国)。"

㉘**畎浍**:田间水沟。《书经·益稷》云:"浚(疏通)畎浍,距川。"**郊墟**:郊外土丘。[明]高明《琵琶记·风木余恨》云:"伤心满目故人疏,看郊墟,尽荒芜。"

㉙**犀角带**:犀牛角饰的高官服腰带。[明]兰陵笑笑生《金瓶梅词话》云:"自这条犀角带并鹤顶红,就是满京城拿着银子,也寻不出来。"

㉚**象牙梳**:用象牙做的贵妇用的梳子。[唐]崔涯《嘲妓李端端》诗云:

"爱把象牙梳掠鬓，昆仑顶上月初生。"

㉛**驷马**：古代一车套四马的车子。显贵者所乘，谓之"驷马高车"。《华阳国志》载："司马相如题桥柱曰：'不乘驷马高车，不过此桥（指成都北的升迁桥）。'" **安车**：古代一马拉的坐乘小车。妇人和高官告老多乘安车。《礼记·曲礼上》云："大夫七十而致事……适四方，乘安车。"

㉜**青衣能报赦**：迷信传说，十六国时，前秦世祖苻坚独自在草拟赦令，准备赦免在狱犯人。有一只苍蝇入室，飞于笔尖，驱之又来。顷刻间，外界便传出将有大赦令发布。苻坚下令追查是谁在传播，都说是一个穿青衣的人在街市上张扬的。苻坚断定是飞入屋内的青蝇化作人而为。（见《晋书·苻坚载记》）

㉝**黄耳解传书**：传说西晋文学家陆机，有一只心爱的黄狗，名叫黄耳。陆机在京城洛阳当官，久不见家人来信，就笑语黄耳："你能为我送信取息吗？"黄耳摇尾且叫，表示可以。陆机把信装在竹筒内，系于狗颈，送狗上路。黄耳"寻路南走，遂至其家，得报还洛"。（见《晋书·陆机传》）

㉞**庭畔有人持短剑**：战国时期，燕国太子丹的上客荆轲，奉命入秦刺杀秦王。他以向秦王献地图为名，把匕首卷入图内，当秦王展开地图时，"图穷匕首见（现）"，荆轲拿起匕首刺向秦王。秦王绕柱躲避，后拔背负之剑斩杀荆轲。（见《史记·刺客列传》）

㉟**门前无客曳长裾**：西汉文学家邹阳，本是吴王刘濞的门客。当刘濞阴谋发动"吴楚七国之乱"时，邹阳上书劝阻刘濞，否则，就要离去。并说只要尽心竭力做事，"何王之门不可曳长裾（何愁门前没有拖着长大衣袖出入的众食客）？"吴王刘濞不听忠告，邹阳遂离开吴地。（见《汉书·邹阳传》）

㊱**波浪拍船，骇舟人之水宿**：渔夫惯在骇浪拍船的水上食宿。源于蒲寿宬《渔父》词中"琉璃为地水精天，一叶渔舟浪满颠。风肃肃，露娟娟。家在芦花何处边"。

㊲**峰峦绕舍，乐隐者之山居**：隐士乐在峰峦绕舍的深山居住。这是唐代于武陵《赠王隐者山居》中"石室扫无尘，人寰与此分。飞来南浦树，半是华山云。浮世几多事，先生应不闻"诗意的化用。

声律启蒙 精读

鱼韵部代表字

誉 予 嘘 徐 妤 茹
余 虚 畲 淤 摅
渠 梳 於 菜 鹬
车 蔬 墟 玙
裾 疏 如 据
居 疏 除 鋙
舒 耡 诸 滁
书 狙 驴 沮
初 胥 庐 苴 桐
渔 馀 间 储 欤
鱼 舆 猪 蜍 洳

鱼韵律诗例选

归王官次年作

[唐] 司空图

乱后烧残数架书，峰前犹自恋吾庐。
忘机渐喜逢人少，览镜空怜待鹤疏。
孤屿池痕春涨满，小栏花韵午晴初。
酣歌自适逃名久，不必门多长者车。

读写诗词常识

古体诗

　　古体诗是古代的一种半自由体的诗，凡是押韵但又不受任何格律束缚的诗，都是古体诗，古体诗亦称古诗或古风。有四言诗、五言诗、七言诗。《诗经》以及大部分"乐府诗"都属于古体诗。古体诗的平仄、句式、对仗等比较自由。如：

静夜思
[唐]李　白

床前明月光，疑是地上霜。
举头望明月，低头思故乡。

悯　农
[唐]李　绅

锄禾日当午，汗滴禾下土。
谁知盘中餐，粒粒皆辛苦。

　　古体诗中的五言四句、七言四句也叫五言古绝、七言古绝。上面两首就是五言古绝，特点：押韵而不严守平仄规则，可押平声韵，也可押仄声韵。杜甫的叙事诗《石壕吏》，李白的杂言诗《蜀道难》，乐府《木兰辞》等，句式、用韵、平仄、对仗自由，都属于古体诗。

七 虞

金对玉，宝对珠，玉兔对金乌①。孤舟对短棹②，一雁对双凫③。横醉眼④，捻吟须⑤，李白对杨朱⑥。秋霜多过雁⑦，夜月有啼乌⑧。园林花易赏⑨，雪寒村舍酒难沽⑩。人处岭南，善探巨象口中齿；客居江右，偶夺骊龙颔下珠⑫。

贤对圣，智对愚，傅粉对施朱⑬。名缰对利锁⑭，挈榼对提壶⑮。鸠哺子⑯，燕调雏⑰，石障对邮厨⑱。烟轻笼岸柳⑲，风急撼庭梧⑳。鸜眼一方端石砚，龙涎三炷博山炉。曲沼鱼多，可使渔人结网；平田兔少，漫劳耕者守株。

秦对赵，越对吴，钓客对耕夫。箕裘对杖履，杞梓对桑榆。天欲晓，日将晡，狡兔对妖狐。读书甘刺股，煮粥惜焚须。韩信武能平四海，左思文足赋三都。嘉遁幽人，适志竹篱茅舍；胜游公子，玩情柳陌花衢。

译文

　　金对玉，宝对珠，月亮对太阳。孤舟对短桨，一雁对双鸭。醉眼横斜，捻须吟诗，李白对杨朱。秋天霜降雁南飞，月夜常有乌鸦啼。春暖园林花卉艳，雪寒村舍买酒难。住在岭南，善从大象口中拔牙齿；住在江下，偶尔可从骊龙下巴获取夜明珠。

贤良对圣明，智慧对愚笨，搽粉对抹红。功名绑人如缰绳，利禄束缚似枷锁，拿着酒杯对提着酒壶。鸠鸟不勤养子，燕儿精心养雏，石崇之夸富的锦步障对郇国公的厨房美食。轻烟笼罩岸边垂柳，急风撼动庭院梧桐。一方好端砚必有鸲鹆眼，三炷龙涎香插在博山炉。弯曲池塘里鱼很多，渔民可结网捕鱼；宽阔平坦的田野兔少，农夫守株待兔只是徒劳。

秦国对赵国，越国对吴国，垂钓客对耕田人。子继父业对敬养老人，杞树梓树对桑树榆树。天将亮，日将暮，狡猾兔对狐狸精。苏秦刻苦学习锥刺股，李绩为姐做饭燎了胡须。韩信凭借武力平四海，左思十年写出"三都赋"。隐居之人，读书养智住山林茅舍；纨绔子弟，寻欢作乐逛柳巷花街。

探源 解意

①**玉兔**：神话传说，月亮上有如玉的白兔，故称月亮为"玉兔"。[晋]傅咸《拟问天》诗云："月中何有？玉兔捣药。" **金乌**：神话传说，太阳上有三足乌鸦，故称太阳为"金乌"。[三国魏]孟康《咏日》诗说："金乌升晓气，玉槛漾晨曦。"

②**孤舟、短棹**：用短桨划船。[晋]陶渊明《归去来兮辞》云："或命巾车（篷车），或棹（船桨）孤舟。"[宋]朱敦儒《渔父》词云："短棹钓船轻，江上晚烟笼碧。"

③**一雁、双凫**：成语"双凫一雁"。汉苏武出使匈奴被羁，归国时留别李陵的诗中有"双凫俱北飞，一雁独南翔"之句。后以"双凫一雁"为感伤离别之词。

④**横醉眼**：醉酒后眼睛迷糊且带蛮横相。[元]元好问《过希颜故居》诗云："缺壶声里《短歌行》，星斗阑干醉胆横。"

⑤**捻吟须**：捻着胡须吟诗琢磨用好字。[唐]卢延让《苦吟诗》云："莫话诗中事，诗中难更无。吟安一个字，捻断数茎须。险觅天应闷，狂搜海亦

枯。不同文赋易，为著者之乎。"

⑥杨朱：战国初期魏国哲学家。他主张"为我"，反对墨子的"兼爱"和儒家的"泛爱"。《孟子·尽心上》云："杨子（杨朱）取（主张）为我，拔一毛而利天下，不为也。"（见《列子·杨朱》）

⑦秋霜多过雁：在中国北方，霜降前后便有鸿雁从塞北过境南飞，最早南飞的是似鸿而小的白雁，在霜降前十日。白雁一过，则知霜降将至，因此河北人称白雁为"霜信"。霜降后五日则是鸿雁（大雁）南飞。（见［宋］沈括《梦溪笔谈·杂志一》）

⑧夜月有啼乌：传说南朝宋临川王刘义庆，因触怒宋文帝，被囚禁于家。其妾夜间闻有乌啼声，即敲义庆的屋门说："明日应有赦。"次日，义庆果然获释，遂作《乌夜啼》曲庆幸。（见《乐府诗集四七》）

⑨日暖园林花易赏：这是宋朝词作家赵葵《赏花》中"人乐清明三月天，也随人赏万花园"和女词人朱淑真《春园小宴》中"春园得对赏芳菲，步草黏鞋絮点衣"词意的化用。

⑩雪寒村舍酒难沽：这是宋朝诗人顾逢《太仓道中》"欲问村中沽酒处，家家风雨不开门"和宋朝诗人陆游《村饮》中"最是一年秋好处，踏泥沽酒不辞遥"诗意的化用。

⑪人处岭南，善探巨象口中齿：传说大象很精心埋藏自己脱落的牙齿。万震《南州异物志》载："象脱牙尤自爱惜，掘地藏之。人欲取，必作假牙代之，不令其（指大象）见；见则后不藏故处。"

⑫客居江右，偶夺骊龙颔下珠：传说江右地区有个贫穷老人，靠编织苇席为生。一天，他的儿子潜入深潭，得到一枚价值千金的宝珠。父亲生气地说："拿石头把它砸了！千金之珠，肯定出自深潭潭底黑龙下巴的下面，你能取到这样的宝珠，一定是正赶上黑龙睡着了；假如黑龙正醒，你还有一点生还的希望吗？"这就是"骊龙探珠"典故的由来。（见《庄子·列御寇》）

⑬傅粉、施朱：搽粉抹红。[战国楚]宋玉《登徒子好色赋》云："着粉则太白，施朱（胭脂）则太赤。"《颜氏家训·勉学》云："无不熏衣剃面，傅粉施朱。"讽刺南朝梁国贵游子弟，不学无术，生活糜烂，争相修饰

打扮。

⑭**名缰、利锁**：被名利所束缚和拘禁。西汉东方朔，为人诙谐滑稽，超脱不凡，淡泊名利，他在《与友人书》中说："不可使尘网名缰拘锁，怡然长笑。"[宋]柳永《夏云峰》词云："向此（从此）免名缰（缰绳）利锁（囚禁），虚废光阴。"

⑮**挈榼、提壶**：形容嗜酒成性。**挈**：手持。**榼**：酒器。**壶**：指酒葫芦。皆指盛酒或饮品的器具。《淮南子·氾论训》云："今夫雷（通'溜'，屋檐滴水）水足以溢壶榼，而江河不能实（充满）漏卮（破漏的酒具。卮，古盛酒器。人们把酒量大的人称为'漏卮'）。"

⑯**鸠哺子**：传说鸠鸟既笨又自私，寄巢生子，不勤养育；夫妇不和，子女不孝。[宋]欧阳修《鸣鸠》云："众鸟笑鸣鸠，尔拙固无匹，不能娶巧妇，以共营家室；寄巢生子四散飞，一身有妇长相失。"

⑰**燕调雏**：燕子调养小燕。《竹溪闲居》文云："燕雏将长，其母调之使飞。"[唐]白居易《咏燕》诗云："四儿日夜长（成长），索食声孜孜；青虫不易捕，黄口无饱期……辛勤三十日，母瘦雏渐肥。"

⑱**石障**：石崇的锦步障。西晋荆州刺史石崇，靠劫掠客商成巨富。他好与贵戚王恺比富。一次，"恺作紫丝布步障、碧绫四十里，石崇则作锦步障五十里以敌（对抗）之。"王恺自叹不如。（见《晋书·石崇传》）**郇厨**：唐代魏陟袭封郇国公，家中富有，"厨中饮食，香味错杂，人入其中，多饱饫（饱食）而归"。后人以"饱饫郇厨"为谢人筵宴之词。（见《云仙杂记·郇厨》）

⑲**烟轻笼岸柳**：薄雾笼罩着堤岸上的杨柳树。这是唐代诗人韦庄《台城》中"无情最是台城（今南京市鸡鸣山南）柳，依旧烟笼十里堤"诗句的化用。

⑳**风急撼庭梧**：狂风摇撼着庭院中的梧桐枝。这是宋朝词人蔡伸《长相思》中"风撼梧桐雨洒窗"词意的化用。

㉑**鸲眼一方端石砚**：广东端州（今肇庆）是中国传统名砚产地。端砚石质坚硬、细腻，发墨不损。石上有圆形斑点者叫"鸲眼"，亦称"鸲鹆眼"。

（见[宋]苏易简《砚谱》）

㉒**龙涎三炷博山炉**：**龙涎**：香名。山东博山所产博山炉是古代焚香器具，炉盖雕镂成山形，山上有羽人、走兽等形象。[唐]李白《杨叛儿》诗云："博山炉中沉香火，双烟一气凌紫霞。"

㉓**曲沼鱼多，可使渔人结网**：想得池塘鱼，应先结渔网。这是《汉书·董仲舒传》中"古人有言曰：'临渊（池塘）羡鱼，不如退而结网'"文意的化用。

㉔**平田兔少，漫劳耕者守株**：守株捡死兔，必徒劳无益。《韩非子·五蠹》载："耕者遇奔兔撞田间树上而死"，从此他放弃农耕，坐守其树，希望再捡到死兔。这种不劳而获的侥幸所得机会是少有的。

㉕**秦、赵**：指战国时期的秦国与赵国。这使人联想到渑池会上的"秦王击缶"和蔺相如"完璧归赵"的故事。

㉖**越、吴**：指春秋时期的越国与吴国。这使人联想到越王勾践的卧薪尝胆，休养生息，灭吴复仇的故事。

㉗**钓客**：垂钓的人。[唐]薛能《边城寓题》诗云："蚕市归农醉，渔舟钓客醒。"**耕夫**：种田的人。[南朝梁]何逊《七召·治化》诗云："樵者目金以知耻，耕夫让畔（田界）以成仁。"

㉘**箕裘**：**箕**：边缘呈弓形的簸箕。**裘**：皮袍。《礼记·学记》云："良冶之子，必学为裘（善于冶铁补锅者的儿子，一定会把片片兽皮拼补成皮袍）；良弓之子，必学为箕（善于弯竹做弓者的儿子，一定会把根根荆条编织成簸箕）。"后以"箕裘"比喻子继父业。**杖履**：拐杖与鞋。古时礼制，老人须扶杖（拐杖）而行；人如席地而坐，须脱履（鞋）于室外。后以"杖履"为敬老之词。（见《礼记·曲礼上》）

㉙**杞梓**：本是两种优质木材。后以"杞梓"比喻人才优秀。《左传·襄公二十六年》云："晋卿不如楚，其（指楚国）大夫则贤，皆卿材也。如杞梓、皮革，自楚往也。虽楚有材，晋实用之。"**桑榆**：本是两种硬质树木。当太阳的余光处在桑榆树间时，已近日落，所以常用"桑榆"比喻日暮，又比喻人已到老年。[唐]刘禹锡《酬乐天咏老见示》诗云："莫道桑榆

晚，为霞尚满天。"

㉚**天欲晓**：天快亮了。源于[宋]陆游《露坐》诗："月淡星疏天欲晓，未妨清啸倚胡床。"

㉛**日将晡**：天快黑了。亦作日将暮。**晡**：申时，傍晚，下午三至五时。**暮**：傍晚。[宋]陆游《西斋遣兴》诗："碧云又见日将暮，芳草不知人念归。"

㉜**狡兔**：狡猾的兔子。《战国策·齐策四》云："狡兔有三窟，仅得免其死耳。"**妖狐**：妖艳的狐狸。妖狐，又称"狐狸精"。很早以前，东方人就相信狐狸拥有妖力，中国就有九尾狐妲己祸国的传说。

㉝**读书甘刺股**：战国纵横家苏秦"读书欲睡，引锥自刺其股（大腿），血流至足"。比喻刻苦自学。（见《战国策·秦策一》）

㉞**煮粥惜焚须**：唐朝开国大臣李绩，生性友爱。他姐姐生病时，为姐姐煮粥而燎坏自己的胡须，姐姐心痛不已。（见《新唐书·李绩传》）

㉟**韩信武能平四海**：汉初大将军韩信，善于用兵。他辅佐刘邦攻占关中，推翻秦朝，平定四海，为建立汉朝立了丰功伟绩，先后被封为齐王、楚王。后被诱入宫中杀害。（见《史记·淮阴侯列传》）

㊱**左思文足赋三都**：西晋文学家左思，出身寒微，不好出游。官至秘书郎。后退出仕途，专事典籍。他构思十年，写成材料丰富，叙述详密的"三都赋"（《蜀都赋》《吴都赋》《魏都赋》），"豪贵之家，竞相传写，洛阳为之纸贵"。这就是"洛阳纸贵"典故的由来。（见《晋书·左思传》）

㊲**嘉遁幽人，适志竹篱茅舍**：避世隐者以居山野茅舍为趣。[宋]释文珦《天地之间有此身》诗云："竹篱茅舍居来稳，纸帐蒲团趣更真……使予生遇陶唐（指古代帝王唐尧）世，当与许由（尧想让位于许由，由不受，逃至箕山隐居，农耕而食）巢父（古代隐士，因巢居树上而得名）伦。"

㊳**胜游公子，玩情柳陌花衢**：纨绔子弟以逛妓院寻欢消日月。[宋]罗烨《醉翁谈录·柳屯田耆卿》云："至今柳陌花衢（旧指妓院聚集之处），歌姬舞女，凡吟咏讴唱，莫不以柳七（指诗人柳永）官人为美谈。"

虞韵部代表字

襦 驱 枢 弧 荼 桴 殳 铺 渝
濡 区 输 狐 吾 都 廊 呼 葡 雩
儒 腴 纡 壶 奴 粗 符 醐 匐 竽
衢 谀 肤 乎 屠 枯 苻 鄠 逋 萸
于 愉 夫 瑚 图 污 芙 糊 发 禺
巫 榆 敷 湖 茶 乌 岖 蝴 拏 逾
芜 瑜 雏 胡 涂 苏 鹤 瓠 弩 鼯
无 殊 凫 蒲 途 芦 刍 濡 鸬 鸣
刍 铢 扶 谟 徒 炉 拘 吁 驴 诬
隅 诛 趋 模 菰 鲈 躅 繻 舻 书
娱 蛛 珠 驹 姑 卢 樗 臾 泸 洿 瞿
愚 株 朱 俱 辜 租 苴 须 酤 菟 揄
虞 须 躯 厨 孤 吴 侏 俘 沽 酥 貐

虞韵律诗例选

早春呈水部张十八员外

[唐] 韩 愈

天街小雨润如酥，草色遥看近却无。
最是一年春好处，绝胜烟柳满皇都。

读写诗词常识

近体诗

近体诗即格律诗，用韵、平仄、对仗是有讲究的。近体诗分为律诗、绝句，其特点：

律诗：

（1）每首规定八句，五律共四十字，七律共五十六字。

（2）押平声韵。

（3）每句的平仄有规定。

（4）每篇必须有对仗，对仗的位置也有规定。

绝句： 四句，比律诗的字数少一半，五绝四句二十字，七绝四句二十八字。绝句也叫律绝，等于半首律诗，遵守律诗的写作规则，当然属于近体诗。

近体诗的绝句属律绝，古体诗的绝句属古绝。古绝可押平声韵，也可押仄声韵。如李绅的古绝《悯农》就是押的仄声韵。

八 齐

岩对岫①，涧对溪②，远岸对危堤③。鹤长对凫短④，水雁对山鸡⑤。星拱北⑥，月流西⑦，汉露对汤霓⑧。桃林牛已放⑨，虞坂马长嘶⑩。叔侄去官闻广受⑪，弟兄让国有夷齐⑫。三月春浓，芍药丛中蝴蝶舞⑬；五更天晓，海棠枝上子规啼⑭。

云对雨，水对泥，白璧对元圭⑮。献瓜对投李⑯，禁鼓对征鼙⑰。徐稚榻⑱，鲁班梯⑲，凤翥对鸾栖⑳。有官清似水㉑，无客醉如泥㉒。截发惟闻陶侃母㉓，断机只有乐羊妻㉔。秋望佳人，目送楼头千里雁㉕；早行远客，梦惊枕上五更鸡㉖。

熊对虎，象对犀，霹雳对虹霓㉗。杜鹃对孔雀㉘，桂岭对梅溪㉙。萧史凤㉚，宋宗鸡㉛，远近对高低。水寒鱼不跃㉜，林茂鸟频栖㉝。杨柳和烟彭泽令㉞，桃花流水武陵溪㉟。公子追欢，闲骤玉骢游绮陌㊱；佳人倦绣，闷欹珊枕掩香闺㊲。

译文

　　岩石对山洞，山沟对溪流，远处的河岸对高高的坝堤。长腿鹤对短腿鸭，水雁对山鸡。众星绕北斗，月亮渐西沉，武帝承仙露，百姓盼甘霖。武王胜商休战事马放桃林,千里马虞坂遇伯乐老主人仰而长嘶。西汉疏广疏受叔侄功成身退还乡,商末叔齐伯夷互让王位道德高尚。三月春浓,芍药丛中蝴蝶舞;五更拂晓,海棠枝头杜鹃啼。

云对雨,水对泥,白玉环对黑玉圭。投木瓜对报李子,城楼报时禁鼓对军人出征战鼓擂。东汉太守陈蕃为好友徐稚专设床榻,木匠祖师公输班为楚国专造云梯,凤鸟飞舞对鸾鸟栖息。做官清正似水,文人闲来烂醉如泥。陶侃母剪发换酒菜为儿待客,断织机督夫学书只有乐羊妻。边塞将士站在楼头,目送秋天南飞大雁将书信带回家;远行之客被五更鸡惊醒,赶快起床踏上回乡之途。

狗熊对老虎,大象对犀牛,霹雳响雷对七彩虹霓。杜鹃对孔雀,桂树岭对梅花溪。萧史吹箫引凤凰,宋处宗有一只会说人话的鸡,远近对高低。水寒鱼不跳,林茂鸟栖息。彭泽令陶渊明喜杨柳如烟,也陶醉桃花流水武陵溪。寻求快乐的公子,骑着骏马在郊野狂奔;女子懒得绣花,闷在闺房斜倚珊瑚枕乱想胡思。

探源 解意

①**岩、岫**:峰峦或洞穴。[三国魏]嵇康《幽愤》云:"采薇山阿(山中曲幽处),散发岩岫。"

②**涧、溪**:山谷间的河沟。《汉书·晁错传》载:"匈奴地形技艺与中国异。上下山阪,出入溪涧,中国之马弗与(不适应)也。"

③**远岸**:远处的堤岸。[唐]杜甫《秋兴八首》:"远岸秋沙白,连山晚照红。"**危堤**:很高的堤岸。[唐]卢纶《客舍苦雨即事寄钱起郎士元二员外》诗云:"绿萍藏废井,黄叶隐危堤。"

④**鹤长、凫短**:仙鹤的腿长,野鸭的腿短。《庄子·骈拇》云:"凫胫(小腿)虽短,续之则忧;鹤胫虽长,断之则悲。"鹤凫小腿的长短是自然生的,人为地给它们截短接长,必然造成悲剧。

⑤**水雁**:[唐]李峤《和杜学士旅次淮口阻风》诗云:"水雁衔芦叶,沙

鸥隐荻苗。"文人用鱼雁泛指书信。《雍熙乐府·闺思》云："总是伤情别离，则这鱼书雁信，冷清清杳无踪迹。" **山鸡**：形似雉。古称鹳雉，今名锦鸡。传说自爱其羽毛，常照水而舞。[南朝宋]刘敬叔《异苑》载："山鸡爱其羽毛，映水则舞。魏武时，南方献之，帝欲其鸣舞而无由。公子苍舒令置大镜其前，鸡鉴形而舞，不知止，遂乏死。"

⑥**星拱北**：众星围绕北斗转。《论语·为政》："为政以德，譬如北辰，居其所，而众星共（通'拱'，环卫）之。"

⑦**月流西**：月亮朝向西方流。[三国魏]曹丕《燕歌行》诗云："明月皎皎照我床，星汉西流夜未央（未尽）。"

⑧**汉露**：指汉代"承露盘"。汉武帝迷信神仙，造承露盘以承甘露，当仙水喝。《三辅故事》载："建章宫承露盘，高二十丈，大七围，以铜为之。上有仙人掌承露（接露水），和玉屑（指玉屑饭）饮之。"**汤霓**：商汤王讨伐夏桀王时，各地百姓都希望汤军先到自己所在地，"民望之，若大旱之望云霓（云彩和虹霓，下雨的征兆）也。"（见《孟子·梁惠王下》）

⑨**桃林牛已放**：周武王牧野大战灭商后，西返长安，"归马华山之阳，放牛桃林（今灵宝至潼关一带）之野，倒载干戈，包之虎皮，车甲衅（用牲畜血涂于战车与盔甲上表示血祭）而藏之府库，天下不复用"，以示天下太平。（见《尚书·武成》）

⑩**虞坂马长嘶**：春秋末期，善驭马又善识马的伯乐，路过虞坂地方时，见一匹拉着盐车爬坡的老千里马累得倒在地上，伯乐哭着抚摸它，并把自己的衣裳盖在马身上。千里马"仰而长嘶"，感谢伯乐对它的同情和理解。（见《战国策·楚策》）

⑪**叔侄去官闻广受**：西汉疏广，少好学，尤通《春秋》。宣帝时任太子太傅。其侄疏受任少傅。五年后，叔侄二人皆称病去职还乡。后人把"二疏还乡"视为功遂身退的典范。（见《汉书·疏广传》）

⑫**弟兄让国有夷齐**：商朝末年，孤竹君任命次子叔齐为继承人。孤竹君去世后，叔齐欲让位给兄长伯夷，伯夷不受。后二人听说周文王善待老人，便一起投向周室。（见《史记·伯夷列传》）

⑬**三月春浓，芍药丛中蝴蝶舞**：[唐]李贺《蝴蝶飞（一作蝴蝶舞）》诗："扬花扑帐春云热，龟甲屏风醉眼缬。东家蝴蝶西家飞，白骑少年今日归。"

⑭**五更天晓，海棠枝上子规啼**：古有"杜鹃伤魂"之典。传说战国时期，蜀主杜宇，号望帝。他命令鳖灵开凿巫山治水，鳖灵治水功高，望帝自以德薄，效法尧舜，禅位于鳖灵，帝号"开明"，望帝遂隐于西山。后来，鳖灵失国，望帝痛悔而死，其魂化为鹃鸟，春天夜夜登枝悲鸣，泪尽继而泣血。蜀民问它是谁，它说："我望帝魄也。"故称鹃鸟为杜鹃，又名子规。（见《华阳国志·蜀志》）

⑮**白璧**：洁白的玉，比喻清白的人。[唐]陈子昂《宴胡楚真禁所》诗云："青蝇（比喻佞人）一相点（往物上拉点屎），白璧遂成冤（比喻忠良被陷害）。"古以白璧为贵重礼品。**元圭**：本应为玄圭，因清朝康熙皇帝名玄烨，为避"玄"字之讳，时人以元字代玄字。玄圭是古代帝王举行典礼所用的一种玉器；或用以赏赐建立特殊功绩的人。《书经·禹贡》："禹锡（赐）玄圭（黑色玉），告厥（助词，相当'之'）成功。"

⑯**献瓜、投李**：进献鲜瓜，赠送李子。《诗经·卫风·木瓜》云："投我以木瓜，报之以琼琚（赤玉）；……投我以木李，报之以琼玖（墨玉）。"诗写男女情长，互赠礼物。

⑰**禁鼓**：古代宫城谯楼上报时的鼓。《水浒传》云："早听得谯楼禁鼓，却转初更。"**征鼙**：古代军队出征时所击之鼓。[前蜀]毛文锡《甘州遍》词："边声四起，愁闻戍角（军号）与征鼙。"

⑱**徐稚榻**：东汉徐稚，家贫农耕。因不满宦官专权，虽屡为豫章太守陈蕃举荐，终不为官。陈蕃从不留宿客人，唯徐稚来，则设榻留宿，去则收起。（见《后汉书·徐稚传》）

⑲**鲁班梯**：春秋时期，鲁国公输班创造出了攻城云梯。后世建筑工匠、木匠都尊公输班为"祖师"。（见《墨子·公输》）

⑳**凤蹇、鸾栖**：或作"凤蹇鸾回"、"凤泊鸾飘"、"鸾翔凤蹇"。本比喻汉字笔势飞舞多姿。[宋]王溥《唐会要》云："今观圣迹，兼绝二

王（指东晋大书法家王羲之和王献之父子），凤翥鸾回，实古今书圣。" [宋]杨万里《正月十二游东坡白鹤峰故居》诗云："独遗无邪四个字，鸾飘凤泊（栖息）蟠银钩（形容书法笔势刚劲有力）。"后人以"凤泊鸾飘"形容人不如意，漂泊无定所。

㉑**有官清似水**：**有官**：指有权势而廉正的高官。[明]凌蒙初《初刻拍案惊奇》载：襄阳刺史裴安卿，"平素心性刚直，不肯趋奉权贵，况且一清如水，俸资之外，毫不苟取（随便捞取钱财）。"

㉒**无客醉如泥**：**无客**：指"闲客"，多指清闲少事的文人。**醉如泥**：饮酒烂醉瘫如泥。后汉太常周泽，虔敬宗庙，常卧斋宫斋戒，一岁三百六十日，三百五十九日斋，不夫妻同居。酒仙李白说自己嗜酒比周泽斋戒还甚，在给妻子的诗《赠内》中写道："三百六十日，日日醉如泥。虽为李白妇，何异太常妻。"

㉓**截发惟闻陶侃母**：东晋刺史、大将军陶侃，早年孤贫。他为官精勤尽职，公正清廉。鄱阳孝廉范逵常来会他，因家里无钱买酒菜，其母就剪掉自己的头发，换来酒菜待客。（见《晋书·陶侃传》）

㉔**断机只有乐羊妻**：战国时期，年轻的乐羊外出求学，因想念妻子，年余即归。其妻愤而剪断织机上的丝锦，说："丝断就前功尽弃了；读书也应学而不倦，才能有所成就。"乐羊醒悟，回去学完，七年方归。（见《后汉书·列女传》）

㉕**秋望佳人，目送楼头千里雁**：边塞将士看千里雁南飞，望把书信快捎回家。**千里雁**：古时代表送信者。[唐]王昌龄《独游》诗云："手携双鲤鱼（鲤鱼代表书信），目送千里雁。"

㉖**早行远客，梦惊枕上五更鸡**：远行之客被五更鸡惊醒，起身踏上回乡之途。**五更鸡**：一种以铜铁或竹木制成外罩，中置油灯，便于夜间煮食的小炉，其实就是煤油炉，古称"五更鸡"。又指五时鸡，凌晨3点到5点鸡打鸣报晓。[唐]颜真卿《劝学》："三更灯火五更鸡，正是男儿读书时。黑发不如勤学早，白首方悔读书迟。"

㉗**霹雳**：疾而巨响的雷声。《尔雅·释天》郭璞注云："雷之急击者

谓霹雳。"[唐]杜甫《热》诗云："雷霆空霹雳，云雨竟虚无。"**虹霓**：雨后天空的彩虹。《春秋元命苞》云："虹霓者阴阳之精也。"

㉘**杜鹃**：亦名子规。古有"杜鹃啼血"的故事。（参见本韵注⑭）**孔雀**：鸟名，雄鸟尾屏具五色金翠钱纹，开屏时十分艳丽。汉乐府《孔雀东南飞》："孔雀东南飞，五里一徘徊……"描写的是一段凄美的爱情故事。李白《庐江主人妇》诗曰："孔雀东飞何处栖，庐江小吏仲卿妻。"

㉙**桂岭**：指东汉至唐时期湖南至广东的重要交通要道。[唐]刘禹锡《寄杨八寿州》诗云："桂岭雨余多鹤迹，茗园晴望似龙鳞。"**梅溪**：两旁植梅树的小河。[宋]范成大《天平先陇道中时将赴新安掾》诗云："霜桥冰涧净无尘，竹坞梅溪未放春。"

㉚**萧史凤**：神话传说，春秋时期的萧史善吹箫，能吹鸾凤之音。秦穆公之女弄玉也爱吹箫，穆公就把女儿嫁给了萧史，并筑凤台给他们居住。萧史教弄玉作凤鸣，竟引凤凰聚止其屋上。数十年后，萧史乘龙，弄玉乘凤，升天而去。（见《列仙传》）

㉛**宋宗鸡**：民间传说：晋代兖州刺史宋处宗，买了一只长鸣鸡，鸡笼置于窗间，饲养十分尽心。鸡能说人话，与处宗谈论，极具言智，处宗的语言技巧也大进。（见《艺文类聚·幽明录》）

㉜**水寒鱼不跃**：语出宋朝诗人黄庭坚《次韵晁元忠西归》诗："林薄鸟迁巢，水寒鱼不聚。"

㉝**林茂鸟频栖**：栖：归巢。这是唐代诗人顾况《嘉兴监记》中"趋其署者，如好鸟之栖茂林"诗意的化用。诗圣杜甫《秋野》诗云："水深鱼极乐，林茂鸟知归。"

㉞**杨柳和烟彭泽令**：东晋诗人陶潜（陶渊明），字元亮，号五柳先生。曾任彭泽县令，后隐姓埋名，辞官隐居。他写的《五柳先生传》，说自家"宅边有五棵柳树，因以为号"。他说自己读书，废寝忘食；嗜酒，必醉而返；常著文章自娱，忘怀得失，以此自终。（见《晋书·陶潜传》）

㉟**桃花流水武陵溪**：陶渊明所著《桃花源记》，写晋武帝时，有武陵（旧县名，今属湖南常德，西南有桃源县）人以捕鱼为业。一天，缘武陵溪行舟，

"忘路之远近。忽逢桃花林",进入世外桃源。

㊱**公子追欢,闲骤玉骢游绮陌**:公子寻欢,骑着骏马在郊野路上奔跑。**追欢**:寻欢。**玉骢**:骏马。**绮陌**:风景优美的郊野道路。[唐]刘沧《及第后宴曲江》诗云:"归时不省花间醉,绮陌香车似水流。"

㊲**佳人倦绣,闷欹珊枕掩香闺**:美人倦绣,闭门倒卧在珊瑚枕上苦思。**倦绣**:懒得绣花。**欹**:斜靠。**香闺**:女子卧室。[宋]陈允平《惜分飞》词云:"钏阁桃腮香玉溜,困倚银床倦绣。"

齐韵部代表字

齐	黎	藜	犁	梨	妻	萋	凄	低	隄	低	题	提
蹄	啼	鸡	稽	兮	倪	霓	西	栖	犀	嘶	梯	鼙
齑	赍	迷	泥	溪	圭	闺	携	畦	稽	跻	脐	奚
醯	蹊	鹥	鑈	醍	鹝	珪	睽					

齐韵律诗例选

鲁山山行

[宋] 梅尧臣

适与野情惬,千山高复低。
好峰随处改,幽径独行迷。
霜落熊升树,林空鹿饮溪。
人家在何许?云外一声鸡。

五律的平仄

平仄是格律诗中的重要规则。五言律诗的平仄规定有四个格式。

首句不入韵式有两种：

（一）平仄脚

　　　　仄仄平平仄　平平仄仄平　平平平仄仄　仄仄仄平平
　　　　仄仄平平仄　平平仄仄平　平平平仄仄　仄仄仄平平

如李白诗《渡荆门送别》：

　　　渡远荆门外，来从楚国游。山随平野尽，江入大荒流。
　　　月下飞天镜，云生结海楼。仍怜故乡水，万里送行舟。

（二）仄仄脚

　　　　平平平仄仄　仄仄仄平平　仄仄平平仄　平平仄仄平
　　　　平平平仄仄　仄仄仄平平　仄仄平平仄　平平仄仄平

如白居易《赋得古原草送别》

　　　离离原上草，一岁一枯荣。野火烧不尽，春风吹又生。
　　　远方侵古道，晴翠接荒城。又送王孙去，萋萋满别情。

首句入韵式有两种：

（三）仄平脚

　　　　平平仄仄平　仄仄仄平平　仄仄平平仄　平平仄仄平
　　　　平平平仄仄　仄仄仄平平　仄仄平平仄　平平仄仄平

如李商隐《晚晴》

　　　深居俯夹城，春去夏犹清。天意怜幽草，人间重晚晴。
　　　并添高阁迥，微注小窗明。越鸟巢干后，归飞体更轻。

（四）平平脚

　　　　仄仄仄平平　平平仄仄平　平平平仄仄　仄仄仄平平

　　　　仄仄平平仄　平平仄仄平　平平平仄仄　仄仄仄平平

如王维《终南山》

　　　　太乙近天都，连山到海隅。白云回望合，青霭入看无。
　　　　分野中峰变，阴晴众壑殊。欲投人处宿，隔水问樵夫。

九　佳

河对海[①]，汉对淮[②]，赤岸对朱崖[③]。鹭飞对鱼跃[④]，宝钿对金钗[⑤]。鱼圉圉[⑥]，鸟嗟嗟[⑦]，草履对芒鞋[⑧]。古贤崇笃厚[⑨]，时辈喜诙谐[⑩]。孟训文公谈性善[⑪]，颜师孔子问心斋[⑫]。缓抚琴弦，像流莺而并语；斜排[⑬]筝柱，类过雁之相挨[⑭]。

丰对俭，等对差，布袄对荆钗[⑮]。雁行对鱼阵[⑯]，榆塞对兰崖[⑰]。挑荠女[⑱]，采莲娃[⑲]，菊径对苔阶[⑳]。诗成六义备[㉑]，乐奏八音谐[㉒]。造律吏哀秦法酷[23]，知音人说郑声哇[24]。天欲飞霜，塞上有鸿行已过[25]；云将作雨，庭前多蚁阵先排[26]。

城对市，巷对街[27]，破屋对空阶[28]。桃枝对桂叶[29]，砌蚓对墙蜗[30]。梅可望[31]，橘堪怀[32]，季路对高柴[33]。花藏沽酒市[34]，竹映读书斋[35]。马首不容孤竹扣[36]，车轮终就洛阳埋[37]。朝宰锦衣，贵束乌犀之带[38]；宫人宝髻，宜簪白燕之钗[39]。

译文

　　黄河对大海，汉水对淮河，红土岸对赤山崖。鹭鸶高飞对鱼儿腾跃，头上饰品对发髻金钗。鱼儿慢慢游，小鸟喈喈叫，草履对芒鞋。古时贤人崇尚忠实厚道，现在之人喜欢风趣诙谐。孟子滕文公喜谈"性本善"，颜回请教孔子治国理政要先净"心斋"。慢拨琴弦，像黄莺在婉转歌唱；古筝斜排，如大雁列队飞翔。

富足对节俭，等同对差异，粗布棉袄对荆条发钗。大雁成行飞翔对鱼儿水中结队，种着榆树的关塞对长满兰草的山崖。挖荠菜的女孩儿，采莲子的姑娘，开满菊花的小路对长有绿苔的石阶。诗经六艺齐备，乐奏八音和谐。秦法严酷汉律难效仿，春秋郑卫俗乐难听少高雅。天要霜降，塞上大雁成行向南飞；乌云作雨，庭前蚂蚁排阵搬迁穴窝。

城镇对集市，小巷对大街，破旧的房屋对空寂的台阶。桃树枝对桂树叶，阶下蚯蚓对墙上牛蜗。望梅可止渴，吃橘偷装怀，豪爽季路对质朴高柴。鲜花开在卖酒闹市，绿竹掩映安静书斋。武王不听孤竹劝阻定要牧野伐纣，东汉张纲车放洛阳定要弹劾奸佞专横。朝中大官衣着锦袍，犀角饰带佩挂在腰；宫里妃子发绾高髻，上插宝钿白燕玉钗。

探源 解意

①**河、海**：泛指江河湖海。《后汉书·桓谭冯衍传》有"日月经天，河海带地"一语，是说太阳月亮每天经过天空，江河湖海永远存在大地。比喻人或事物的永恒和伟大。

②**汉、淮**：指汉水与淮河。汉淮合词，泛指汉淮流域地区。例如，[宋]韩元吉《故宫使待制侍郎陈公挽词二首》云："政誉京江口，威名岘首山。折冲章贡外，制胜汉淮间。"

③**赤岸**：泛指土石呈红色的崖岸。东方朔《七谏·哀命》云："哀高丘（楚地山名，其岸峻险，赤而有光明）之赤岸兮，遂没身而不反。"**朱崖**：红色山崖。[唐]陆龟蒙《秋热》诗云："午气朱崖近，宵声白羽随。"

④**鹭飞**：白鹭飞翔。《诗经·周颂·振鹭》："振（奋起）鹭于飞，于彼西雍（湖泽）。"**鱼跃**：游鱼跳出水面。[唐]玄览《佚题》诗云："大海从（任由）鱼跃，长空任（任凭）鸟飞。"（见《古今诗话》）

⑤**宝钿**：以金银、珠玉、贝等制成的装饰品。[唐]张柬之《东飞伯劳歌》诗云："谁家绝世绮帐前，艳粉芳脂映宝钿。"**金钗**：亦称金钿，妇女首饰。[唐]白居易《酬思黯戏赠同用狂字》诗云："钟乳三千两，金钗十二行。"南朝梁武帝萧衍有"头上金钗十二行"诗句，指一人头戴十二钗。后人用"金钗十二"语，指姬妾众多。

⑥**鱼圉圉**：鱼的姿态。《孟子·万章上》云："[鱼]始舍（刚放入池）之，圉圉（懒得动的样子）焉，少（不一会）则洋洋（舒缓摇尾）焉。"

⑦**鸟喈喈**：鸟的叫声。《诗经·周南·葛覃》云："黄莺于飞，集于灌木，其鸣喈喈（众鸟和鸣声）。"

⑧**草履**：草鞋，古代称"不借"。[宋]吴垧《五总志》云："不借，草履也，谓其所用，人人均有，不待假借，故名不借。"**芒鞋**：草鞋。[宋]苏轼《宿石田驿南野人舍》诗云："芒鞋竹杖自轻软，蒲荐松床亦香滑。"

⑨**古贤崇笃厚**：古时贤士崇尚忠实厚道。**笃厚**：忠实厚道。[唐]胡曾《咏史诗·颍川》诗云："古贤高尚不争名，行止由来动杳冥。"《周史记·傅蒯蒯成列传论》云："蒯成侯緤，操心坚正，身不见疑……可谓笃厚君子矣。"

⑩**时辈喜诙谐**：现代之人喜欢风趣逗乐。**诙谐**：语言风趣。《汉书·东方朔传》云："其言专商鞅、韩非之语也，指意放荡，颇复诙谐。"[清]向阮贤《酒香亭》诗云："汉武好神仙，为觅长生酒。方朔妙诙谐，早润滑稽口。"

⑪**孟训文公谈性善**：**孟**：指孟轲，即孟子。战国时期，滕文公为太子时，借出使楚国路过宋国之机，去向孟子请教"性本善"问题。孟子论其道理，"言必称尧舜"。（见《孟子·滕文公上》）

⑫**颜师孔子问心斋**：东周卫国国君无道，祸国殃民。孔子的弟子颜回向孔子请教治理卫国的办法。孔子说："心斋。"颜回问何为"心斋"，孔子说，心思清净纯一，摒除一切杂念，有虚无空明的心境，就叫"心斋"。（见《庄子·人世间》）

⑬**缓抚琴弦，像流莺而并语**：琴弦协奏，像黄莺歌唱一样婉转动听。

源于[唐]温庭筠《题柳》："羌管一声何处曲，流莺百啭最高枝。"

⑭**斜排筝柱，类过雁之相挨**：筝柱斜排，像大雁飞翔一样相挨成行。[宋]晏几道《筝》云："纤指十三弦，细将幽恨传。当筵秋水慢，玉柱斜飞雁。"[元]萨都剌《赠弹筝者》诗云："银甲弹冰五十弦，海门风急雁行偏。"

⑮**布袄、荆钗**：粗布棉袄，荆枝当钗。比喻贫家女子装束简陋。东汉梁鸿、孟光夫妇避世隐居，孟光常荆钗布裙，食则举案齐眉（举饭菜托盘与眉齐请梁鸿吃），恩爱相随。（见[晋]皇甫谧《列女传》）

⑯**雁行、鱼阵**：大雁飞行时成一字或人字形，谓之"雁行"。规模较大的鱼群，谓之"鱼阵"，亦作"鱼贯"。比喻行进整齐有序。例如，[南朝宋]鲍照《代出自蓟北门行》诗云："雁行缘石径，鱼贯度飞梁。"

⑰**榆塞**：以榆林当边塞御敌。秦朝大将蒙恬抗击匈奴时，"累石为城，树榆为塞，匈奴不敢饮马于河。"后以"榆塞"借指边塞。（见《汉书·韩安国传》）**兰崖**：以山崖当边塞御敌。《战国策·魏策三》："晋国之去梁也，千里有余，河山以兰（通'阑'，阻隔）之。"

⑱**挑荠女**：挖荠菜的女孩儿。[宋]梅尧臣《食荠》诗云："芯羞食荠贫，食荠我所甘……携持入冻池，挑以根叶参。"

⑲**采莲娃**：娃：美女。采莲女一向是文人赞美的对象。赞美其举止、相貌美丽的，如元代杨果的《小桃红·采莲女》曲："采莲湖上采莲娇，新月（比喻美女的脚）凌波小（步履轻盈）……羞花闭月，沉鱼落雁，不恁（如此）也魂消。"描写其贪玩憨态的，如唐朝皇甫松的《采莲子》："菡萏（荷花）香连十顷陂（湖岸），小姑贪戏采莲迟。晚来弄水船头湿，更脱红裙裹鸭儿。"

⑳**菊径**：菊花院中的小路。径：小路。[晋]陶渊明《归去来兮辞》云："三径就荒，松菊犹存。携幼入室，有酒盈樽。"**苔阶**：长有苔藓的石阶。[南朝梁]简文帝《伤美人》诗云："翠带留余结，苔阶没故基。"

㉑**诗成六义备**：《诗经》这本书，风、雅、颂是其内容的分类；赋、比、兴是其表现的手法，合称"六义"，亦称"六诗"。《诗经·大序》

云:"诗有六义焉:一曰风,二曰赋,三曰比,四曰兴,五曰雅,六曰颂。"

㉒**乐奏八音谐**:我国古代把乐器分为八类,即金、石、土、革、丝、木、匏、竹。金,指钟、铃等;石,指磬等;土,指埙;革,指鼓类;丝,指琴、瑟等;木,指柷、敔等;匏,指笙、竽等;竹,指管、钥等。(见《辞海》)

㉓**造律吏哀秦法酷**:汉高祖刘邦攻入咸阳后,嫌秦法繁杂严酷,遂颁"约法三章"(杀人者死,伤人及盗抵罪)。后为加强中央集权,命萧何以秦律为据,制订"九章律"。(见《史记·萧相国世家》)

㉔**知音人说郑声哇**:郑声 亦作郑卫之音。春秋战国时期,郑卫(今河南新郑、滑县)等地的民间俗乐,因与宫廷帝王祭祀、宴饮所用之"雅乐"相悖,被儒家贬斥为"乱世之音"、"靡靡之乐"。《礼记·乐记》:"郑卫之音,乱世之音也。"[西汉]扬雄《法言·吾子》云:"中正则雅,多哇(靡曼的乐音)则郑。"

㉕**天欲飞霜,塞上有鸿行已过**:[宋]沈括《梦溪笔谈》云:"北方有白雁,似鸿(大雁)而小,色白",是候鸟,每年霜降前十日,由塞北过河北,成行飞往南方,人们就知道天要下霜了,故称白雁为"霜信"。

㉖**云将作雨,庭前多蚁阵先排**:阴天,蚂蚁为防蚁穴进水,成群成行忙着搬家游动,预示着天要下雨。[宋]刘克庄《穴蚁》诗云:"穴蚁能防患,常于未雨移。"

㉗**巷、街**:大街小巷。[汉]荀悦《汉纪·哀帝纪》云:"至京师又聚会祀西王母,设祭于街巷阡陌。"

㉘**破屋**:破旧的老屋。[唐]孟郊《秋怀》诗云:"秋至老更贫,破屋无门扉。一片月落床,四壁风入衣。"**空阶**:荒芜的台阶。[宋]陆游《喜晴》诗云:"江湖春暮多风雨,点滴空阶实厌听。"

㉙**桃枝**:桃树枝条。旧时谓桃枝可以避邪。[宋]赵令畤《侯鲭录》云:"今人以桃枝洒地辟鬼。"**桂叶**:桂树叶子。[唐]王勃《白鹤寺碑》云:"锵锵橝(同'檐')铎,声传桂叶之风。"桂叶又比喻女子的眉。[唐]

江妃《谢赐珍珠》诗云:"桂叶双眉久不描,残妆和泪污红绡。"

㉚砌蚓:台阶下的蚯蚓。[晋]崔豹《鱼虫》云:"蚯蚓,善长吟于地中,江东谓之歌女,或谓之鸣砌。"**墙蜗**:墙角处的蜗牛。[晋]崔豹《鱼虫》云:"蜗牛,陵螺也⋯⋯热则自悬于叶下。"

㉛梅可望:"望梅止渴"之典故。(参见本卷"四支"韵注㉕)

㉜橘堪怀:三国吴郁林太守陆绩,通天文、历算。六岁时到袁术家做客,袁术给他吃橘子,他偷装三枚于怀中。拜别时,橘子掉落地上,袁术说:"你来做客,还偷装橘子?"陆绩下跪说:"我想拿回去给母亲吃。"袁术听了,更加器重陆绩。后以"怀橘"为孝亲之典。(见《三国志·吴书·陆绩传》)

㉝季路:孔子的弟子,名仲由,字子路,也称季路。性情直爽勇敢。后人以其为勇士的典范。(见《史记·仲尼弟子列传》)**高柴**:孔子的弟子,字子羔。身矮小,智商低,但待人忠厚,性格质朴。(见《史记·仲尼弟子列传》)

㉞花藏沽酒市:卖酒处在杏花村。[唐]杜牧《清明》诗云:"借问酒家何处有?牧童遥指杏花村。"[宋]宋祁《锦缠道·燕子呢喃》词云:"醉醺醺尚寻芳酒。问牧童,遥指孤村道,杏花深处,那里人家有。"

㉟竹映读书斋:绿竹映衬读书宅。这是唐代诗人刘得仁《哭鲍溶有感》中"古苔封墨沼,深竹映书堂"和唐代诗人李频《夏日题盩厔友人书斋》中"修竹齐高树,书斋竹树中"诗句的化用。

㊱马首不容孤竹扣:周武王出征伐纣王,孤竹君之子伯夷、叔齐兄弟拉住武王的战马谏阻,说:"你父刚去世,不经心办丧,反而动干戈;你作为商朝臣下,却要弑君,岂非不孝不忠?"武王不听。夷齐兄弟遂隐居首阳山,不食周粟,靠采薇(野菜)活命,至死。(见《史记·伯夷列传》)

㊲车轮终就洛阳埋:东汉侍御史张纲,在汉顺帝时,奉命与杜乔等八人分别赴州郡巡查地方官吏是否廉政。杜乔等七人皆已出行。唯有张纲将其出巡车轮埋于洛阳都亭,拒不出行。当时,大将军梁冀专权朝政,张纲说:"豺狼(指梁冀)当路,安问(何必追查)狐狸?"并上书弹劾梁冀。(见《后汉书·张纲传》)

㊳朝宰锦衣，贵束乌犀之带：朝宰：朝中宰相。乌犀带：亦称犀角带。古代朝廷高官服上饰有犀牛角的腰带。唐宪宗元和年间（806—820年），淮西贼乱，宰相裴度誓死平乱，宪宗感动，赐裴度以犀角带，令他进讨淮西。（见《新唐书·裴度传》）

㊴宫人宝髻，宜簪白燕之钗：旧时宫中妃子头上戴的一种燕子形的宝钗。传说西域神女与汉武帝相会，馈赠汉武帝西域特有的玉钗一枚。后来，汉武帝把它转赠给宠妃赵婕妤。到汉昭帝元凤年间，有宫人欲毁掉它，刚打开匣子，唯见一只白燕，飞天而去。燕钗亦不知去向。（见[东汉]郭宪《洞冥记》）

佳韵部代表字

佳　街　鞋　牌　柴　钗　差　崖　涯　偕　阶　皆　谐
骸　排　乖　怀　淮　槐　豺　侪　埋　霾　斋　娲　蜗
蛙

佳韵律诗例选

花下对菊

[唐] 司空图

清香裛露对高斋，泛酒偏能浣旅怀。
不似春风逞红艳，镜前空坠玉人钗。

七律的平仄

七律是五律的扩展，在五字句的前面加上两个字的头儿，仄前加平平，平前加仄仄。也是四种格式。如下：

首句不入韵式：

（一）平仄脚

平平仄仄平平仄　　仄仄平平仄仄平　　仄仄平平平仄仄　　平平仄仄仄平平
平平仄仄平平仄　　仄仄平平仄仄平　　仄仄平平平仄仄　　平平仄仄仄平平

如刘禹锡《酬乐天扬州初逢席上见赠》

巴山楚水凄凉地，二十三年弃置身。怀旧空吟闻笛赋，到乡翻似烂柯人。
沉舟侧畔千帆过，病树前头万木春。今日听君歌一曲，暂凭杯酒长精神。

（二）仄仄脚

仄仄平平平仄仄　　平平仄仄仄平平　　平平仄仄平平仄　　仄仄平平仄仄平
仄仄平平平仄仄　　平平仄仄仄平平　　平平仄仄平平仄　　仄仄平平仄仄平

如杜甫《闻官军收河南河北》

剑外忽传收蓟北，初闻涕泪满衣裳。却看妻子愁何在，漫卷诗书喜欲狂。
白日放歌须纵酒，青春作伴好还乡。即从巴峡穿巫峡，便下襄阳向洛阳。

首句入韵式：

（一）仄平脚

仄仄平平仄仄平　　平平仄仄仄平平　　平平仄仄平平仄　　仄仄平平仄仄平
仄仄平平平仄仄　　平平仄仄仄平平　　平平仄仄平平仄　　仄仄平平仄仄平

如杜甫《登高》

风急天高猿啸哀，渚清沙白鸟飞回。无边落木萧萧下，不尽长江滚滚来。
万里悲秋常作客，百年多病独登台。艰难苦恨繁霜鬓，潦倒新停浊酒杯。

（二）平平脚

平平仄仄仄平平　　仄仄平平仄仄平　　仄仄平平平仄仄　　平平仄仄仄平平
平平仄仄平平仄　　仄仄平平仄仄平　　仄仄平平平仄仄　　平平仄仄仄平平

如陆游《夜泊水村》

腰间羽剑久凋零，太息燕然未勒铭。老子犹堪绝大漠，诸君何至泣新亭。一身报国有万死，双鬓向人无再青。记取江湖泊船处，卧闻新雁落寒汀。

十　灰

增对损，闭对开，碧草对苍苔。书签对笔架①，两曜对三台②。周召虎③，宋桓魋④，阆苑对蓬莱⑤。熏风生殿阁⑥，皓月照楼台⑦。却马汉文思罢献⑧，吞蝗唐太冀移灾⑨。照曜八荒，赫赫丽天秋日⑩；震惊百里，轰轰出地春雷⑪。

沙对水，火对灰，雨雪对风雷⑫。书淫对传癖⑬，水浒对岩隈⑭。歌旧曲⑮，酿新醅⑯，舞馆对歌台⑰。春棠经雨放⑱，秋菊傲霜开⑲。作酒固难忘曲糵[20],调羹必要用盐梅[21]。月满庾楼,据胡床而可玩[22];花开唐苑,轰羯鼓以奚催[23]。

休对咎[24],福对灾,象箸对犀杯[25]。宫花对御柳[26],峻阁对高台。花蓓蕾[27],草根荄[28],剔藓对剜苔[29]。雨前庭蚁闹[30],霜后阵鸿哀[31]。元亮南窗今日傲[32],孙宏东阁几时开[33]。平展青茵,野外茸茸软草;高张翠幄[34],庭前郁郁凉槐[35]。

译文

　　增加对减少,关闭对打开,绿草对青苔。书签对笔架,日月双星对三台六宿。西周臣召虎,宋国奸桓魋,神仙阆苑对蓬莱仙山。和风吹殿阁,明月照楼台。汉文帝不要千里马，唐太宗吞蝗灭蝗灾。秋高日丽，阳光照耀大地万方；滚滚春雷，震惊神州四野八荒。

沙对水，火对灰，雨雪对风雷。书痴皇甫对杜预"左传癖"，湖岸对山湾。唱旧曲，酿新酒，舞场对楼台。海棠经雨花绽放，秋菊傲霜花盛开。做酒不忘放酒酵，调羹必用梅和盐。月上南楼，庾亮邀友吟诗喝酒共赏明月；花开御园，玄宗击鼓贵妃跳舞百花闻声盛开。

吉对凶，福对灾，象牙筷对犀角杯。宫中的花木对御苑的杨柳，耸立的楼阁对高高的楼台。花蕾出，草根长，剔藓对剜苔。雨前蚂蚁忙搬家，霜后大雁鸣哀伤。陶渊明倚窗自乐抒发傲世情怀；公孙弘招贤纳士东阁门大开。野外软草细细，一望无际绿油油平展大地；庭前郁郁槐荫，如翡翠幕帘高高悬挂窗前。

探源 解意

①**书签、笔架**：书签：书册封面上的书名签条。笔架：放毛笔的架子。[唐]杜甫《题柏大兄弟山居屋壁》诗云："笔架沾窗雨，书签映隙曛。"

②**两曜**：日和月。[南朝]梁元帝《纂要》云："日、月谓之两曜。"[宋]陆游《园中观草木有感》诗云："两曜如奔轮，疾去不可遮。"
三台：古代供天子登高眺望的三种台阁。[汉]许慎《五经异义》载："天子有三台：有灵台以观天闻；有时台以观四时施化；有囿台以观鸟兽鱼鳖。"

③**周召虎**：西周时期，周厉王暴虐，国人围攻王室，厉王出逃，太子静藏匿于大臣周召虎家中。人来追捕，召公交出自己的儿子替太子静死。朝中暂时无主，召公与周公（周公旦的后裔）出面撑局，共同摄政，史称"共和行政"。厉王死后，召公拥立太子静继位，是为周宣王。（见《诗经·大雅·江汉》）

④**宋桓魋**：周敬王二十五年，孔子周游，离开卫国，到了宋国，与弟子们在一棵大树下研习礼仪时，宋国司马桓魋砍倒此树，欲害孔子。随行

弟子劝孔子快离开此地，孔子说："天生德于我，桓魋能把我怎么样呢？"（见《史记·孔子世家》）

⑤阆苑：传说中的神仙住处。常指宫苑。**蓬莱**：传说是东海神山之一。唐高宗时，在今陕西西安市北建的大明宫，后改为"蓬莱宫"。北宋嘉祐年间，在今山东蓬莱市城北，建造"蓬莱阁"。

⑥**熏风生殿阁**：熏风：南风或东南风。这是唐代诗人李昂《夏日联句》中"熏风自南来，殿阁生微凉"诗句的化用。

⑦**皓月照楼台**：皓月：明月。这是唐代诗人曹植《悲歌行》中"明月照高楼"和唐代诗人于邺《高楼》中"远天明月出，照此谁家楼"诗句的化用。

⑧**却马汉文思罢献**：汉文帝刚即位，地方官员欲向文帝献千里马。文帝说：我起驾，前有銮驾，后有从车，我能一人在前边跑吗？"朕不受献也。令四方毋（不要）来献。"（见《史记·文帝本纪》）

⑨**吞蝗唐太冀移灾**：唐贞观三年，蝗虫害农，唐太宗李世民哀求蝗虫说："民以谷为命，而汝（指蝗虫）食之，宁食吾之肺肠。"欲吞蝗（让蝗虫食自己的肺肠），臣下劝阻说，吞蝗虫可能生病，太宗说："朕为民受灾，何疾之避？"遂吞蝗。这年，果然未殃成大蝗灾。（见《资治通鉴》）

⑩**照耀八荒，赫赫丽天秋日**：晴朗的秋日照耀四面八方。**八荒**：八方荒远的地方。**丽天**：阳光照耀的天空。[明]宋濂《水北山房记》云："当大明丽天，万物毕照。"悬于太空。[晋]傅玄《日升歌》云："逸景何晃晃，旭日照万方。"

⑪**震惊百里，轰轰出地春雷**：轰鸣的春雷响彻百里大地。[晋]傅玄《惊雷歌》云："惊雷奋兮震万里，威陵宇宙兮动四海。"[唐]元稹《芳树》诗云："春雷一声发，惊燕亦惊蛇。"

⑫**雨雪**：雨雪交加。比喻经历艰难困苦。[唐]皇甫冉《雨雪》："风沙悲久戍，雨雪更劳师。绝漠无人境，将军苦战时。"**风雷**：风雷齐发。比喻气势浩大猛烈。[宋]苏轼《和王斿》诗云："异时常怪谪仙（指唐代大诗人李白）人，舌有风雷笔有神。"

⑬**书淫**：旧时称好学、嗜书成癖的人为"书淫"。《晋书·皇甫谧传》云："耽玩（专心研习）典籍，忘寝与食，时人谓之书淫。"**传癖**：旧时称嗜好注解经传的人为"传癖"。西晋学者杜预，字元凯，任征南大将军时，攻克孙吴，是晋朝的开国元勋。他又是一名儒将，他撰写的《春秋左氏经传集解》，是注解《左传》流传至今最早的一种。晋时王济善相马甚爱马，和峤心爱钱更敛钱，杜预说："济有马癖，峤有钱癖。"晋武帝问他："卿有何癖？"杜预说："臣有左传癖。"（见《晋书·杜预传》）

⑭**水浒**：河湖岸边。《诗经·王风·葛藟》："绵绵葛藟（植物名，葡萄科），在河之浒（岸）。"**岩隈**：山脚弯处。《三国志·魏书·陈思王植传》云："涉涧之滨，缘山之隈。"

⑮**歌旧曲**：唐杜牧诗《泊秦淮》诗云："烟笼寒水月笼沙，夜泊秦淮近酒家。商女不知亡国恨，隔江犹唱后庭花。"哀叹歌女不懂亡国恨还在唱陈后主旧曲《玉树后庭花》，讥讽晚唐群臣沉湎酒色，在步陈后主亡国后尘。

⑯**酿新醅**：酿造新酒。[唐]白居易《问刘十九》云："绿蚁（酒面上的绿色浮糟）新醅（未过滤的酒）酒，红泥小火炉。"

⑰**舞馆、歌台**：亦作舞榭歌台，歌舞场所。榭：建在水中或水边的亭阁。[唐]黄滔《馆娃宫赋》："舞榭歌台，朝为宫而暮为沼。"

⑱**春棠经雨放**：海棠经雨花绽放。[宋]范成大《海棠欲开雨作》诗云："春睡花枝醉梦回，安排银烛照妆台。苍茫不解东风意，政（正）用此时吹雨来。"

⑲**秋菊傲霜开**：秋菊傲霜花盛开。[宋]张时《雪梅堆菊》诗云："司花仙子下瑶台，尽把秋花（秋菊）作雪。比似傲霜高一着，清香终不减江梅（野梅花）。"

⑳**作酒固难忘曲蘖**：**曲蘖**：发酵用的酒母。《尚书·说命下》云："若作酒醴（甜酒），尔惟曲蘖。"

㉑**调羹必要用盐梅**：**盐梅**：调味用的作料。《尚书·说命下》云："若作和羹，尔惟盐梅。"

㉒**月满庾楼，据胡床而可玩**：东晋中书令庾亮，其妹为明帝的皇后。

他任荆州刺史时，驻镇武昌，建起庾公楼（今之南楼）。传说他常在庾楼上，卧胡床（似今之沙发）与诸贤吟咏戏谑，共赏明月。（见《晋书·庾亮传》、陆游《入蜀记》）

㉓**花开唐苑，轰羯鼓以奚催**：唐玄宗李隆基爱弹羯鼓，杨贵妃喜跳羯鼓舞。一次，正值初春，唐玄宗游御花园，见花蕾含苞，即令高力士取羯鼓来，亲自奏起《春光好》曲，催花开放，诸花果然闻声怒放。（见《新唐书·礼乐志》）

㉔**休、咎**：吉庆与灾祸。《汉书·刘向传》云："向见箕子（殷纣王叔父）为武王（周武王）陈（陈述）五行阴阳休咎之应。"

㉕**象箸、犀杯**：奢侈用品，象牙筷子犀角杯。《韩非子·喻老》云："纣为象箸而箕子怖（忧心），以为象箸必不盛羹于土簋（餐具），则必犀玉之杯……吾畏其卒（后害），故怖其始。"《史记·龟策列传》云："犀玉之器，象箸而羹。"

㉖**宫花、御柳**：宫苑中的花木，御苑内的杨柳。[明]宋讷《王子秋过故宫》云："上林（泛指宫苑）春去宫花落，金水（指金水河）霜来御柳黄。"

㉗**花蓓蕾**：含苞待放的花蕾。[宋]杜耒《杏花》诗云："蓓蕾枝梢血点干，粉红腮颊露春寒。"

㉘**草根荄**：《尔雅·释草》："荄，根。"《疏》："凡草根一名荄。"[唐]白居易《问友》诗："根荄相交长，茎叶相附荣。"

㉙**藓、苔**：两类植物，在古诗文中无差别。崔豹《草木》云："空室中无人行则生苔藓，或青或紫，名曰圆藓，亦曰绿钱。"

㉚**雨前庭蚁闹**：天将下雨，蚂蚁成群在洞外搬家移动，以防水患来临。

㉛**霜后阵鸿哀**：霜降五天后，可见鸿雁成行鸣叫着向南飞。

㉜**元亮南窗今日傲**：陶渊明辞去彭泽县令后，隐居五柳宅，作《归去来兮辞》，对宅中有松、有菊、有妻、有子、有酒、有樽，可以"引壶觞以自酌，眄庭柯（树）以怡颜，倚南窗以寄傲（藐视当世），审容膝（卧室虽小能伸开腿）之易安"，很感自豪，很有乐趣。（见《归去来辞》）

㉝**孙宏东阁几时开**：孙宏，即西汉宰相公孙弘，早年家贫，少年放猪，后当狱吏，四十岁读《春秋公羊传》。汉武帝任他为丞相，封平津侯。他"开东阁（向东开的小门，以别于从正门引客）以延（招请）贤人，与参谋议"。后以"东阁"为款待贤士的地方。（见《汉书·公孙弘传》）

㉞**平展青茵，野外茸茸软草**：这是宋朝女词人朱淑真《春游西园》中"踏草青茵软"和她的《春阴古律二首》中"茸茸碧草渐成茵"词意的化用。

㉟**高张翠幄，庭前郁郁凉槐**：这是金朝元好问《题苏小像》中"槐荫庭院宜清昼，帘卷香风透"词意的化用。

灰韵部代表字

灰	恢	魁	隈	回	徘	徊	槐	梅	枚	媒	煤	雷
罍	隤	催	摧	堆	陪	杯	醅	嵬	推	迴	魋	脠
诙	裴	培	崔	才	缞	开	哀	埃	台	苔	该	材
财	裁	来	莱	栽	哉	灾	猜	孩	骀	腮		

灰韵律诗例选

过华清宫绝句

[唐] 杜 牧

长安回望绣成堆，山顶千门次第开。
一骑红尘妃子笑，无人知是荔枝来。

读写诗词常识

五绝的平仄

五言绝句共四句，二十个字。是五言律诗的一半。五言绝句的平仄格式也是四种。

（一）平仄脚　（平仄脚五绝最常见）

　　　　仄仄平平仄　平平仄仄平　平平平仄仄　仄仄仄平平

如王之涣《登鹳雀楼》

　　　　白日依山尽，黄河入海流。欲穷千里目，更上一层楼。

（二）仄仄脚

　　　　平平平仄仄　仄仄仄平平　仄仄平平仄　平平仄仄平

如李端《听筝》

　　　　鸣筝金粟柱，素手玉房前。欲得周郎顾，时时误拂弦。

（三）仄平脚

　　　　平平仄仄平　仄仄仄平平　仄仄平平仄　平平仄仄平

如王涯《闺人赠远》

　　　　花明绮陌春，柳拂御沟新。为报辽阳客，流光不待人。

（四）平平脚　（平平脚五绝也多见）

　　　　仄仄仄平平　平平仄仄平　平平平仄仄　仄仄仄平平

如元稹《行宫》

　　　寥落古行宫，　宫花寂寞红。
　　　白头宫女在，　闲坐说玄宗。

十一　真

邪对正，假对真，獬豸对麒麟①。韩卢对苏雁②，陆橘对庄椿③。韩五鬼④，李三人⑤，北魏对西秦⑥。蝉鸣哀暮夏⑦，莺啭怨残春⑧。野烧焰腾红烁烁⑨，溪流波皱碧粼粼⑩。行无踪，居无庐，颂成酒德⑪；动有时，藏有节，论著钱神⑫。哀对乐，富对贫，好友对嘉宾。弹冠对结绶⑬，白日对青春⑭。金翡翠⑮，玉麒麟⑯，虎爪对龙鳞⑰。柳塘生细浪⑱，花径起香尘⑲。闲爱登山穿谢屐[20]，醉思漉酒脱陶巾[21]。雪冷霜严，倚槛松筠同傲岁[22]；日迟风暖，满园花柳各争春[23]。

香对火，炭对薪，日观对天津[25]。禅心对道眼[26]，野妇对宫嫔[27]。仁无敌[28]，德有邻[29]，万石对千钧[30]。滔滔三峡水[31]，冉冉一溪冰[32]。充国功名当画阁[33]，子张言行贵书绅[34]。笃志诗书，思入圣贤绝域[35]；忘情官爵，羞沾名利纤尘[36]。

译文

邪对正，假对真，獬豸（祥兽）对麒麟（仁兽）。韩卢犬对苏信雁，陆绩怀橘敬母对庄子以八千岁大椿祝母长寿。韩愈写"五鬼"，李白"对影成三人"，北魏对西秦。夏末蝉哀鸣，残春黄莺怨。野火烧荒红烁烁，溪流碧波水粼粼。刘伶行无踪，去无影，幕天席地著写《酒德颂》；鲁褒主张动有时，藏有节，死生无命，富贵在钱，著述《钱神论》。

悲哀对欢乐，富裕对贫穷，好友对宾客。弹帽土对系绶带，耀眼的太阳对绿色的春天。金翡翠，玉麒麟，虎爪对龙麟。风吹柳塘起细浪，花园小路飘香尘。登山爱穿谢公鞋，葛巾漉酒学陶公。雪冷霜寒，门外松竹傲然挺立；春风送暖，院里花柳争芳斗艳。

烧香对点火，木炭对薪柴，日观峰对天津桥。宁静的心境对洞察真伪的眼力，村妇对宫嫔。仁厚无敌人，德高有邻居，万石对千钧。奔腾三峡水，涓涓小溪流。汉宣帝表彰功臣画像悬挂麒麟阁，孔子的箴言教诲弟子子张写在衣带上。立志研究诗书，希望进入圣贤队列；忘却升官晋爵，羞于沾染名利污点。

探源 解意

①獬豸：传说中的独角祥兽。[汉]杨孚《异物志》载："北荒之中有兽，名獬豸，一角，性别曲直。见人斗，触不直者；闻人争，咋不正者。" **麒麟**：传说中的独角仁兽，雄曰麒，雌曰麟。其状麇（獐子）身，牛尾，狼蹄，一角。人们把麒麟出现视为祥瑞。《管子·封禅》云："今凤凰麒麟不来，嘉谷不生。"

②韩卢："韩子卢"，战国时期韩国的一种良犬名。《战国策·齐策三》云："韩子卢者，天下之疾（敏捷）犬也；东郭逡（狡兔）者，海内之狡兔也。" **苏雁**：传说西汉使者苏武被匈奴单于放逐北海牧羊期间，苏武利用南飞鸿雁向汉帝捎信，告知自己在北海牧羊。后人因以苏雁或雁足比喻书信。（见《汉书·苏武传》）

③陆橘：三国陆绩六岁时，在袁术家吃橘子，偷装三个橘子回家给母亲吃。**庄椿**：《庄子·逍遥游》云："上古有大椿者，以八千岁为春，八千岁为秋。"后人以"庄椿"为祝人长寿之词。

④韩五鬼：唐代文学家、诗人韩愈写的《送穷文》把智穷、学穷、文

穷、命穷、交穷称为"五种穷鬼",并说:"此五鬼,为吾五患。"

⑤**李三人**:唐代诗人李白《月下独酌》诗云:"花间一壶酒,独酌无相亲。举杯邀明月,对影成三人。"本是独酌,诗人却幻觉是自己、月亮、身影三个人对饮。邀月对影饮酒,突出显示了诗人的孤独感受。

⑥**北魏**:亦称后魏,北朝之一的国名。鲜卑族拓跋珪建立北魏,并统一了北方十六国,形成了与南朝并立的局面。**西秦**:北朝十六国之一的国名,后被夏国所灭。

⑦**蝉鸣哀暮夏**:夏去秋来,蝉命不保,故悲鸣。源于唐代诗人王维《早秋山中作》中"草间蛩(蟋蟀)响临秋急,山里蝉声薄暮悲"诗句。

⑧**莺啭怨残春**:春去夏至,莺歌逊色,故怨春。这源于唐代诗人岑参《奉和中书舍人贾至早朝大明宫》中"鸡鸣紫陌(帝都郊野的道路)曙光寒,莺啭皇州(指帝都)春色阑(残尽)"诗句。

⑨**野烧焰腾红烁烁**:**野烧**:野火。**烁烁**:火光闪耀。这是元朝无名氏《小尉迟》中"焰腾腾(火势猛烈)燎火(燎原大火)烧的半天红"句意的化用。

⑩**溪流波皱碧粼粼**:**碧粼粼**:形容碧波荡漾。元朝戏曲家关汉卿《双赴梦》中"碧粼粼绿水波纹皱"句意的化用。

⑪**行无踪,居无庐,颂成酒德**:西晋竹林七贤之一的刘伶,曾为建威将军。晋武帝泰始初,他对朝廷策问,强调无为而治,被认为无能而罢官。他嗜酒成癖,人称酒神。他作《酒德颂》,蔑视礼法,宣扬"行无辙迹,居无室庐,幕天席地,纵意所如"的放诞生活。(见《晋书·刘伶传》)

⑫**动有时,藏有节,论著钱神**:西晋鲁褒的《钱神论》,对货币权力作了深刻的揭露和嘲讽。他痛斥人的贪鄙,主张"动有时,藏有节"。他说:"钱之所在,危可使安,死可使活;钱之所去,贵可使贱,生可使杀。"针对儒家"死生有命,富贵在天"之论,他说:"死生无命,富贵在钱。"

⑬**弹冠、结绶**:弹掉帽子上的灰尘,系结好朝服的印带,比喻要出来做官。《汉书·萧望之传附萧育》载:"少与陈咸朱博为友,著闻当

世。往者有王阳贡公，故长安语曰'萧朱结绶，王贡弹冠'，言其相荐达也。"[南朝宋]颜延年《秋胡》诗云："脱巾（葛巾，平民帽）千里外，结绶登王畿（京城）。"

⑭**白日、青春**：亦作青春白日，春天的太阳。《楚辞·大招》云："青春受谢（春天会过去），白日昭只（太阳永明亮）。"

⑮**金翡翠**：翡翠是一种鸟名，其羽毛华丽，有蓝、绿、赤、青等色。金翡翠是金镶玉饰品。[唐]李商隐《无题二首》诗云："蜡照半笼金翡翠，麝熏微度绣芙蓉。"

⑯**玉麒麟**：用玉制的麒麟佩饰物。[宋]陆游《送陈德邵宫教赴行在二十韵》诗云："同舍事容悦，腰佩玉麒麟。"

⑰**虎爪**：老虎的爪子，形容锋利。《韩非子·解老》云："兕（犀牛类）无所投其角，虎无所措其爪，兵无所容其刃。"**龙鳞**：龙的鳞甲，形容鳞状之物。《史记·司马相如列传》云："众色炫耀，照烂龙鳞。"

⑱**柳塘生细浪**：风吹柳塘起细浪。这是宋朝诗人曹冠《夏初临》中"柳塘风皱清涟（风吹塘水起波纹）"诗意的化用。

⑲**花径起香尘**：花园小路飘香尘。**香尘**：化妆女子走路带起的尘土。这是明朝诗人谢谠《四喜记·花亭佳偶》中"花径尘芳（芳香），浅印花鞋小"文意的化用。[元]王实甫《西厢记》曲云："若不是衬残红芳径软，怎显得步香尘底样儿浅。"

⑳**闲爱登山穿谢屐**：南朝诗人谢灵运登山时，穿一种有齿的木屐（木制鞋），上山时去掉前齿，下山时去掉后齿。（见《南史·谢灵运传》）

㉑**醉思滤酒脱陶巾**：陶渊明酿酒，酒熟后，脱下头上葛巾（软布帽）过滤，用完，再戴在头上。（见《宋书·隐逸传》）

㉒**雪冷霜严，倚槛松筠同傲岁**：雪冷霜酷，松竹不改青坚节。**松筠**：松竹。这是宋朝诗人释文珦《秘书山中草堂》中"兰茞含幽洁，松筠傲雪霜"诗句的化用。

㉓**日迟风暖，满园花柳各争春**：春风送暖，花柳满园争妍丽。**日迟**：即"迟日"，春日。这是宋朝词人曾觌《柳梢青·花柳争春》中"花柳争

春，湖山竞秀，恰近清明"词意的化用。

㉔**炭、薪**：木炭柴火。《新唐书·地理志一》载："大历元年，尹黎干自南山开漕渠，抵景风、延喜门入苑，以漕（运）炭薪。"

㉕**日观**：指泰山上观日出的日观峰。[汉]应劭《汉宫仪》载："泰山东南山顶名曰日观。日观者，鸡一鸣时，见日始欲出。"**天津**：指隋炀帝在河南洛阳西南洛水上所建的古浮桥，名天津桥。隋末被李密烧毁。唐太宗时累方石为墩，建成石础桥。

㉖**禅心**：佛教用语。清静寂定的心境。[南朝梁]江淹《吴中礼石佛》诗云："禅心暮不杂，寂行好无私。"**道眼**：佛教用语。有辨别一切，看出真伪的能力。[宋]苏轼《花落复次前韵》诗云："先生来年六十化，道眼已入不二门。"

㉗**野妇**：乡村妇女。[明]何景明《古松行》诗云："傍枝出地子成树，野妇山樵摧作薪。"[宋]陆游《驿壁偶题》："舞筒村巫醉，涂朱野女妆。"**宫嫔**：帝王的侍妾。[唐]薛调《无双传》云："我闻宫嫔选在掖庭，多是衣冠子女。"

㉘**仁无敌**：仁者无敌天下。这是《孟子·梁惠王上》中孟子说"彼（指秦王楚王）陷溺其民，王（指梁惠王）往而征之，夫谁与王敌！故曰'仁者无'。"和《孟子·尽心下》中"仁人无敌于天下"文意的化用。

㉙**德有邻**：德高有好邻居。这是《论语·里仁》中"德不孤，必有邻"文意的化用。

㉚**万石、千钧**：石、钧：两种旧时重量单位。《汉书·律历志》载："三十斤为钧，四钧为石。"《三国志·魏书·杜袭传》云："臣闻千钧之弩不为鼷鼠发机；万石之钟不以莛撞起音，今区区之许攸，何足以劳神武哉？"

㉛**滔滔三峡水**：滔滔：形容水势奔流。[唐]白居易《草堂前新开一池》诗云："淙淙（水势像瀑布下流）三峡水，浩浩万顷陂（积水的池塘）。"诗句的化用。

㉜**冉冉一溪冰**：冉冉：形容缓慢移动。这是唐代诗人杜牧《游池州林

泉寺金碧洞》中"袖拂霜林下石棱,潺湲声断满溪冰"诗句的化用。

㉝**充国功名当画阁**:汉宣帝为表彰霍光、赵充国、苏武等十一位西汉文武名臣的功绩,把他们的形象图画在未央宫麒麟阁内。(见《汉书·苏武传》)

㉞**子张言行贵书绅**:绅:宽带子。孔子的弟子子张,名师。他尊贤敬善,怜悯低能。他追随孔子,把孔子的言行都及时写在大带子上,以免忘记。(见《论语·卫灵公》)

㉟**笃志诗书,思入圣贤绝域**:渴望步入通达圣贤的境界,就专心读经学史。笃志:专心致志。诗书:儒家经典诗文。绝域:难于攀登的高境界。[明]陈继儒《小窗幽记》云:"诗书乃圣贤之供案。"[汉]司马迁《报任少卿书》云:"《诗》三百篇,大抵圣贤发愤之所为作也。"

㊱**忘情官爵,羞沾名利纤尘**:羞于沾上追逐名利的污点,须忘却升官晋爵。忘情:无动于衷。纤尘:细微灰尘,引申为污点。[宋]白玉蟾《栩庵力高士与同散步二首》诗云:"功名不直(通'值')一杯水,富贵于我如浮云。诗句清妍仍净远,游丝飞絮听缤纷。"

真韵部代表字

亲	神	仁	人	臣	辰	晨	薪	新	辛	茵	因	真
津	春	陈	尘	瞋	珍	麟	鳞	邻	滨	宾	身	申
荸	贫	岷	民	困	巾	筠	垠	银	颦	莘	频	秦
钧	驯	巡	旬	匀	沦	轮	纶	伦	唇	纯	醇	淳
骊	磷	辚	嶙	鹑	椿	彬	宸	甄	循	遵	榛	均
姻	鑫	寅	潾	嫔	伸	呻	骏	诜	峋	邠	缗	泯
					遂	皱	恂	氤	啉	郁	询	荀

真韵律诗例选

送杜少府之任蜀州

[唐] 王 勃

城阙辅三秦，风烟望五津。
与君离别意，同是宦游人。
海内存知己，天涯若比邻。
无为在歧路，儿女共沾巾。

读写诗词常识

七绝的平仄

　　七言绝句是七律的一半，四句二十八个字。平仄格式也是四种，五言绝句格式前加两个音，如果是仄起的五字句，前面加平平变成七字句，如果是平起的五字句，前面加仄仄变成七字句。

（一）平仄脚

　　平平仄仄平平仄　　仄仄平平仄仄平　　仄仄平平平仄仄　　平平仄仄仄平平

如白居易《忆江柳》

　　　　曾栽杨柳江南岸，一别江南两度春。
　　　　遥忆青青江岸上，不知攀折是何人。

（二）仄仄脚

仄仄平平平仄仄　　平平仄仄仄平平　　平平仄仄平平仄　　仄仄平平仄仄平

如王维《九月九日忆山东兄弟》

　　　　独在异乡为异客，每逢佳节倍思亲。
　　　　遥知兄弟登高处，遍插茱萸少一人。

（三）仄平脚

仄仄平平仄仄平　　平平仄仄仄平平　　平平仄仄平平仄　　仄仄平平仄仄平

如杜牧《秋夕》

　　　　银烛秋光冷画屏，轻罗小扇扑流萤。
　　　　天阶夜色凉如水，卧看牵牛织女星。

（四）平平脚

平平仄仄仄平平　　仄仄平平仄仄平　　仄仄平平平仄仄　　平平仄仄仄平平

如李白《早发白帝城》

　　　　朝辞白帝彩云间，千里江陵一日还。
　　　　两岸猿声啼不住，轻舟已过万重山。

七言绝句首句入韵、平起的比较常见，如平平脚，首句与二、四句的韵脚同韵，第三句韵脚为仄声韵。

十二 文

家对国，武对文，四辅对三军①。九经对三史②，菊馥对兰芬③。歌北鄙④，咏南薰⑤，迩听对遥闻⑥。召公周太保⑦，李广汉将军⑧。闻化蜀民皆草偃⑨，争权晋土已瓜分⑩。巫峡夜深，猿啸苦哀巴地月⑪；衡峰秋早，雁飞高贴楚天云⑫。

欹对正⑬，见对闻⑭，偃武对修文⑮。羊车对鹤驾⑯，朝旭对晚曛⑰。花有艳⑱，竹成文⑲，马燧对羊欣⑳。山中梁宰相㉑，树下汉将军㉒。施帐解围嘉道韫㉓,当炉沽酒叹文君㉔。好景有期,北岭几枝梅似雪㉕;丰年先兆,西郊千顷稼如云㉖。

尧对舜㉗,夏对殷㉘,蔡惠对刘贲㉙。山明对水秀㉚,五典对三坟㉛。唐李杜㉜,晋机云㉝,事父对忠君㉞。雨晴鸠唤妇㉟,霜冷雁呼群㊱。酒量洪深周仆射㊲,诗才俊逸鲍参军㊳。鸟翼长随,凤兮洵众禽长㊴;狐威不假,虎也真百兽尊㊵。

译文

家对国,武对文,辅臣对三军。九部经典对三部史书,菊花浓香对兰花芬芳。纣王居朝歌喜听靡靡亡国音,百姓念尧舜盛世爱吟《南风歌》,近听对远闻。周朝召公任太保，李广为西汉将军。蜀地百姓得教化民风好，晋土被权臣争抢三家分。巫峡月夜深，猿猴苦哀鸣；秋雁停衡山，飞贴楚天云。

歪斜对正直，眼见对耳闻，放弃武力对提倡文教。精美的小车对太子的鹤驾，早晨的旭日对傍晚的余晖。花有颜色而艳，竹有纹理而坚，唐代的马燧对南朝的羊欣。陶弘景是梁武帝的"山中宰相"，汉将冯异是刘秀的"树下将军"。谢道韫帐后为王献之出嘉言解围，卓文君柜台卖酒为丈夫司马相如。春天的美景快来了，北岭的梅花绽放白似雪花；好年景快来了，西郊的千顷庄稼长得如云般茂盛。

唐尧对虞舜，夏朝对殷商，蔡惠对刘蕡。青山对绿水，五典对三坟。唐朝李白和杜甫，晋代陆机和陆云。孝敬父母对忠于国君。雨过天晴雄鸠唤雌归，霜天大雁南飞呼叫不离群。海量酒醉周仆射，诗才飘逸鲍参军。百鸟朝凤，凤为禽中长；狐假虎威，虎乃兽中王。

探源 解意

①**四辅**：古代天子身边的四个辅佐大臣。《尚书大传》称左辅、右弼、前疑、后承为"四辅"。**三军**：春秋时期大国多设三军，有的叫中军、上军、下军，以中军之将为统帅。有的叫中军、左军、右军，以中军为主力。

②**九经**：九部儒家经典。一般指《周礼》《仪礼》《礼记》《春秋》《孝经》《论语》《诗经》《书经》《易经》为"九经"。**三史**：通常指《史记》《汉书》《东观汉记》为"三史"。(《后汉书》出现后，取代了《东观汉记》，成为"三史"之一。)

③**菊馥、兰芬**：亦作"兰芬菊馥""芬馥兰菊"，形容兰菊芳香。芬馥：香气浓郁。[唐]李白《感时留别从兄徐王延年从弟延陵》诗云："清英神仙骨，芬馥苣（香草）兰蕤（向下垂的花）。"

④**歌北鄙**：北鄙本指北方边境地区。此指"师延为纣王所作之靡靡之

音"，亦称"亡国之音"。《史记·乐书》云："纣为朝歌北鄙之音，身死国亡……[纣]与万国殊心，诸侯不附，百姓不亲，天下畔（叛）之，故身死国亡。"《礼记·乐记》云："桑间（今河南濮阳之南）濮上之音，亡国之音也。其政散，其民流。"

⑤**咏南熏**：指虞舜的《南风歌》所表现的太平盛世。歌词曰："南风之熏（香气）兮，可解吾民之愠（忧郁）兮；南风之时（季节）兮，可阜（丰盛）吾民之财兮。"（见《孔子家语·辨乐篇》）

⑥**迩听**：近听。迩：近。[唐]王维《画》诗云："远看山有色，近听水无声。春去花还在，人来鸟不惊。"**遥闻**：远闻。[唐]李白《送王屋山人魏万还王屋》诗云："遥闻会稽美，且度耶溪水。"

⑦**召公周太保**：周代燕国始祖姬奭，曾辅佐周武王灭商，被封为燕王。周成王时任太保，与周公旦分治陕地。他治理陕之西部，巡行乡邑，深得民心。（见《尚书·召诰》）

⑧**李广汉将军**：西汉名将李广，善骑射，前后与匈奴作战七十余次，勇敢善战，匈奴称其为"飞将军"。（见《汉书·李将军列传》）

⑨**闻化蜀民皆草偃**：西汉蜀郡太守文翁，善于教化百姓。他派小吏至长安从博士受业，学成后皆回蜀郡任要职。又设学校，入学者免徭役；学优者为郡县吏。蜀民风气大振，"[百姓]服（佩服）文翁之化（教化）若草随风偃（低头敬意）。"（见《汉书·循吏列传》）

⑩**争权晋土已瓜分**：春秋晚期，晋国由赵、韩、魏、智、范、中行六卿专权。后范、中行、智三卿先后被赵、韩、魏三强所灭，遂成赵、韩、魏三家分晋局面，晋君实成附庸。（见《战国策·赵策》）

⑪**巫峡夜深，猿啸苦哀巴地月**：长江三峡之巫峡两岸，高山连绵，重岩叠嶂，林木茂盛，猿鸣凄清。[北魏]郦道元《水经注·江水》云："巴东三峡巫峡长，猿鸣三声泪沾裳。"

⑫**衡峰秋早，雁飞高贴楚天云**：南岳衡山有"回雁峰"，高插入云。秋天北雁南飞，到此便停下来。"衡阳雁断"的典故，即指鸿雁至此不再南飞。[元]高则诚《官邸忧思》云："湘浦鱼沈（沉），衡阳雁断，音书要寄无

方便。"

⑬敧、正：敧：斜，与正相对。[汉]陆贾《新语·怀虑》云："管仲相桓公，诎节事君，专心一意，身无境外之交，心无敧斜之虑，正其国如制天下。"

⑭见、闻：亲眼看到的和闻听别人说的信息。[宋]张齐贤《洛阳缙绅旧闻记·齐王张令公外传》："今之所书，盖史传之外见闻遗事尔。"

⑮偃武、修文：停止征战，修明文教。周武王灭商后，西返周都丰邑（今西安附近），"乃偃武修文，倒载干戈，包以虎皮，示不用；行礼射，设庠序（学校），修文教。"（见《尚书·武成》）

⑯羊车：羊拉的小车。《晋书·后妃嫔传》载：晋武帝宠妃很多，夜寝不知道该去找谁好，常乘羊拉车，任羊所往，"至便晏寝。宫人乃取竹叶插户，盐汁洒地，以引帝车。"鹤驾：太子的车驾。[汉]刘向《列仙传·王子乔》载："王子乔者，周灵王太子晋也。好吹笙，作凤凰鸣，游伊洛之间。道士浮丘公接以上嵩高山。三十余年后……[王子乔]乘白鹤驻山头，望之不可到，举手谢时人，数日而去。"后人因称太子的车驾为"鹤驾"。

⑰朝旭：初升的太阳。[唐]韦承庆《灵台赋》云："怒则烈火扇于衡飙，喜则春露融于朝旭。"晚曛：亦作"夕曛"，晚霞。[南朝宋]谢灵运《晚出西射堂》诗云："晓霜枫叶丹，夕曛岚气（山林中的雾气）阴。"

⑱花有艳：花有艳丽之期。[元]董嗣杲《百花集·月季花》诗云："相看谁有长春艳，莫道花无百日红。"

⑲竹成文：指斑竹。文：通"纹"。神话传说，舜帝死于南巡，葬于苍梧（今湖南九嶷山）。舜妃娥皇、女英思念舜帝，痛哭不已，滴泪沾竹，竹呈斑纹，故称"斑竹"。二妃死后，化为湘水之神，故又称"湘妃竹"。（见[南朝梁]任昉《述异记》）

⑳马燧：唐代大将，少年攻兵书战策，善谋略，官至侍中（宰相）。（见《旧唐书·马燧传》）羊欣：南朝宋国书法家羊欣，十二岁即为王羲之所器重。官至中散大夫、新安太守。后称病归里，兼善医术。（见《宋书·羊欣传》）

㉑山中梁宰相：南朝陶弘景，博学多能，初为齐国左卫殿中将军。后

弃官入梁，隐居句曲山。梁武帝即位，屡次礼聘，他仍不出山。但国家每有吉凶、征讨大事，梁武帝就去向他请教，故称他是"山中宰相"。（见《南史·陶弘景传》）

㉒**树下汉将军**：东汉初，颍川冯异在刘秀起事时任偏将军。他性好谦让，不夸耀己功，"诸将并坐论功，异常独屏树下"，故军中誉他为"树下将军"。（见《后汉书·冯异传》）

㉓**施帐解围嘉道韫**：东晋书法家王献之与宾客争论问题，困于词穷。其兄王凝之之妻谢道韫在绫帐后边替王献之出言解围，众宾无言以对。后以"施帐解围"为颂扬才女之典故。（见《晋书·列女传》）

㉔**当炉沽酒叹文君**：西汉才女卓文君，善鼓琴。丧夫后，留居四川临邛娘家。后与辞赋大家司马相如相爱，一同私奔到成都。不久又一同返回娘家，相如"尽卖其车骑，买一酒舍酤（通'沽'）酒，而令文君当垆（亦作'当炉'，站柜台卖酒）"。（见《史记·司马相如列传》）

㉕**好景有期，北岭几枝梅似雪**：本句后半句强调的是梅花白似雪。前半句"好景有期"，是说好年景将临。照"瑞雪兆丰年"俗说，后半句应该强调的是雪，实意是说"雪如梅"。**北岭**：指山岭的北面，即阴岭，通常是指秦岭终南山的北面。那里常是积雪不化。唐代诗人祖咏在《终南望余雪》中留有"终南阴岭秀，积雪浮云端"的名句。唐朝诗人张说的《幽州新岁作》诗云："去岁荆南梅似雪，今年蓟北雪如梅。"

㉖**丰年先兆，西郊千顷稼如云**：稼：已开花结实之稻谷，"禾（稻谷）之秀实（开花结实）而在野，曰稼"。（见《集传》）**稼如云**：即"稻云"，形容长势茂盛，预示着丰收在望。[宋]范成大《田舍》云："乐哉今岁事，天末稻云黄（稻子熟了）。"[三国魏]李康《运命论》云："褰裳而涉汶阳之丘，则天下之稼如云矣。"后用"云稼"形容茂盛的庄稼。

㉗**尧、舜**：指古代两位圣贤君主唐尧和虞舜。《礼记·中庸》云："仲尼祖述尧舜（遵循尧舜之道），宪章文武（效法周文王、周武王之制）。"

㉘**夏、殷**：指古代两个残暴君主夏桀王和殷纣王。[宋]释普济《五灯会元》云："遇文王兴礼乐，遇桀纣呈干戈。"

㉙蔡惠：汉代蔡惠做梦"得禾复失"。郭乔卜算后说："禾、失结合为'秩'，秩是官阶品位，你要升官晋爵了。"（见《汉书·蔡惠传》）**刘蒉**：唐代进士，博学善文，尤精《左氏春秋》。他崇尚王霸，有澄世（廓清世事）之志，憎恨太监干政专权。早在他考进士应"对策"时，因斥责宦官祸国，考官不敢录取他。同场应试的李郃则说："刘蒉下第，我辈登科，能无厚颜！"（见《旧唐书·刘蒉传》）

㉚山明、水秀：形容山水秀丽，风景优美。[宋]黄庭坚《蓦山溪》词云："山明水秀，尽属诗人道。"

㉛五典、三坟：指我国最古老的书籍。[西汉]孔安国《尚书序》云："伏羲、神农、黄帝之书，谓之'三坟'，言大道也；少昊、颛顼、高辛、唐（尧）、虞（舜）之书，谓之'五典'，言常道也。"

㉜唐李杜：唐代诗仙李白与诗圣杜甫。

㉝晋机云：西晋文学家陆机和陆云两兄弟。

㉞事父：侍候父母；孝顺父母。《论语·阳货》云："迩之事父，远之事君。" **忠君**：封建时代强调忠于国君，就是爱国。臣仆把自己比作君王的犬马，甘愿忠心效劳。《三国志·魏书·华歆传》云："臣备位宰相，老病日笃，犬马之命将尽。"

㉟雨晴鸠唤妇：天将下雨时，雄鸠就把雌鸠逐出窝去；雨过天晴，雄鸠又唤其妇（雌鸠）快回巢。[宋]欧阳修《鸣鸠》云："天雨止，鸠呼妇归鸣且喜，妇不亟归呼不已。"

㊱霜冷雁呼群：霜雁南飞时，相互呼叫不可离群。这是宋朝赵蕃《口占三首》中"雁雁呼其群"和黄庭坚《次韵答少章闻雁听鸡》中"霜雁叫群倾半枕"诗句的化用。

㊲酒量洪深周仆射：晋朝大将周顗，幼年即有名望，官至尚书左仆射。他嗜酒成癖，常误政事，一月少有几日清醒，人称"三日仆射"。（见《晋书·周顗传》）

㊳诗才俊逸鲍参军：南朝宋国文学家鲍照，出身贫寒，曾任临海王刘子顼的前军参军。他的诗作风格俊逸，对李白、岑参颇有影响。（见《南

史·鲍照传》）[唐]杜甫《春日忆李白》诗云："清新庾（北周庾信的诗风清新）开府（庾信升任骠骑大将军），俊逸鲍（南朝宋鲍照的诗风俊逸）参军。"

㊳鸟翼长随，凤兮泂众禽长：凤凰是传说中的瑞鸟，众禽之长。《大戴礼记·易本命》云："有翼之虫（泛指飞禽）三百六十，而凤凰为之长。"

㊵狐威不假，虎也真百兽尊：假：凭借。尊：尊长；至尊。《战国策·楚策一》载：老虎抓到一只狐狸，欲食。狐狸说："你不能吃我。我是百兽之王，百兽都怕我；不信，你跟在我后边看着，百兽见我都会被吓跑。"百兽见之，果如狐言。其实，百兽是看到狐狸身后的老虎才逃跑的，狐狸是借着老虎的威风而自夸，老虎才是真正的百兽之王。[汉]许慎《说文解字》云："虎，山兽之君。"东汉《风俗通义·祀典》云："虎者，阳物，百兽之长也，能执搏挫锐，噬食鬼魅。"

文韵部代表字

文 闻 纹 蚊 分 纷 芬 焚 坟 群 裙 君
军 勤 斤 筋 勋 熏 曛 醺 云 芹 欣 芸 耘
沄 氲 殷 汶 阌 氛 濆 汾

文韵律诗例选

过陈琳墓

[唐]温庭筠

曾于青史见遗文,今日飘蓬过此坟。
词客有灵应识我,霸才无主始怜君。
石麟埋没藏春草,铜雀荒凉对暮云。
莫怪临风倍惆怅,欲将书剑学从军。

读写诗词常识

粘 对

律诗的平仄有"粘对"的规则。律诗八句分四联。第一句、二句是第一联,也叫首联,第三句、四句是第二联,也叫颔联,第五、六句是第三联,也叫颈联,第七、八句是第四联,也叫尾联。每联的第一句叫出句,第二句叫对句。

"对",就是出句和对句的第二个字的平仄必须对立,平对仄,仄对平。五律的"对",只有两副对联的形式,即:

(1) 仄仄平平仄,平平仄仄平。
(2) 平平平仄仄,仄仄仄平平。

七律的"对",也是只有两副对联的形式,即:

(1) 平平仄仄平平仄,仄仄平平仄仄平。
(2) 仄仄平平平仄仄,平平仄仄仄平平。

如果首句用韵,那首联的平仄就不是完全对立的。五律的首联则成为:

(1)仄仄仄平平,平平仄仄平。

或者是:　　　(2)平平仄仄平,仄仄仄平平。

七律的首联成为:

(1)平平仄仄仄平平,仄仄平平仄仄平。

或者是:　　　(2)仄仄平平仄仄平,平平仄仄仄平平。

"**粘**",是连的意思,就是平粘平,仄粘仄;后联出句第二字的平仄要跟前联对句第二字相一致。具体说来,要使第三句跟第二句相粘,第五句跟第四句相粘,第七句跟第六句相粘。五律的平仄格式和七律的平仄格式,都是合乎这个规则的。比如毛泽东的《长征》,第二句"水"字仄声,第三句"岭"字跟着也是"仄"声;第四句"蒙"字平声,第五句"沙"字跟着也是平声;第六句"渡"字仄声,第七句"喜"字跟着也是仄声。粘的规则是很严格的。

粘对的作用,是使声调多样化。如果不"对",上下两句的平仄就雷同了;如果不"粘",前后两联的平仄又雷同了。

明白了粘对的道理,可以帮助我们背诵平仄的歌诀,只要知道了第一句的平仄,全篇的平仄都能推出来。违反了粘的规则,叫做失粘;违反了对的规则,叫做失对。

十三　元

幽对显①，寂对喧②，柳岸对桃源③。莺朋对燕友④，早暮对寒暄⑤。鱼跃沼⑥，鹤乘轩⑦，醉胆对吟魂⑧。轻尘生范甑⑨，积雪拥袁门⑩。缕缕轻烟芳草渡⑪，丝丝微雨杏花村⑫。诣阙王通，献太平十二策；出关⑬老子，著道德五千言⑭。

儿对女，子对孙，药圃对花村⑮。高楼对邃阁⑯，赤豹对元猿⑰。妃子骑⑱，夫人轩⑲，旷野对平原⑳。鲍巴能鼓瑟㉑，伯氏善吹埙㉒。馥馥早梅思驿使,萋萋芳草怨王孙。秋夕月明,苏子黄岗游赤壁;春朝花发,石家金谷启芳园。

歌对舞,德对恩,犬马对鸡豚。龙池对凤沼,雨骤对云屯。刘向阁,李膺门,唳鹤对啼猿。柳摇春白昼,梅弄月黄昏。岁冷松筠皆有节,春暄桃李本无言。噪晚齐蝉,岁岁秋来泣恨;啼宵蜀鸟,年年春去伤魂。

译文

幽暗对光明,寂静对喧哗,岸边柳树对水旁桃源。成群的黄莺对结伴的燕子,早晚对冷暖。鱼儿跃出池塘,白鹤乘坐轩车,醉后的胆量对吟诗的精魂。

范冉断炊锅碗落满灰尘,袁安不与民争吃躺床挨饿雪封门。野外芳草渡飘起缕缕轻烟,杏花村杏花开细雨绵绵。王通进隋宫进献《太平策》十二篇;老子出关论著《道德经》五千言。

男对女,子对孙,药园对花村。高楼对深阁,赤豹对黑猿。送荔枝的快马,贵夫人的高车,广阔的原野对平坦的郊原。鲍巴能弹瑟,伯氏会吹埙。陆凯盼驿使给长安好友寄早梅,春天芳草萋萋公子远游家人惦念。秋夜月色皎洁,苏轼邀友在黄岗夜游赤壁;春天百花齐放,洛阳石崇在金谷园与宾客大宴。

歌唱对舞蹈,仁德对恩情,犬马对鸡豚。皇宫的龙池对凤沼,大暴雨对屯聚云。刘向"天禄阁"校书,李膺"登龙门"会客,鹤鸣对猿啼。春风摆柳整白天,月移梅影在黄昏。松竹有节不惧严寒,春暖花开桃李不言。岁岁晚秋蝉鸣哀泣;年年春天杜鹃痛啼伤魂。

探源 解意

①幽、显:隐避与显露。常指阴阳,或阴间和阳间。《北史·李彪传》云:"天下断狱起自初秋,尽于孟冬。不于三统(亦作'三正',指夏、商、周三代的正月初一)之春,行斩绞之刑。如此则道协幽显,仁垂后昆(后世子孙)矣。"

②寂、喧:寂静与吵闹。[金]元好问《鹿泉新居二十四韵》诗云:"岩居枯寂朝市喧,喧寂两间差有趣。"

③柳岸:植柳的水岸。唐宪宗时,柳宗元被贬为柳州刺史(太守),他在柳江岸边广植柳树,并作《种柳戏题》一文。后来,柳州百姓为歌颂柳宗元治理柳州的业绩,编出民谣《种柳柳江边》广泛传播:"柳州柳太守,种柳柳江边;柳馆依然在,千秋柳拂天。" 桃源:指晋代陶渊明所作《桃花源记》。传说,晋太元中,有武陵人以捕鱼为业,缘溪(武陵溪)而行,忽逢桃花林。林尽水源,得一山口入,仿佛有光,便弃舟登陆。土地平旷,屋舍俨然,有良田美池,其男女衣着悉如外人,黄发垂髫,怡然自乐。见渔人大

惊，互相问询。他们自云先世避秦之乱，率妻子邑人来此绝境，遂与外人隔绝。问今是何世，竟不知有汉（汉朝），更不要说魏晋。

④**莺朋、燕友**：成群结伴的莺燕。[元]不忽木《点绛唇·辞朝》曲云："谁待似落花般莺朋燕友，谁待似转灯般龙争虎斗。"

⑤**早暮**：早晚。从早到晚，代表一天。例如，[宋]周邦彦《瑞鹤仙》词云："不记归时早暮，上马谁扶，醒眠朱阁。"**寒暄**：冷暖。指冬季和春季。一寒一暄，代表一年。例如，[南朝]徐陵《报尹义尚书》云："淹留赵魏，亟历寒暄。"寒暄也是人们相见时互道天气冷暖的客套话。[唐]白居易《桐花》诗云："地气反寒暄，天时倒杀生。"

⑥**鱼跃沼**：鱼在池中自由自在地跳跃。本句是唐代诗人温庭筠《鸡鸣埭曲》中"鱼跃莲东荡宫沼"诗句的化用。

⑦**鹤乘轩**：**轩**：古代高官坐的车。春秋时期，卫懿公爱鹤，外出也让鹤鸟乘豪华车子。后来，卫军要出征，将士们说："让鹤鸟去征战吧，鹤能坐豪华车，我们怎么会比仙鹤还能打仗呢？"（见《左传·闵公二年》）

⑧**醉胆**：醉酒后的胆量。形容有豪气。[金]元好问《过希颜故居》云："缺壶（破酒壶）声里《短歌行》（曲名），星斗阑干（醉眼泪痕像天上纵横的星斗。）醉胆横（横眉怒目）。"**吟魂**：诗人的梦魂或诗兴。[宋]苏舜钦《师黯以彭甘五子为寄》诗云："枕畔冷香通醉梦，齿边余味涤吟魂。"

⑨**轻尘生范甑**：东汉范冉（一作范丹），字史云。他精通五经。汉桓帝封他当莱芜令，他拒绝任官。生活极苦，有时断炊，炊具生尘。诗称："甑（炊具）中生尘范史云，釜中生鱼范莱芜。"（见《后汉书·范冉传》）

⑩**积雪拥袁门**：东汉袁安为人严谨，知礼厚道，是个贤士，州里敬重。洛阳郡下大雪，人多外出乞食，他为避免与民争食，掩门卧床不出，积雪拥门。后任高官时，为政严明，不避权贵。（见《后汉书·袁安传》）

⑪**缕缕轻烟芳草渡**：**芳草渡**：岸边长满花草的野外渡口，多指渔夫、隐士活动的地方。[唐]薛能《并州》诗云："携挈共过芳草渡，登临齐凭绿杨楼。"

⑫**丝丝微雨杏花村**：**杏花村**：常指卖酒处。[唐]杜牧《清明》诗

云:"清明时节雨纷纷,路上行人欲断魂。借问酒家何处有?牧童遥指杏花村。"

⑬**诣阙王通,献太平十二策**:**诣阙**:进王宫。隋朝哲学家王通,曾向朝廷献太平策,不被接纳,遂退居河(黄河)、汾(汾水)地区从教,授徒自立。(见《隋书·王通传》)

⑭**出关老子,著道德五千言**:春秋时期,思想家老子欲出函谷关隐居,函谷关令尹喜说:"子将隐矣,强为我著书。"老子遂著书上下篇,言道德之意五千言。最后,尹喜也随老子出关西去。(见《史记·老子列传》)

⑮**药圃**:园圃、药园。[宋]陆游《药圃》诗云:"幸兹身少闲,治地开药圃。破荒斸瓦砾,引水灌膏乳。"**花村**:野生的花。[唐]杜甫《寄李十四员外布十二韵》诗云:"渚柳元幽僻,村花不扫除。"

⑯**高楼、邃阁**:深宅大院中的楼阁。《新刊大宋宣和遗事》云:"高楼邃阁,不可胜计。"

⑰**赤豹**:亦称金钱豹。《正字通》云:"状似虎而小。白面,毛赤黄,文(纹)黑如钱圈,中五圈左右各四者,曰金钱豹。"《诗经》云:"赤豹,尾赤文黑也。"**元猿**:黑猿。元,本应为"玄",清代因避讳康熙名"玄烨"之"玄"字,而改玄为"元"。例如,[晋]陆机《苦寒行》诗云:"猛虎凭林啸,玄猿临岸叹。"

⑱**妃子骑**:据宋代吴曾《方物志》载,四川涪陵县产荔枝。杨贵妃爱吃鲜荔枝,就用驿骑向长安传递。自涪陵到长安,有便路,不到七天即可到达。因此有人把运给杨贵妃的鲜荔枝称作"妃子骑",亦作"妃子笑"。[唐]杜牧《过华清宫绝句》云:"一骑红尘妃子笑,无人知是荔枝来。"

⑲**夫人轩**:亦作"鱼轩"。古代贵族夫人所乘用鱼兽皮为饰的车子。也是"夫人"的代称。《左传·闵公二年》云:"归夫人鱼轩。"

⑳**旷野、平原**:辽阔空旷的平原田野。例如,[宋]无名氏《新编五代史平话·唐史》云:"若平原旷野相逢,契丹抄掠我军粮。"

㉑**匏巴能鼓瑟**:**匏巴**:善于鼓瑟的音乐人。《列子·汤问》云:"匏巴鼓瑟,而鸟舞鱼跃。"

㉒**伯氏善吹埙**：《诗经·小雅·何人斯》云："伯氏（兄长）吹埙（古土制乐器），仲氏（弟弟）吹篪（古竹制管乐器）。"

㉓**馥馥早梅思驿使**：南朝宋国陆凯与范晔友善，自江南寄梅花一枝，送给远在长安的范晔，并赠诗一首："折花逢驿使，寄与陇头人。江南无所有，聊赠一枝春。"（见《太平御览·荆州记》）

㉔**萋萋芳草怨王孙**：春天花草繁茂，公子出游忘返，家人既惦念又埋怨。《楚辞·招隐士》云："王孙（泛指贵族官僚子弟）游兮不归，春草生兮萋萋（草木茂盛）。"

㉕**秋夕月明，苏子黄岗游赤壁**：苏轼在黄州做官，曾与客友月夜泛舟游赤壁。他在《前赤壁赋》中写道："壬戌之秋，七月既望（月圆之日），苏子（苏轼自称）与客泛舟，游于赤壁之下。"

㉖**春朝花发，石家金谷启芳园**：西晋巨富石崇，好摆阔气，生活奢靡。他在都城洛阳附近建有豪宅"金谷园"，常在园中宴饮宾客，"遂各赋诗，以叙中怀，或（有人）不能者，罚酒三斗。"（见《晋书·石崇传》）

㉗**犬马**：狗和马。旧时臣子在君主前的自卑之称或卑幼者在尊长前的自谦之称。[南朝宋]鲍照《从临海王上荆初发新渚》诗云："狐兔怀窟志，犬马恋主情。"**鸡豚**：鸡和猪。**豚**：小猪。[唐]刘禹锡《武陵书怀五十韵》诗云："来（当官上任）忧御（侍奉）魑魅，归（回乡）愿牧鸡豚。"鸡豚，又指平民之家的微贱琐事。《礼记·大学》云："畜马乘（能养四匹马的大夫），不察于鸡豚（不在乎鸡豚小利）；伐冰之家（指卿大夫以上高官），不畜（养）牛羊。"《孟子·梁惠王上》云："鸡豚狗彘之畜，无失其时。"

㉘**龙池**：传说唐玄宗李隆基登基前住的旧宅兴庆宫东侧，有一口井，忽然涌为小池，常有云气，或见黄龙出其中。唐中宗年间，这个小池水面扩大，命名为"龙池"。（见《唐六典七·兴庆宫注》）**凤沼**：亦作凤凰池，禁苑中的池沼。魏晋南北朝时设中书省于禁苑，掌管机要，接近皇帝，故称中书省为凤凰池。到了唐代，"凤凰池"也指宰相职位。

㉙**雨骤**：骤雨，暴雨。《老子》云："飘风（狂风）不终朝（刮不到一早

晨），骤雨不终日（下不到一整天）。"**云屯**：乌云聚集，形容多而盛。《后汉书·袁绍刘表传·赞》云："鱼俪汉舳（船尾），云屯冀马。"[北周]庾信《三月三日华林园马射赋》云："千乘雷动，万骑云屯。"

㉚**刘向阁**：长安未央宫内的天禄阁，藏典籍之所。西汉经学家、文学家、光禄大夫刘向曾在此校阅群书，故又称"刘向阁"。（见《汉书·刘向传》）

㉛**李膺门**：东汉司隶校尉李膺，名望极高，到他家做客是难得的荣誉，人称"登龙门"。"李膺门"更成为德高望重之家的代称。（见《后汉书·李膺传》）

㉜**唳鹤**：仙鹤鸣叫。《晋书·陆机传》云："亭唳鹤，岂可复闻乎？"**啼猿**：猿哀嚎。[唐]李白《早发白帝城》："两岸猿声啼不住，轻舟已过万重山。"

㉝**柳摇春白昼**：白天春风摆柳。这是唐代诗人孟郊《摇柳》中"因风似醉舞，尽日（自早至晚）不能正（挺直）"诗意的化用。

㉞**梅弄月黄昏**：晚上月移梅影。这是宋朝僧人林逋《梅花》中"众芳摇落独鲜妍，占尽风情向小园。疏影横斜水清浅，暗香浮动月黄昏"诗意的化用。

㉟**岁冷松筠皆有节**：松竹材质坚韧，比喻人的坚贞。这是《隋书·刘庄传》中"而今已（通'以'）后，方见松筠之节"和宋朝朱淑真《咏竹一律》中"凌东不改青坚节，冒雪何妨色更苍"诗意的化用。

㊱**春暄桃李本无言**：桃李从不说话，比喻人不自夸。这是宋朝词人辛弃疾《一剪梅》中"桃李无言，下自成蹊（桃李不夸耀自己，因其花实佳美，人们争来观赏，树下自然踏成路径）"词意的化用。

㊲**噪晚齐蝉，岁岁秋来泣恨**：晋朝诗人崔豹《古今注·问答释义》载：昔日，齐王宠爱妃子，王后怨恨而死，尸化为蝉，年年登王宫树上噪鸣泣恨，故世人把蝉称为"齐女"，亦"齐蝉"。

㊳**啼宵蜀鸟，年年春去伤魂**：蜀鸟："杜鹃"，又名"子规"，此句指"杜鹃伤魂"故事。（参见上卷八齐注⑭）

元韵部代表字

喧 萱 喧 暄
幡 翻 繁 樽 存 恩
敦 吞
蕃 樊 辕 番 尊 痕
烦 援 孙 论
垣 沅 温 奔
猿 袁 浑 盆
园 魂 蜿 村 屯
鼋 藩 骞 豚
源 轩 骞 豚
原 言 埙 顿 扪
元 冤 璠 蹲 荪

元韵律诗例选

游山西村

[宋] 陆 游

莫笑农家腊酒浑，丰年留客足鸡豚。
山重水复疑无路，柳暗花明又一村。
箫鼓追随春社近，衣冠简朴古风存。
从今若许闲乘月，拄杖无时夜叩门。

孤　平

　　孤平是律诗（包括长律、律绝）的大忌，所以诗人们在写律诗的时候，特别注意避免孤平。在词曲中用到同类句子的时候，也注意不要孤平。

　　在五言"平平仄仄平"这个句型中，第一字必须用平声；如果用了仄声，就是犯了孤平。因为除了韵脚之外，只剩一个平声字了。七言是五言的扩展，所以在"仄仄平平仄仄平"这个句型中，第三字如果用了仄声，也叫犯孤平。在唐人的律诗中，绝对没有孤平的句子。毛泽东的诗词也从来没有孤平的句子。试看《长征》第二句"万水千山只等闲"的"千"字，第六句"大渡桥横铁索寒"的"桥"字都是平声字，可为例证。

　　但孤平可以通过特定的平仄格式补救，成为特定的一种格式，就是在五言"平平平仄仄"这个句型中，变换成"平平仄平仄"，三、四两字的平仄互换；在七言"仄仄平平平仄仄"这个句型中，变换成"仄仄平平仄平仄"，五、六两字的平仄互换。需要注意的是：这种特定平仄格式要求五言第一字、七言第三字必须用平声，不再是可平可仄了。

　　比如李白五律《渡荆门送别》的第七、八句是"仍怜故乡水，万里送行舟"，第七句本该"平平平仄仄"，实为"平平仄平仄"。再如毛泽东《答友人》的第七、八句是"我欲因之梦寥廓，芙蓉国里尽朝晖"，第七句本该"仄仄平平平仄仄"实为"仄仄平平仄平仄"。这种特定的平仄格式一般发生在五律和七律的第七句上。

十四 寒

多对少，易对难，虎踞对龙蟠①。龙舟对凤辇②，白鹤对青鸾③。风淅淅④，露漙漙⑤，绣毂对雕鞍⑥。鱼游荷叶沼⑦，鹭立蓼花滩⑧。有酒阮貂奚用解⑨，无鱼冯铗必须弹⑩。丁固梦松，柯叶忽然生腹上；文同画竹，枝梢倏尔长毫端⑫。

寒对暑，湿对干，鲁隐对齐桓⑬。寒毡对暖席⑭，夜饮对晨餐⑮。叔子带⑯，仲由冠⑰，郏鄏对邯郸⑱。嘉禾忧夏旱⑲，衰柳耐秋寒⑳。杨柳

声律启蒙　精读

绿遮元亮宅[21]，杏花红映仲尼坛[22]。江水流长，环绕似青罗带[23]；海蟾轮满，澄明如白玉盘[24]。

横对竖[25]，窄对宽[26]，黑志对弹丸[27]。朱帘对画栋[28]，彩槛对雕栏[29]。春既老[30]，夜将阑[31]，百辟对千官[32]。怀仁称足足[33]，抱义美般般[34]。好马君王曾市骨[35]，食猪处士仅思肝[36]。世仰双仙，元礼舟中携郭泰[37]；人称连璧，夏侯车上并潘安[38]。

译文

　　多对少，易对难，虎卧对龙盘。帝王龙舟对后妃凤辇，白鹤对青鸾。微风轻，露水重，秀丽华车对雕花马鞍。鱼游荷叶塘，白鹤挺立芦花滩。晋代阮孚解下金貂换酒喝，齐人冯谖敲着剑柄要鱼吃。丁固做梦肚上长出一棵松，后来官升司徒；文同画竹先胸有成竹，挥笔果然竹子神现。

寒对暑，湿对干，鲁隐公对齐桓公。寒毡对暖席，夜饮对早餐。羊祜叔子带，子路帽鸡冠，洛阳对邯郸。盛苗担忧夏天干旱，残柳不怕秋天霜寒。郁郁杨柳遮掩陶公宅，红艳杏花映照仲尼讲坛。江水曲弯弯，如青罗带环绕；海上生明月，银光好似白玉盘。

横对竖，窄对宽，小小黑痣对狭地弹丸。珍珠帘对华丽房，彩绘栏杆对雕花栏杆。春将完，夜将尽，诸侯对官员。怀有仁德如凤凰，胸怀大义像麒麟。燕昭王真心求贤买马骨，闵仲叔节俭不贪自买小猪肝。东汉元礼与郭泰同舟游，世人誉称双仙；西晋潘安和夏侯湛，才貌双全同车共行如美玉相连。

探源 解意

①**虎踞龙蟠**：虎踞卧，龙蟠曲。[唐]李白《永王东巡歌》诗："龙蟠虎踞帝王州，帝王金陵访古丘。"

②**龙舟**：帝王所乘之船。《隋书·怀帝纪》云："上（指隋炀帝）御龙舟，幸（亲临）江都（扬州）。" 端阳节民间竞渡之船也称龙舟。**凤辇**：皇帝、皇后坐的车，顶篷有金凤、两壁刻有龟纹、金凤翅，很华丽。[唐]沈佺期《侍宴应制》云："龙旗荣秀木，凤辇拂疏筇（竹）。"

③**白鹤**：亦称仙鹤。人死有"驾仙鹤升西天"之吉语。**青鸾**：传说中的神鸟。[晋]王嘉《蓬莱山》云："有浮筠（玉的彩色）之簳（小竹），叶青茎紫，子大如珠，有青鸾集其上。"

④**风淅淅**：形容风声。源于[唐]杜甫《秋风》诗："秋风淅淅吹我衣，东流之外西日微。"

⑤**露溥溥**：形容露重。[唐]许浑《酬康州韦侍御同年》诗："桂楫美人歌木兰，西风袅袅露溥溥。"

⑥**绣毂**、**雕鞍**：华丽的车辇与马鞍。**毂**：车轮，泛指车辇。[宋]秦观《水龙吟》词："小楼连苑横空，下窥绣毂雕鞍骤。"

⑦**鱼游荷叶沼**：鱼在荷塘里嬉戏。《乐府诗集·江南》："江南可采莲，莲叶何田田。鱼戏莲叶间。"

⑧**鹭立蓼花滩**：鹭在蓼花滩食息。这是唐代诗人陶岘《西塞山下回舟作》中"鹭立芦花秋水明"和宋朝诗人苏庠《临江仙》中"蓼花滩上白鸥明"词句的化用。

⑨**有酒阮貂奚用解**：晋朝名士阮孚，做官不经心政务，蓬头乱发，饮酒成癖，甚至以金貂（高官朝服）换酒，被有司弹劾。但晋元帝对他却屡次优容（宽容），不断提拔重用。后以"金貂换酒"比喻名士旷达不羁、恣意纵酒之典故。（见《晋书·阮孚传》）

⑩**无鱼冯铗必须弹**：铗：剑把。战国时期，齐人冯谖，家贫如洗。他携剑到孟尝君家当门客，却说自己"既无才也无能"。佣人就给他吃很坏的饭菜。不久，冯谖敲剑把，且唱为何不给鱼吃，孟尝君让给他吃鱼。又不久，冯谖又敲剑把，且唱外出为何不给车坐，孟尝君让给他备车。再不久，冯谖还敲剑把，且唱为何不给养家钱物，孟尝君问他："冯公家有亲人吗？"冯谖说："有老母。"孟尝君命佣人给谖母送衣食。孟尝君满足了冯谖的各种要求。一次，孟尝君派冯谖去其老家薛地收债，并购些家中所缺之物。冯谖把欠债人招来，当众将欠债凭证全烧了，还说："孟尝君说了，你们欠的债全免了！"众皆呼"万岁！"向孟尝君回报时，冯谖说："我没收债，我'市义'为您买来了人心。"后来，孟尝君被齐王驱回老家薛地，薛地人民夹道热烈欢迎。孟尝君激动地对冯谖说："感谢你为我'市义'！"（见《战国策·齐策四》）

⑪**丁固梦松，柯叶忽然生腹上**：三国时期，吴国尚书丁固做一梦，梦见自己肚子上长出一棵松树。卜者（算命先生）说："松字拆开，十八公也。您十八年后将晋公卿。"后来，丁固果然当了吴国的"司徒"。（见《三国志·吴书·孙皓传》）

⑫**文同画竹，枝梢倏尔长毫端**：北宋画家、诗人文同，字与可，善诗文书画，尤擅墨竹，画笔一挥，枝梢神现。他主张画竹必须先"胸有成竹"。[宋]苏轼《文与可画筼筜（高竿竹子）谷偃竹记》云："故画竹，必先得

成竹于胸中，执笔熟视，乃见其所欲画者。"

⑬**鲁隐**：春秋鲁国隐公姬息姑。春秋时期，始于鲁隐公元年。鲁国是西周功臣周公的封地，是与中央政府最亲最有地位的诸侯国。周平王串通犬戎弑昏君父亲周幽王，首都东迁洛阳。鲁国从一开始就不承认周平王的领导地位，东周威仪不振，开启了春秋诸侯称霸的乱局。**齐桓**：春秋齐国桓公姜小白，是春秋五霸之首。《史记·屈原贾生列传》云："上称帝喾，下道齐桓，中述汤、武，以刺世事。"

⑭**寒毡**：唐代画家郑虔，少年家贫，睡卧只有一条寒毡。他苦学博通，享有"诗书画三绝"之誉，与李白、杜甫为诗酒朋友。（见《旧唐书·郑虔传》）**暖席**：东汉江夏（今湖北安陆）人黄香，九岁丧母，尽力事父，"夏则扇枕，冬则以身暖席，乡人称其至孝。"（见《后汉书·黄香传》）

⑮**夜饮**：夜间饮酒。[唐]白居易《湖上夜饮》诗云："郭外迎人月，湖边醒酒风。谁留使君饮？红烛在舟中。"**晨餐**：早晨吃饭。[唐]韦应物《送张侍御秘书江左觐省》诗云："晨餐亦可荐，名利欲何如？"

⑯**叔子带**：西晋名将羊祜，字叔子，都督荆州军事驻镇襄阳时，常"轻裘缓带，身不披甲"，故有"叔子带"之誉。（参见本卷"四支"注⑪）

⑰**仲由冠**：孔子弟子仲由曾为孔悝家宰，孔悝出事，仲由毅然出面相救。孔子另一弟子子羔（名高柴）劝阻仲由，说："出公已逃走，你不要白去送死。"仲由说："食人家的饭，不能避人家的难。"他闯进城关与叛军作战，搏斗中，仲由的缨（系帽带）被砍断，他慨然说："君子死，冠不免。"在他结缨整冠时被杀死。后人以"结缨"比喻从容就义，视死如归。（见《史记·仲尼弟子列传》）

⑱**郏鄏**：周朝国都。周公旦于周成王时期所建，在洛阳王城公园一带。《左传·宣公三年》载："成王定鼎于郏鄏。"**邯郸**：战国时期赵国都城，即今河北邯郸市。

⑲**嘉禾忧夏旱**：生长茁壮多穗的禾稻怕干旱。**嘉禾**：茁壮多穗的禾稻。[唐]白居易《夏旱》诗云："旱日与炎风，枯焦我田亩。"

⑳**衰柳耐秋寒**：飒飒秋风柳叶黄。**衰柳**：暮秋之柳。[明]李青《玉笛

柳》诗云："雁冷霜寒秋欲尽，偏能吹出柳枝新。"

㉑杨柳绿遮元亮宅：晋朝文学家陶渊明，字元亮。他辞去彭泽令隐居时，于宅旁植五棵柳树遮掩宅院，自号五柳先生。（见《晋书·陶潜传》）

㉒杏花红映仲尼坛：仲尼：孔子的字。据《庄子·渔父》载，"孔子游于缁帷（树林茂密，暗如天幕）之林，休坐乎（于）杏坛之上。弟子读书，孔子弦歌鼓琴。"仲尼坛，即指孔子率弟子活动于此的杏坛，现位于何处已难以考究。清代学者顾炎武《日知录·杏坛》载："今之杏坛，乃宋乾兴间四十五代孙孔道辅增修祖庙，移大殿于后，因以讲堂旧基，甃（砌井砖）石为坛，环（周围）植以杏，取杏坛之名名之耳。"

㉓江水流长，环绕似青罗带：广西桂林的象鼻山和漓江，是世界闻名的岩溶山水风景区。唐代诗人韩愈在《送桂州严大夫》诗作中赞美道："江作青罗带，山如碧玉簪。"

㉔海蟾轮满，澄明如白玉盘：海蟾：大而圆的月亮。海，作"大"讲。神话传说月亮上有蟾蜍，故把蟾蜍作月亮的代称。关于月亮，有许多动人的神话传说。被誉为诗仙的唐代大诗人李白在其诗作《古朗月行》中，把月亮的典故写了多处："小时不识月，呼作白玉盘；又疑瑶台镜，飞在青云端；仙人（嫦娥故事）垂两足，桂树（吴刚故事）何团团；白兔捣药成，问言与谁餐？"

㉕横、竖：横躺与直立，形容纵横交错。[南朝梁]简文帝《明月山铭》云："缥色斜临，霞文（绚烂的云彩）横竖。"

㉖窄、宽：宽窄，指平面体面积、范围大小的程度。宽指横的距离长、面积广；窄指横的距离短、面积小。[唐]白居易《题新居寄元八》云："阶庭宽窄才容足，墙壁高低粗及肩。"

㉗黑志、弹丸：形容地域狭小。[北周]庾信《哀江南赋》云："地惟黑子（即'黑痣'，亦称'黑志'），城犹弹丸。"

㉘朱帘、画栋：形容富贵人家的房舍富丽堂皇。朱帘：亦作"珠帘"，用珍珠缀成的或饰有珍珠的门窗帘子。画栋，装饰华丽的房子。[唐]王勃《滕王阁序》云："画栋朝飞南浦云，珠帘暮卷西山雨。"

㉙**彩槛、雕栏**：有彩绘和雕刻的栏杆。[明]许仲琳（一说陆西星）《封神演义》云："此台高四丈九尺，造琼楼玉宇，碧槛雕栏，工程浩大。"[唐]高适《酬贺兰大夫》云："高阁凭栏槛（栏杆），中军倚旆旌（旗的飘带末端呈燕尾形的旗子）。"

㉚**春既老**：春将结束。[唐]岑参《喜韩樽相过》诗云："三月灞陵春已老，故人相逢耐醉倒。"[宋]陆游《一春风雨太半有感》诗云："忽忽春将老，寒暄尚未齐。"人称青年时期为"青春"，称长寿人为"春不老"。[元]袁桷《可久斋》云："三十六宫春不老，何人月窟重推陈。"

㉛**夜将阑**：夜将到头。[元]李文蔚《燕青博鱼》曲云："这早晚玉绳高、银河浅，恰正是夜阑人静。"[前蜀]牛峤《更漏子》词云："春夜阑（将尽），更漏（古代夜间计时器）促，金烬暗挑残烛。"

㉜**百辟**：辟：诸侯国之国君，泛指官吏。《诗经·大雅·假乐》云："百辟卿士，媚于天子。"[明]沈德符《貂帽腰舆》云："宰相为百辟之师表。"**千官**：[唐]王维《敕赠百官樱桃》云："芙蓉阙下（帝王宫殿）会千官，紫禁（指紫禁城）朱樱（樱桃花）出上阑（通'斓'，斑斓）。"

㉝**怀仁称足足**：瑞鸟凤凰鸣叫声。《宋书·符瑞志》："凤凰者，仁鸟也。"[汉]王充《论衡·讲瑞》云："[凤凰]雄曰凤，雌曰凰；雄鸣曰即即，雌鸣曰足足。"

㉞**抱义美般般**：世称麒麟为仁义之兽，象征吉祥。[汉]司马相如《封禅文》云："般般（斑斑，兽毛美丽）之兽，乐我君囿（帝王畜养禽兽的园林）。"《文选》云："般般抱义，足足怀。""般般"指麒麟；"足足"指凤凰。

㉟**好马君王曾市骨**：《战国策·燕策一》载：郭隗劝燕昭王真心求贤。他说，过去有个君王悬赏千金买千里马，许久不得。三年后，找到一匹已死的千里马，用五百金买下马骨。此后不到一年，又得到三匹千里马。故事说明，只要有真心求贤的措施，贤士就会闻风而至。

㊱**食猪处士仅思肝**：东汉闵仲叔很注重节操。他家很穷，买不起肉，每次只买一片猪肝。安邑县令下令每天供他猪肝吃，但他却说："吾岂能以已口腹累人呢？"甘愿守贫不受。（见《后汉书·周黄徐姜申屠传》）

㊲ **世仰双仙，元礼舟中携郭泰**：东汉颍川人李膺，字元礼。他反对宦官专权，与太学生首领郭泰很友善。郭泰不接受官府征召，回乡施教，生徒以千计。二人常同舟游览，世人誉为"仙舟"。（见《后汉书·郭泰传》）

㊳ **人称连璧，夏侯车上并潘安**：连璧：两块美玉相连，又比喻两个美貌人物在一起。西晋文学家潘岳（字安仁，故又称潘安）和文学家夏侯湛文学才能皆极高，工诗赋，善辞章，且貌美而友善，常同车并肩外出，京都人称其为"连璧"。（见《世说新语·容止》）

寒韵部代表字

寒	韩	翰	单	丹	安	鞍	难	餐	檀	坛	滩	弹
残	干	肝	竿	乾	阑	栏	澜	兰	看	丸	完	桓
纨	端	湍	酸	团	攒	官	棺	观	冠	鸾	銮	峦
欢	宽	盘	蟠	漫	叹	邯	郸	摊	玕	磻	拦	珊
狻												

寒韵律诗例选

月夜

[唐] 杜　甫

今夜鄜州月，闺中只独看。
遥怜小儿女，未解忆长安。
香雾云鬟湿，清辉玉臂寒。
何时倚虚幌，双照泪痕干。

拗 救

在格律诗中，凡平仄不依常格的句子，叫拗句。句子"拗"了，在本句或对句的适当位置加以补救，叫"救"，合起来称为"拗救"。常见的拗救有本句自救、对句相救、自救对救相结合。

本句自救：如李白《夜宿山寺》中的"恐惊天上人"句中"恐"拗了，第三字平声"天"来救，本格应"平平仄仄平"，而因拗救转换成了"仄平平仄平"。这叫"一拗三救救孤平"。

对句相救：如白居易《赋得古原草送别》中的"野火烧不尽，春风吹又生"，出句第四字"不"字拗了，对句第三字平声"吹"来救了。本应"仄仄平平仄，平平仄仄平"而因拗救转变为"仄仄平仄仄，平平平仄平"。这叫出"四拗，对三救，一定得去救"。

自救对救相结合：许浑《咸阳城东楼》中的"溪云初起日沉阁，山雨欲来风满楼"，出句第五字"日"拗了，对句第三

字"欲"拗了，对句的第五字平声"风"救了本句的"欲"，也救了出句的"日"字。本来的格式应为"平平仄仄平平仄，仄仄平平仄仄平"，因为拗救而转变为"平平仄仄仄平仄，仄仄仄平平仄平"。这叫"出五拗，对三拗，对五救，一定得去救"。

律诗是合律的，拗句被救后仍旧属合律的。

拗句不止以上三个例型，第一、二、三、四、五、六字都可能"拗"。所谓"一三五不论，二四六分明"即只看第二、四、六字的平仄是否合律是不全面的。

十五　删

兴对废[①]，附对攀[②]，露草对霜菅[③]。歌廉对借寇[④]，习孔对希颜[⑤]。山磊磊[⑥]，水潺潺[⑦]，奉璧对探镮[⑧]。礼由公旦作[⑨]，诗本仲尼删[⑩]。驴困客方经灞水[⑪]，鸡鸣人已出函关[⑫]。几夜霜飞，已有苍鸿辞北塞[⑬]；数朝雾暗，岂无元豹隐南山[⑭]。

犹对尚[⑮]，侈对悭[⑯]，雾鬟对烟鬟[⑰]。莺啼对鹊噪[⑱]，独鹤对双鹇[⑲]。黄牛峡[⑳]，金马山[㉑]，结草对衔环[㉒]。昆山惟玉集[㉓]，合浦有珠还[㉔]。阮籍旧能为眼白[25]，老莱新爱着衣斑[26]。栖迟避世人，草衣木食[27]；窈窕倾城女，云鬟花颜[28]。

姚对宋[29]，柳对颜[30]，赏善对惩奸[31]。愁中对梦里[32]，巧慧对痴顽[33]。孔北海[34]，谢东山[35]，使越对征蛮[36]。淫声闻濮上[37]，离曲听阳关[38]。骁将袍披仁贵白[39]，小儿衣着老莱斑[40]。茅舍无人，难却尘埃生榻上[41]；竹亭有客，尚留风月在窗间[42]。

译文

兴盛对衰废，依附对攀缘，露珠草对风霜菅。歌颂廉范对借留寇恂，学习孔子对效仿颜回。山重重，水潺潺，蔺相如完璧归赵对羊祜树洞取金环。周公制礼乐，诗本孔子删。孟浩然骑驴踏雪灞上寻梅，函谷关雄鸡报晓孟尝君早已出关。几夜霜降，已有大雁南飞辞别北塞；数日雾暗，黑豹躲藏南山为保毛皮光鲜。

仍然对尚且，侈费对吝啬，松鬈对美鬟。黄莺啼对喜鹊噪，一鹤对双鹇。黄牛峡，金马山，老者结草俘杜回对黄雀谢恩赠宝环。昆仑山上多产白玉，合浦珍珠还民贸易。阮籍白眼视权贵，老莱爱穿五彩衣。山中隐士，编草为衣，野果为食；窈窕倾城女子，飘发如云，容颜貌美。

姚崇对宋璟，柳公权对颜真卿，奖励善良对惩罚奸诈。杞人忧天对南柯一梦，聪明机灵对愚钝无知。孔融曾任北海太守，宰相谢安号曰东山，诸葛亮七擒孟获定夷蛮。淫声靡乐濮水来，阳关三叠唱别离。白袍将军薛仁贵，小儿花衫老莱衣。茅舍无人，难怪满床有灰尘；竹亭来客，清风明月流连窗前。

探源 解意

①**兴、废**：兴盛与衰亡。[唐]温庭筠《开圣寺》诗云："犹有南朝旧碑在，敢将兴废问渔翁。"

②**附、攀**：亦作攀附，依附，巴结。[宋]惠洪《代夏均甫宴人致语》诗云："青天白日心常在，附骥攀龙志未摧。"[西汉]扬雄《法言·渊骞》云："攀龙鳞，附凤翼，巽（恭顺）以扬之，勃勃乎其不可及也。"

③**露草**：沾露的草。[唐]李华《木兰赋》云："露草白兮山凄凄，鹤既唳兮猿复啼。"**霜菅**：霜打的茅草。[宋]陆游《怀昔》诗云："岂知堕老境，槁木蒙霜菅。"《汉书·贾谊传》云："其视杀人若艾（通'刈'，斩杀）草菅然。"后称任意残杀人为"草菅人命"。

④**歌廉**：歌颂廉范。东汉廉范，字叔度，早年于京师受业，服侍博士薛汉。明帝时，薛汉因事被诛，故旧（旧友）皆远避，廉范独往收殓，因此以侠义闻名于世。后任云中太守，匈奴不敢犯境。任武威、蜀郡太守时，随俗治政，百姓称颂。（见《后汉书·廉范传》）**借寇**：挽留寇恂。东汉寇恂，字子翼，历任河内（今河南武陟）、颍川、汝南太守。任颍川太守时，平寇治

政，百姓欢迎。后入朝任执金吾（官名）。当寇恂随光武帝南巡时，路过颍川，正值颍川寇贼又起。百姓拦道，请求皇帝再借寇恂一年治理颍川。因以"借寇"成为挽留地方官的代称。（见《后汉书·寇恂传》）

⑤**习孔、希颜**：学习孔子，效仿颜回。国学大师钱穆说："宋人习孔颜乐处，舍藏间，在野却有立心天地、立命生民之愿。"东汉学者赵壹在《非草书》一文中非难一些文人学士迷恋草书，说："慕（崇拜）张生（张芝）之草书，过于（胜过）希孔颜焉"。中国历代帝王将相、儒家学者，总是把孔子的得意门生颜回与孔子并提，尊孔子为至圣，封颜回为复圣。

⑥**山垒垒**：重叠，多。[明]何景明《雁门太守行》诗云："垒垒高山，荠荠代谷。"**垒垒**：也用来形容坟墓丛列。[晋]张载《七哀诗》云："北芒（洛阳北之邙山，王公贵族多葬于此）何垒垒？高陵有四五。"

⑦**水潺潺**：溪水徐徐流动。[三国]魏明帝《步出东门行》云："若水潺潺，叶落翩翩。"

⑧**奉璧**：蔺相如完璧归赵典故。（参见本卷"六鱼"注⑦）**探镮**：亦作"探环"。传说，西晋大臣羊祜五岁时，叫乳母把他玩过的金环取来，乳母说："你没有这种玩具呀！"羊祜就自己爬到邻居李家的树上，从树洞中取出一个金环。邻居李氏惊叫道："这不是我死去的儿子常耍的玩具吗！"原来李氏之子就是羊祜的前生。后人以"探环"借指人的转世。（见《晋书·羊祜传》）

⑨**礼由公旦作**：西周政治家周公旦，辅佐武王伐纣，建立周朝，并制礼作乐，建立"明德慎罚"的典章制度。（见《史记·鲁周公世家》）

⑩**诗本仲尼删**：《诗经》是我国古代第一部诗歌总集。周朝王室保存有大量诗歌，据《史记·孔子世家》记载，传至孔子之时，尚有三千余首，孔子删为三百零五篇，称"诗三百"。自唐代起，有人怀疑"孔子删诗"之说，因为《左传·襄公二十九年》就提到"诗三百"，那时孔子才十三岁，不可能删修诗经。（但查《春秋左传》，襄公二十九年虽有风、小雅、大雅和颂之内容，但并无"诗三百"字样，因此，否定"孔子删诗"的理由不足。）

⑪**驴困客方经灞水**：据《韵府》载，孟浩然曾骑驴踏雪到灞水寻梅。

[元]周德清《塞鸿秋·浔阳即景》曲："灞桥雪拥驴难跨，剡溪冰冻船难驾。"（参见本卷"六鱼"注④）

⑫**鸡鸣人已出函关**：战国时期，齐国贵族孟尝君，曾被秦国任为宰相，后又被囚而欲杀之。孟尝君在门人护卫下逃离，夜至函谷关，出关大门夜间不开。门人中有会仿鸡鸣报晓的，学报五更，骗开关门，孟尝君脱逃。（见《史记·孟尝君列传》）

⑬**几夜霜飞，已有苍鸿辞北塞**：苍鸿：鸿雁，也叫大雁。（参见"七虞"注⑦）

⑭**数朝雾暗，岂无元豹隐南山**：元豹：玄豹，黑豹。春秋时期，陶答子治理陶地，"贪富务大，不顾后害"，三年，家产猛增三倍，名声很坏。其妻说，传说"南山有玄豹，雾雨七日不出洞觅食，以光泽其毛，藏身避害"，你也应学玄豹自爱，收敛一些。陶答子不听劝告，其妻与子女均离他而去。不久，陶答子家财被盗，人身遭害。（见《列女传·陶答子妻》）

⑮**犹、尚**：仍旧意。《南史·后妃传下》载："徐娘虽老（南朝梁元帝妃子徐昭佩），犹尚（仍旧）多情。"

⑯**侈**：奢侈；浪费。[汉]班固《西都赋》云："历十二之延祚（延续的福禄），故穷泰（尽情享受）而极侈（极端奢侈）。"**悭**：吝啬；小气。《南史·王玄谟传》云："刘秀之俭吝，常呼之'老悭'。"

⑰**雾髻、烟鬟**：亦作云髻雾鬟。形容妇女发髻蓬松，形如云雾。[宋]辛弃疾：《游武夷，作棹歌呈晦翁十首》诗云："玉女峰前一棹歌，烟鬟雾髻动清波。"

⑱**莺啼**：黄莺鸣叫。燕舞莺啼，形容春光明媚。[宋]苏轼《被锦亭》诗云："烟红露绿晓风香，燕舞莺啼春日长。"**鹊噪**：喜鹊叫声。喜鹊鸣叫，预兆喜事来临。[五代后周]王仁裕《灵鹊报喜》云："时人之家，闻鹊声，皆为喜兆，故谓'灵鹊报喜'。"

⑲**独鹤**：离群之鹤。[南朝齐]谢朓《游敬亭山》诗云："独鹤方朝唳，饥鼯此夜啼。"**双鹇**：鹇：鸟名，又称银雉。[唐]李白《五古》诗云："请以双白璧，买君双白鹇。白鹇白如锦，白雪耻容颜。"

⑳**黄牛峡**：湖北宜昌西陵峡中的黄牛山。山崖间有石，如人负刀牵牛。《水经注·江水》云："朝发黄牛，暮宿黄牛，三朝三暮，黄牛如故。"

㉑**金马山**：云南昆明市东有金马山，西对碧鸡山，相距五十余里，中间是滇池。《读史方舆纪要》载：金马山、碧鸡山，"金，形似马；碧，形似鸡"。

㉒**结草**：民间传说，春秋时期，晋国大夫魏武子之宠妾无子。魏武子初病时，对其子魏颗说："我死后，一定要把爱妾嫁出去。"到魏武子病危时，又对魏颗说："我真死了，一定要爱妾为我殉葬。"魏武子死后，魏颗将其爱妾嫁了出去。有人指责魏颗违父遗言，不孝。魏颗说："父临死神志不清，我是照他先前清醒时的话办。"后来，魏颗领兵与秦国大将杜回交战，一个老者用草绳绊倒杜回，杜回被俘。当晚，魏颗梦见老者说："我是你改嫁出去的女子的亡父，为报你的恩德，结草俘杜回。"（见《左传·宣公十五年》）**衔环**：民间传说，东汉太尉杨震之父杨宝，救活了一只黄雀，并将它放飞。当晚，杨宝梦见一个口衔四枚白环的黄衣童子对他说："我是西王母的使者，感谢您的救命之恩，特赠四枚白环，愿您的子孙洁白如环，荣登高科。"后来，杨宝之子杨震位居太尉，其孙杨秉位居尚书，其曾孙杨赐等皆扬名当世。（见《后汉书·杨震传》）

㉓**昆山惟玉集：昆山**：新疆昆仑山，产高档白、碧玉。人们常以美玉比喻人品高洁。[南朝]刘孝标《辨命论》云："琳（刘琳）则志烈秋霜，心贞昆玉。"

㉔**合浦有珠还**：合浦（广东广西交界地）产珠无谷，合浦人常以北海珍珠与交趾（今越南）人通商换粮。可是，东汉顺帝时，贪婪的原合浦太守垄断珠宝，移到交趾郡界交易，合浦穷人无珠无粮，饿死很多。孟尝接任合浦太守后，革除旧弊，合浦珠还，百姓重操旧业，商贸兴隆。（见《后汉书·孟尝传》）

㉕**阮籍旧能为眼白**：三国魏文学家、思想家阮籍，不畏权贵，藐视礼俗，总是以白眼斜视自己厌恶的"礼俗之士"。以青眼（黑眼珠居中直视对

方）善待喜交之友。籍母丧，刺史嵇喜来吊，籍作白眼，喜不悦而归。当"竹林七贤"之首嵇康（嵇喜之弟）来祭时，阮籍马上以青眼相迎。人说"青白眼"即为阮籍轶事。（见《晋书·阮籍传》）

㉖**老莱新爱着衣斑**：春秋末期，楚国老莱子隐居于蒙山之阳，自耕而食。他很守孝道，年逾七十，还常穿五色彩衣，扮成婴儿状，游戏啼哭，以娱父母。楚王召其出仕，不就，偕妻迁居江南。（见《高士传》）

㉗**栖迟避世人，草衣木食**：栖迟：隐遁。山中隐士结野草为衣，采野果为食。《晋书·庾衮传》云："庾贤绝尘避地，超然远迹，固穷安陋，木食山栖，不与世同荣，不与人争利。"[宋]僧文珦《草衣木食》诗云："草衣木食，老子乐在内；身似玄空云，踪迹了无碍。"

㉘**窈窕倾城女，云鬓花颜**：善歌善舞的李延年，且舞且唱，向汉武帝夸耀其妹（歌舞杂技艺人）说："北方有佳人，绝世而独立，一顾倾人城，再顾倾人国。宁不知倾城与倾国，佳人难再得。"汉武帝遂召见其妹，一见宠爱，尊为李夫人，后被追谥为"孝武皇后"。（见《汉书·外戚传·李夫人》）

㉙**姚**：唐代大臣姚崇。历任武则天、睿宗、玄宗三朝宰相。后举荐宋璟代己任相，开启了盛世"开元之治"。**宋**：宋璟。睿宗时即任过宰相，后被贬职。玄宗时又受姚崇举荐任宰相，开启了"开元之治"时代，史称"姚宋"。（见《新唐书·姚崇宋璟传》）

㉚**柳、颜**：唐代大书法家柳公权和唐代大书法家颜真卿，颜柳齐名，史称"颜柳"。

㉛**赏善**：赞赏善良。《韩非子·有度》云："法不阿贵，绳不绕曲。法之所加，智者弗能辞，勇者弗敢争，刑过不避大臣，赏善不遗匹夫。"**惩奸**：惩治奸邪。[唐]周昙《咏史诗·虞舜》诗云："进善惩奸立帝功，功成揖让益温恭。"

㉜**愁中**：春秋战国杞国有个人，忧天地崩坠，吃不好饭，睡不好觉，也不知道该往哪里躲身，整天唉声叹气，愁闷不已。这就是"杞人忧天"的寓言故事。（见《列子·天瑞》）**梦里**：古时有个叫淳于棼的，一天，做梦到了槐安国，娶其公主，任南柯太守，享尽荣华富贵。后带兵出征战败，公主也

死了,遂被国王罢官迁归,美梦结束。醒后,他在庭院的槐树下,发现一蚂蚁洞,就是梦中的槐安国。槐树南枝下边另一蚁穴,便是他任太守的南柯郡。这就是"南柯太守"的寓言故事。(见[唐]李公佐《南柯记》)

㉝**巧慧**:聪明灵巧。例如,[明]凌濛初《初刻拍案惊奇》云:"[文实]生来心思慧巧,做着便能,学着便会。"《淮南子·主术训》云:"仁以为质,智以行之。两者为本,而加之以勇力辩慧,捷疾劬录(勤劳),巧敏迟利(即'犀利'。迟,通'犀'),聪明审察,尽众益也。"**痴顽**:愚笨无知。例如,[宋]林光朝《痴顽不识字》诗云:"年头月尾无一是,咄咄痴顽不识字。"

㉞**孔北海**:汉朝末年,文学家孔融能诗善文,为人恃才负气。曾任北海郡太守,时称"孔北海"。(见《汉书·孔融传》)

㉟**谢东山**:晋朝宰相谢安,字安石,号东山。曾居今南京城东钟山半山,留有谢公墩故址。(见《晋书·谢安传》)

㊱**使越、征蛮**:这是指诸葛亮平定南中故事。**越**:指我国古代越人居住的浙、闽、粤、桂等地,古称"百越"。**蛮**:指居住在闽、粤、桂、云、贵地区的少数民族。三国蜀汉刘备死后,牂牁(今贵州、广西、云南部分地区)太守朱褒,益州(昆明滇池南)郡统帅雍闿,越巂(今四川西昌东南)酋长高定发动叛变,南方少数民族豪强孟获也参与。公元225年蜀汉丞相诸葛亮亲率大军南下,从成都出发平越巂,伐牂牁,征益州,七擒七纵孟获,南中平定。

㊲**淫声闻濮上**:春秋时期,濮水一还带(今冀鲁豫交界处)流行一种与帝王祭祀、朝贺、宴饮所用之雅乐不同的新声(俗乐)。有人就骂它是淫荡之声、亡国之音。晋国乐师师旷说:"此亡国之声,系师延为纣(殷纣王)所作靡靡之乐。武王伐纣,师延东走,自投濮水之中,故于濮水闻此声。"(见《史记·乐书》)

㊳**离曲听阳关**:"离曲阳关"即琴曲"阳关曲"。写汉代人送客至灞桥折柳伤别。琴谱以唐代诗人王维《送元二使安西》诗"劝君更尽一杯酒,西出阳关无故人"为主要歌词,并引申诗意,增添词句,抒发离别情绪。因全曲分三段,原诗反复三次,故又称"阳关三叠"。

㊴骁将袍披仁贵白：唐代名将薛仁贵常穿白袍征战，号称"白袍将军"。显庆年间，他领兵去天山击九姓突厥作乱，突厥骁将数十人逆来挑战，仁贵发三箭，射杀三人，余将皆下马请降，边患遂平。世人用"将军三箭定天山"赞誉他的西征伟功。（见《新唐书·薛仁贵传》）

㊵小儿衣着老莱斑：（参见本韵注㉖）

㊶茅舍无人，难却尘埃生榻上：茅舍久无人，尘埃污垢积榻上。这是宋朝诗人陆游《村居即事》中"炊甑生尘榻长苔，柴门日晏（日暮，白天晚上）未曾开"诗句的化用。

㊷竹亭有客，尚留风月在窗间：竹亭有来客，清风明月满窗间。这是唐代诗人钱起《酬王维春夜竹亭赠别》中"山月随客来，主人兴不浅。今宵竹林下，谁觉花源远"诗意的变化引用。

删韵部代表字

删 潸 关 弯 湾 还 环 鬟 寰 班 斑 蛮 颜
奸 攀 顽 山 闲 艰 悭 间 患 潺 孱

删韵律诗例选

早发竹下

[宋]范成大

结束晨装破小寒,跨鞍聊得散疲顽。
行冲薄薄轻轻雾,看放重重叠叠山。
碧穗吹烟当树直,绿纹溪水趁桥弯。
清禽百啭似迎客,正在有情无思间。

读写诗词常识

对偶、对仗

对偶与对仗是两个概念,是两种语言形式,多在诗词中运用。二者很相像,有相同之处,也有不同之处。

对偶:是一种修辞方法,除诗词外,也广泛使用于其他文体。特点是:成对使用的两个文句,字数相等,结构对应,节奏一样,词性相同或大体相同。如"万水千山","先天下之忧而忧,后天下之乐而乐"这种对称的语言方式就是对偶句,表达形式整齐和谐,内容上相互映衬,具有独特的艺术效果。

对仗:是诗词创作和对联写作中运用的一种上下句相对称的表现形式和手段,就像两行仪仗队同时两两相对地并行出现一样。它要求诗词上下句在对偶的基础上,同一结构位置的词语必须"词性一致,平仄对立",本句平仄对替符合诗律要求,上下句也要平仄对立,并且上下句不能重复使用同一字同一词语,这种上下句声调对立的并列句式叫对仗。格律诗词的对仗句具有对称美,音韵美,节奏美,建筑美。格律诗词对对仗的要求甚为严格。楹联更是如此,因为对仗是楹联的魅力和精髓所在。

举例说明：

（1）先天下之忧而忧，后天下之乐而乐。（范仲淹《岳阳楼记》）

——只对偶，不对仗。

（2）横眉冷对千夫指，俯首甘为孺子牛。（鲁迅《自嘲》）

——既对偶，又对仗。

（3）墙上芦苇，头重脚轻根底浅；山间竹笋，嘴尖皮厚腹中空。（毛泽东《改造我们的学习》）

——既对偶，又对仗。

对偶主要是从结构上说的，基本点是"对称"；对仗主要是从词性和意义上说的，基本点是"对立"。达到对偶不一定对仗，对仗一定会对偶。

律诗对仗说的是中间两联，即三、四两句颔联和五、六两句颈联必须对仗。首联可对可不对。但只有中间一联对仗的或前三联对仗、后三联对仗的也不是没有。

对仗首先要求句型一致：比如毛泽东的《冬云》里"高天滚滚寒流急，大地微微暖气吹"两句都是主谓句，句型一样。

对仗要求词性相对：名词对名词，形容词对形容词。大致分九类：名词、动词、形容词、数词、颜色词、方位词、副词、虚词、代词。其中名词又分十四小类：天文、地理、时令、宫室、器物、衣饰、饮食、文具、文学、花草、鸟禽、人事、形体、伦理等。

如果词性一致，句型一致，平仄对立，那么对仗是工整的，叫

做工对。比如：毛泽东的《送瘟神》的中间两联"红雨随心翻作浪，青山着意化为桥。天连五岭银锄落，地动三河铁臂摇"就是典型的工对：句型对、颜色对、数字对、名词对、动词对、形容词对，声调平仄对立，都在其中。

另外，对仗中还有两句内容相反的"反对"；上下意义相近的"正对"；放宽条件，不太工整的"宽对"；借音借意对仗的"借对"；出句对句意思相承的"流水对"等。

《声律启蒙》就是各种对偶、对仗句的集大成，仔细阅读就可品出"对句"的精致内涵，并可仿照学写。

下卷（下平声）

一 先

风对雨，地对天，天地对山川①。山川对草木，赤壁对青田②。郏鄏鼎③，武城弦④，木笔对苔钱⑤。金城三月柳⑥，玉井九秋莲⑦。何处春朝风景好⑧，谁家秋夜月华圆⑨。珠缀花梢，千点蔷薇香露⑩；练横树杪，几丝杨柳残烟⑪。

前对后，后对先，众丑对孤妍⑫。莺簧对蝶板⑬，虎穴对龙渊⑭。击石磬⑮，观韦编⑯，鼠目对鸢肩⑰。春园花柳地⑱，秋沼芰荷天⑲。白羽频挥闲客坐,乌纱半坠醉翁眠[20]。野店几家,羊角风摇沽酒斾[21];长川一带,鸭头波泛打鱼船[22]。

离对坎[23],震对乾[24],一日对千年[25]。尧天对舜日[26],蜀水对秦川[27]。苏武节[28],郑虔毡[29],涧壑对林泉[30]。挥戈能退日[31],持管莫窥天[32]。寒食芳辰花烂漫[33],中秋佳节月婵娟[34]。梦里荣华,飘忽枕中之客[35];壶中日月,安闲市上之仙[36]。

译文

风对雨,地对天,天地对山川。山川对草木,赤壁对青田。郑郾宝鼎,武城管弦。木兰花对地上苔藓。金城三月柳树壮,太华山白莲藕如船。春天风景何处好，中秋月儿谁家圆。千点露珠洒蔷薇，好像花瓣缀珍珠；淡淡烟雾遮杨柳，恰似细纱绸带飘挂在树梢头。

前对后，后对先，众丑对一个美鲜。黄莺鸣叫像笙簧，蝴蝶翅膀振动像拍板，虎穴对龙潭。敲击石磬，翻阅竹简，老鼠眼对苍鹰肩。春天的园林花红柳绿，秋天的荷塘碧叶连天。诸葛亮摇着鹅毛扇指挥三军，阮籍乌纱帽遮面醉卧酣眠。野外小酒店，羊角酒旗随风摆；长河之上，绿波浪涌钓鱼船。

离卦对坎卦，震卦对乾卦，一天对千年。唐尧年代对虞舜时期，巴蜀之水对秦岭山川。苏武手持汉使节，郑虔家寒无坐毡，山中的沟涧对林中的泉眼。鲁阳公挥长戈太阳后退，透过竹管不能看全苍天。寒食节山花烂漫，中秋节月亮最圆。卢生梦里荣华，乃虚无黄粱一梦；费长房跟随卖药老翁，想成仙跳入壶中。

探源 解意

①**天地**：指自然界或社会。《庄子·天地》云："天地虽大，其化均也。"**山川**：指山岳和江河。《易经》云："天险，不可升也；地险，山川丘陵。"

②**赤壁**：山名，即湖北武汉赤矶山。东汉末赤壁之战即发生于此。[宋]黄庭坚《次韵文潜》诗云："武昌赤壁吊周郎，寒溪西山寻漫浪。"**青田**：山名，在浙江青田县西北。有泉石之胜景。传说青田产鹤，名曰"青田鹤"。[南朝宋]郑缉之《永嘉郡记》载："有洙沐溪，去青田九里。此中有一双白鹤，年年生子，长大便去，只惟余父母一双在耳，精白可爱，多云神仙所养。"

③**郏鄏鼎**：周成王时期，周公建周都于郏鄏，故址在今河南洛阳市王城公园一带。《左传·宣公三年》载："成王定鼎（传国之宝，代表王位与帝业）于郏鄏。"

④**武城弦**：孔子的弟子子游任武城宰（县令）时，用弦歌（以琴瑟歌咏）教化百姓。孔子到了武城闻弦歌之声，对子游说："割鸡焉用牛刀？（意思是教

化小县百姓，何须用琴瑟歌咏）"子游说："您说过，君子学礼乐就会爱百姓；百姓学礼乐就明理好管。"孔子说："你说得对。刚才是和你开玩笑。"（见《论语·阳货》）

⑤**木笔**：花名，亦称木兰，其苞有毛，尖如笔头，故名。花蕾干燥后入药，叫辛夷。[宋]陆游《幽居初夏》诗云："箨龙（笋的别名）已过头番笋，木笔犹开第一花。"**苔钱**：伏在地上的青苔形如铜钱，故名。[南朝]刘孝威《怨诗行》云："丹庭斜草径，素壁点苔钱。"

⑥**金城三月柳**：东晋桓温领兵北伐中原，路过金城（今江苏句容境内）时，看到他任琅邪内史时所植的柳树，都已长到十围之粗，慨然叹道："木犹如此，人何以堪？"感叹岁月流逝，人老不可抗拒。（见《晋书·桓温传》）

⑦**玉井九秋莲**：传说西岳华山主峰太华山上有玉井，产白莲，形大如船。[唐]韩愈《古意》诗云："太华峰头玉井莲，开花十丈藕如船。"

⑧**何处春朝风景好**：春天风光明媚，繁花似锦。[明]杨周《苏堤春晓》诗云："柳暗花明春正好，重湖雾散分林鸟。何处黄鹂破瞑烟，一声啼过苏堤晓。"但诗人刘禹锡在《秋词》中却说："自古逢秋悲寂寥，我言秋日胜春朝。晴空一鹤排云上，便引诗情到碧霄。"

⑨**谁家秋夜月华圆**：**月华**：月亮。秋季天高气爽，八月十五的月亮圆而明朗。这是唐代诗人王建《十五夜望月》中"今夜月明人尽望，不知秋思落谁家"诗意的化用。

⑩**珠缀花梢，千点蔷薇香露**：滴滴露水，像珍珠一样点缀在蔷薇花上。[唐]韦应物《咏露珠》诗云："秋荷一滴露，清夜坠玄天。将来玉盘上，不定始知圆。"

⑪**练横树杪，几丝杨柳残烟**：空气湿润，柳树上笼罩了一层雾气，形似淡薄的云烟，像丝线一样横挂在杨柳树梢。四川青城山翠光亭有古联曰："云横树梢峰如黛，雨过岚光翠欲流。"

⑫**众丑、孤妍**：**丑妍**：相貌丑陋与美丽。[宋]陆游《勿忘郎中时从梁陈作》诗云："玄冕无丑士，冶服使我妍（美丽）。"

⑬**莺簧**：黄莺叫声像笙簧奏出的声音一样悦耳。[唐]皮日休《闻鲁望

游颜家林园病中有寄》诗云:"蝶欲试飞犹护粉,莺初学啭尚羞簧。"**蝶板**:蝶翅。蝴蝶身体虽小,翅膀大而宽,形如拍板、手扇。[元]王和卿《醉中天·咏大蝴蝶》云:"弹破庄周梦,两翅驾东风。三百座名园,一采一个空。谁道风流种?唬杀寻芳的蜜蜂。轻轻飞动,把卖花人扇过桥东。"

⑭**虎穴**:老虎洞,比喻险地。《后汉书·班超传》云:"不入虎穴,焉得虎子?"**龙渊**:古人说是藏蛟龙的深潭(参见"入深渊骊龙颔下探珠"故事),比喻险地。[汉]扬雄《甘泉赋》云:"漂龙渊而还九垠兮,窥地底而上回。"[唐]刘禹锡《伤我马词》云:"金台已平骨空朽,投之龙渊从尔友。"

⑮**击石磬**:《论语·宪问》载:"[孔子]击磬(用玉石制成的一种打击乐器)于卫。"现河南卫辉市南关留有孔子击磬讲学碑亭,有清朝乾隆帝御笔"孔子击磬处"五个大字。

⑯**观韦编**:《史记·孔子世家》载:"[孔子]读易(易经),韦编(用皮绳连缀的竹简,用来写书,泛指古籍)三绝(串竹简的皮绳多次断裂)。"

⑰**鼠目**:比喻眼光短浅,没有远见,有成语叫"鼠目寸光"。[金]元好问《送奉先从军》诗云:"虎头食肉无不可,鼠目求官空自忙。"**鸢肩**:鸢鸟栖止时,两肩上耸,比喻人的形象凶残。《后汉书·梁统传附梁冀》云:"[冀]为人鸢肩豺目。"

⑱**春园花柳地**:春天的园林是鲜花和绿柳争春的地方。[宋]陆游《马上作》诗云:"杨柳不遮春色断(遮不住春天的景色),一枝红杏出墙头。"[唐]杨巨源《城东早春》诗云:"诗家清景(清新景色)在新春,绿柳才黄半(过半的树)未匀(参差不齐);若待上林(御花园)花似锦,出门俱是看花人。"

⑲**秋沼菱荷天**:秋天的荷塘是采摘菱角和莲子的季节。汉昭帝《淋池歌》诗云:"秋素景兮泛洪波,挥纤手兮折菱(菱角)荷(莲子)。"

⑳**白羽频挥闲客坐,乌纱半坠醉翁眠**:这两句源自宋代诗人杨万里《对莲》中的"白羽频挥闲客坐,乌纱半坠醉翁眠"。

前一句是说文人谋士坐着挥羽毛扇指挥三军。诸葛亮与司马懿战于渭水之滨,"亮乘素车,葛巾,白羽扇,指挥三军,三军皆随其进止。"(见晋裴启《语林》)又如《晋书·陈敏传》载:"敏率万余人将与甘卓战,未获济（陈敏军队尚未过河），顾荣以白羽扇挥之，敏众溃散。"

后一句是说三国魏文学家阮籍特别贪酒。他的邻居是一家酒店，老板娘长得很漂亮。阮籍常到这里喝酒，喝醉了就乌纱帽掩脸，倒在老板娘身边酣睡。起初，老板娘的丈夫犯疑，紧盯着阮籍有何动向。只见阮籍死死酣睡，"终无他意"。（见《世说新语·任诞》）

㉑**野店几家，羊角风摇沽酒斾**：风摇村店卖酒之旗。**野店**：乡村店铺。**沽酒斾**：酒店门前挂的招揽顾客的酒旗。[清]袁枚《酒旗》诗云："客中谁劝醉如泥，赖有旗悬野店西。"

㉒**长川一带，鸭头波泛打鱼船**：长河波涌打鱼船。**鸭头波**：水色绿如鸭头颜色，故名鸭头波。[唐]杜甫《观打鱼歌》云："绵州江水之东津（渡），鲂鱼（鳊鱼的古称）鲅鲅色胜银。渔人漾舟沉大网，截江一拥数百鳞。"［宋］范仲淹《江上渔者》诗曰："君看一叶舟，出没风波里。"

㉓**离**：《易经》八卦之一，卦形是☲，象征火。
   坎：《易经》八卦之一，卦形是☵，象征水。

㉔**震**：《易经》八卦之一，卦形是☳，象征雷。
   乾：《易经》八卦之一，卦形是☰，象征天。

㉕**一日、千年**：[唐]白居易《赠王山人》诗云："言长本对短，未离生死辙。假使得长生，才能胜夭折。松树千年朽，槿花一日歇。毕竟共虚空，何须夸岁月。"

㉖**尧天、舜日**：亦作舜日尧年，颂扬古代帝王唐尧虞舜的盛德，也比喻太平盛世。[南朝梁]沈约《四时白纻歌·春白纻》诗云："佩服瑶草驻容色，舜日尧年欢无极。"

㉗**蜀水**：指美丽富庶的四川山水，古属蜀国地域，故称蜀水。[唐]白居易《长恨歌》诗云："蜀江水碧蜀山青，圣主朝朝暮暮情。"**秦川**：指陕甘地区沃野千里的关中平原，古属秦国地域，故称秦川。《三国志·蜀书·诸葛亮传》云："将军（刘备）身率益州之众，以出秦川。"

㉘**苏武节**：汉武帝天汉元年，中郎将苏武手持汉朝使节（使者身份凭证）

出使匈奴。匈奴单于背汉，逼苏武投降匈奴。苏武拒降，被放逐北海放羊。苏武坚贞不屈，餐雪茹毛，抱符节牧羊十九年，使节上的毛绒球全磨掉了，他仍抱节竿不离身，直至单于又与汉朝和好，才回汉朝。（见《汉书·苏武传》）

㉙郑虔毡：唐代文人郑虔，河南荥阳人。曾任协律郎、水部郎中。他才学出众，时称"郑广文"。他的诗、书、画被唐玄宗誉为"郑虔三绝"。他与李白、杜甫为诗酒朋友。（见《新唐书·郑虔传》）他为官清廉，生活俭朴，杜甫在《戏简郑广文虔，兼呈苏司业源明》诗作中夸他："才名四十年，坐客寒无毡。赖有苏司业，时时与酒钱。"

㉚涧壑：山谷中的溪水。壑：山谷。《诗经·召南·采蘩》云："于以采蘩（白蒿），于涧（夹在两山之间的流水）之中。" 林泉：山林中的泉石。常指宜于隐居的幽静之所。[宋]徐铉《赠答之什》诗云："怀恩未遂林泉约，窃位空惭组绶（系玉的丝带）悬。"

㉛挥戈能退日：传说春秋时期，楚国鲁阳公与韩国有仇而开战。战至日将落，阳公持戈挥日，太阳随即倒退三舍（一舍三十里），天又大亮了，继续对战。（见《淮南子·览冥训》）

㉜持管莫窥天：用管状物窥天，看不到天的全貌。《汉书·东方朔传》云："以管窥天，以蠡（瓢）测海。"讽刺一些人见识狭小浅薄。

㉝寒食芳辰花烂漫：寒食：春秋时期，齐国人介之推跟随重耳（晋文公）逃难时，偷割自己的腿肉给饥饿的重耳吃。重耳回国执政后，介之推与其母隐居绵山。重耳烧山逼介之推出来从政，介之推与母亲抱树不出，直至被烧死。重耳为纪念介之推，在其殉难日（清明节前一两日）禁止全国烧火煮饭，只吃冷食。这就是"寒食禁火"的来源。寒食节前后正是山花烂漫时节。（见《史记·晋世家》）[宋]司马光《寒食游南园独饮》诗云："寒食良辰无赏心，杂花烂漫柳成阴。"

㉞中秋佳节月婵娟：农历八月十五日，月亮最圆最美，是全家人团聚赏月的传统节日。[宋]苏轼《水调歌头》词云："明月几时有……人有悲欢离合，月有阴晴圆缺，此事古难全，但愿人长久，千里共婵娟（月亮）。"

㉟**梦里荣华，飘忽枕中之客**：[宋]杨万里《对莲》诗云："堪笑荣华枕中客，对莲余做世外仙。"唐代卢生在邯郸客店自叹穷困，道士吕翁从囊中取出一个枕头给卢生。卢生入睡后，做梦娶了美丽而富有的崔氏为妻，又中了进士，为相十年，有五子十孙，皆婚姻美满，官运亨通，成了世间一大望族。卢生享尽荣华富贵，年逾八十，临终时惊醒了。睡梦时间竟不及店家煮一顿黄粱饭的工夫，故有"黄粱梦"之典故。（见《枕中记》）

㊱**壶中日月，安闲市上之仙**：神话传说，东汉小吏费长房，在自家楼上看到街市上一卖药老翁，把一只空壶悬挂于肆头。日落，老翁即跳入壶中。费长房看出老翁不是凡人，遂提食物拜访老翁。老翁知长房想成神仙，约他市罢无人时再来。日落，长房如翁言来见，随翁跳入壶中。壶境豁然开朗，琼楼玉宇，重门阁道，真乃仙宫世界。翁对长房说："我是天上仙人，某日当去，你愿去否？"长房表示愿往。（见《后汉书·费长房传》、葛洪《神仙传》）

先韵部代表字

烟	弦	弦	贤	肩	坚	天	笺	阡	千	前	先
渊	眠	妍	牵	巅	颠	年	填	田	怜	莲	燕
延	然	煎	钱	鲜	仙	迁	泉	悬	编	边	涓
全	绵	扁	偏	篇	联	连	缠	蝉	氈	毡	诞
鞭	涎	船	娟	旋	捐	鸢	缘	穿	镌	宣
焉	传	椽	拳	权	愆	虔	乾	圆	专	铨
痊	筌	蠲	鹃	跹	禅	铅	毡	员	塞	辁
燃	颛	蜒	单	氈	婵	旃	鳝	汧	瀍	佺	诠
胭	蜓	沿	钿	蜒	敡	闡	骈	鶠	便	琏	漣

先韵律诗例选

使至塞上

[唐] 王 维

单车欲问边，属国过居延。
征蓬出汉塞，归雁入胡天。
大漠孤烟直，长河落日圆。
萧关逢候骑，都护在燕然。

读写诗词常识

古风、入律的古风

古风：古风是一种诗体别称，即古体诗。《诗经》中有十五国风，后人引申把诗歌也称为"风"。 唐代以后诗人们作古体诗，与格律诗相对，往往称之为"古风"或在题目上标明"古风"。 例如李白作有《古风》五十九首。古风大致分为五古、七古。 唐代以前，写诗不讲究平仄、对仗；用韵自由，可押平声韵，也可押仄声韵，中间还可以换韵；句式句数不拘，每句则有四言、五言、六言、七言、杂言诸体，句数也不限。唐人因而将这类诗歌称为古体诗，又称古诗、古风，并延续至今。除了五言、七言之外，还有所谓杂言。杂言是长短句杂在一起，主要是三字句、五字句、七字句，其中偶然也有四字句、六字句以及七字以上的句子。杂言诗一般不另立一类，而只归入七古。甚至篇中完全没有七字句，只要是长短句，也就归入七古。这是习惯上的分类法，是没有什么理论根据的。比如杜甫的《石壕吏》五字二十四句，不讲平仄对仗，四句一换韵，还押入声韵，这首叙事诗就属于古风。李白的杂言诗《蜀道难》也归类古风。

古绝：古绝是和律绝对立的，就是不受律诗格律束缚。它是古体诗的一种。凡合于下面的两种情况之一的，应该认为古绝：(1)用仄韵；(2)不用律句的平仄，有时还不粘、不对。有些古绝是这两种情况兼有。律诗一般是用平声韵，律绝当然也是用平声韵。如果用了仄声韵，那就可以认为是古绝。例如：李绅的《悯农》（其一）"锄禾日当午，汗滴禾下土。谁知盘中餐，粒粒皆辛苦。" 押的是仄声韵，且平仄自由，其中"谁知盘中餐"全是平声。李白的《静夜思》"床前明月光，疑是地上霜。举头望明月，低头思故乡。" "疑是"句"平仄仄仄平"，不合律句，"举头"句不粘，"低头"句不对，所以是古绝。 五言古绝比较常见，七言古绝比较少见。

入律的古风：律诗产生以后，诗人受律诗的影响，在写古体诗时，也出现了粘对和律句现象，特别在七言古诗中尤为突出。如［唐］王勃的《滕王阁》："滕王高阁临江渚，佩玉鸣鸾罢歌舞。画栋朝飞南浦云，珠帘暮卷西山雨。闲云潭影日悠悠，物换星移几度秋。阁中帝子今何在？槛外长江空自流。"前四句仄韵，后四句平韵。并且合律，很像两首律绝连在一起。这便是在古体诗的名义下，灵活入律的古风。唐代诗人高适、王维、白居易都写有入律的古风诗篇。

二 萧

恭对慢①，吝对骄②，水远对山遥③。松轩对竹槛④，雪赋对风谣⑤。乘五马⑥，贯双雕⑦，烛灭对香消⑧。明蟾常彻夜⑨，骤雨不终朝⑩。楼阁天凉风飒飒⑪，关河地隔雨潇潇⑫。几点鹭鸶，日暮常飞红蓼岸⑬；一双鸂鶒，春潮频泛绿杨桥⑭。

开对落⑮，暗对昭⑯，赵瑟对虞韶⑰。辎车对驿骑⑱，锦绣对琼瑶⑲。羞攘臂⑳，懒折腰㉑，范甑对颜瓢㉒。寒天鸳帐酒㉓，夜月凤台箫㉔。舞女腰肢杨柳软^㉕，佳人颜貌海棠娇^㉖。豪客寻春，南陌草青香阵阵^㉗；闲人避暑，东堂蕉绿影摇摇^㉘。

班对马^㉙，董对晁^㉚，夏昼对春宵^㉛。雷声对电影^㉜，麦穗对禾苗^㉝。八千路^㉞，廿四桥^㉟，总角对垂髫^㊱。露桃匀嫩脸，风柳舞纤腰^㊲。贾谊赋成伤鹏鸟^㊳，周公诗就托鸱鸮^㊴。幽寺寻僧，逸兴岂知俄尔尽^㊵；长亭送客，离魂不觉黯然消^㊶。

译文

　　恭敬对傲慢，吝啬对骄蛮，水长对山远。松木长廊对竹子栏杆，高雅《雪赋》对民间歌谣。太守乘五马，长孙晟一箭双雕，烛灭对香消。明月彻夜照，暴雨不会下整夜。天凉楼阁风飒飒，关山万里雨潇潇。几只鹭鸶，傍晚常飞红蓼岸；一对鸂𪆟，绿杨桥下戏春潮。

　　盛开对凋落，黑暗对光明，赵王鼓瑟对虞舜弦乐。轻车对驿骑，锦绣对珠玉。读书人讥笑冯妇斗猛虎，陶渊明不为五斗米折腰，范冉的锅对颜回的瓢。天寒鸳鸯帐内把酒饮，月夜凤凰台上吹洞箫。舞女细腰杨柳软，美女容颜海棠花般娇妍。春日踏青，南郊草青百花香；夏来避暑，东堂芭蕉风吹绿影摇。

　　班固对司马迁，董仲舒对晁错，夏日对春夜。雷声对闪电，麦穗对禾苗。岳飞顽强抗金八千路，扬州廿四桥上玉女吹箫，羊角小辫对黄发垂髫。脸蛋儿桃花嫩，舞起杨柳腰。贾谊悲恨抒写《鹏鸟赋》，周公寄托心志作《鸱鸮》。幽静寺庙访僧友，岂知人到逸兴退；长亭送客，离别话尽情难消。

探源 解意

①**恭、慢**：恭敬与傲慢。[宋]李昉《太平御览》云："昨拜朝，卿何恭慢之相违（先谦恭，后傲慢，前后态度不一）？"

②**吝、骄**：吝啬而骄傲。《论语·泰伯》云："子曰：'如有（即使有）周公之才之美，使（假使）骄且吝，其余不足观（欣赏）也已。"

③**水远、山遥**：亦作山长水远，比喻路途遥远而艰险。例如，[宋]晏殊《珠玉词·踏莎行》诗云："当时轻别意中人，山长水远知何处？"

④**轩、槛**：栏板。[三国魏]王粲《登楼赋》云："凭轩槛以遥望兮，向北风而开襟。"

⑤**雪赋**：文章篇名。南朝宋文学家谢惠连，幼年即能诗善赋，以"高丽见奇"，尤以《雪赋》最著名。他与族兄谢灵运并称为当时文坛"大小谢"。（见《宋书·谢惠连传》）**风谣**：民间风俗歌谣。[南朝宋]谢惠连《雪赋》云："曹风以麻衣比色，楚谣以幽兰俪（同'丽'）曲。"

⑥**乘五马**：古代高官乘坐四匹马拉的高篷车，谓之驷马高车。汉代太守乘坐由五匹马拉的车子，故"乘五马"即为太守的代称。乐府《陌上桑》诗云："使君从南来，五马立踟蹰（徘徊；犹豫）。"

声律启蒙 精读

⑦**贯双雕**：一箭双雕。**贯**：射穿。隋代长孙晟、唐代高骈都有一箭双雕的传说。《慧海仪禅师》诗云："万人胆破沙场上，一箭双雕落碧空。"

⑧**烛灭、香消**：形容事物发展到了尽头。[元]王实甫《西厢记》云："烛影风摇，香霭云飘；贪看莺莺，烛灭香消（形容心情感到绝望）。"[元]曾瑞《集贤宾·宫词》曲云："香消烛灭冷清清，唯嫦娥与人无世情。"

⑨**明蟾常彻夜**：圆月常常通宵明亮。[明]刘基《次韵和十六夜月再次韵》："永夜（整夜）凉风吹碧落（指绿色渐衰），深秋白露洗明蟾（古代神话，月中有蟾蜍，故称月亮为'明蟾'）。"

⑩**骤雨不终朝**：暴雨不会狂洒整夜。《老子二十三章》云："飘风（旋风；狂风）不终朝（刮不到早晨；整夜），骤雨不终日（下不了整天）。"

⑪**楼阁天凉风飒飒**：形容秋风响声。《楚辞·九歌·山鬼》云："风飒飒兮木萧萧。"[唐]刘希夷《从军行》诗云："秋天风飒飒，群胡马行疾。"

⑫**关河地隔雨潇潇**：形容风雨急骤。《诗经·郑风·风雨》云："风雨潇潇，鸡鸣胶胶。"

⑬**几点鹭鸶，日暮常飞红蓼岸**：鹭鸶，水鸟名。[宋]文同《蓼屿》诗云："时有双鹭鸶，飞来作佳景。"

⑭**一双鸂鶒，春潮频泛绿杨桥**：[唐]杜甫《卜居》诗云："浣花流水水西头，主人为卜林塘幽……无数蜻蜓齐上下，一双鸂鶒对沉浮。"**春潮**：春水上涨。[宋]苏轼《西湖》词云："解鞍欹枕绿杨桥。"

⑮**开、落**：指花开花落。[宋]辛弃疾《游武夷，作棹歌呈晦翁》诗云："花开花落无寻处，仿佛吹箫月夜闻。"

⑯**暗、昭**：冥昭瞢暗，指昼夜未分的混沌状态。**冥**：昏暗；**昭**：明亮。**瞢暗**：昼夜未分。[战国楚]屈原《楚辞·天问》云："冥昭瞢暗，谁能极之？"

⑰**赵瑟**：战国时期，秦昭王约赵惠文王会于渑池。蔺相如随赵王赴会。饮酒间，恃强凌弱的秦王令赵王鼓瑟。赵王忍辱弹瑟。秦国御史大夫立即命秦御史写下："某年月日，秦王与赵王会饮，令赵王鼓瑟。"蔺相如则

趋前说:"赵王窃闻秦王善为秦声,请秦王奏盆缻(瓦罐),以相娱乐。"秦王怒,不许。蔺相如上前捧缻,跪请秦王说:"五步之内,相如请得以颈血溅大王矣!"秦王左右欲杀相如,相如张目呵斥,左右皆退。秦王只好不高兴地敲了一下瓦罐。蔺相如令赵御史写下:"某年月日,秦王为赵王击缻。"接着,秦之群臣请以赵之十五城为秦王拜寿,相如则请秦以咸阳为赵王祝寿。蔺相如始终未向强秦屈服。(见《史记·廉颇蔺相如列传》)**虞韶**:指古代帝王虞舜所作之五弦琴《南风歌》:"南风之熏(和暖)兮,可解吾民之愠(忧郁)兮;南风之时(应时)兮,可阜(丰富)吾民之财兮。"虞韶"言舜能承继尧之德",反映了当时的太平盛世。《论语·述而》云:"[孔子]在齐(齐国)闻韶,三月不知肉味。"

⑱**轺车**:一匹马驾的轻便军用车。《晋书·舆服志》:"(轺车)古之时军车也。一马曰轺车,二马曰轺传。"**驿骑**:古代传递信息的驿站所用之马。[宋]苏辙《次韵子瞻和渊明饮酒》诗云:"边候失晨夜,驿骑驰中涂。"

⑲**锦绣**:华丽的丝织品。《汉书·景帝纪》曰:"锦绣纂组,害女红者也……女红害则寒(贫寒)之原(开始;根源)也。"**琼瑶**:洁白的美玉。《诗经·卫风·木瓜》曰:"投我以木桃,报之以琼瑶。"

⑳**羞攘臂**:讥笑振臂搏虎的勇士冯妇。**羞**:讥笑。一天,一群人追赶一只老虎,虎逃到山下转弯处,无人敢于靠近它。这时,冯妇驾车走来,卷袖挥臂,下车与虎搏斗,众人称赞冯妇的勇敢,而个别读书人却讥笑他鲁莽。(见《孟子·尽心下》)

㉑**懒折腰**:陶渊明任彭泽令时,郡府派督邮来巡察。下属建议陶渊明束带出迎,陶渊明说:"吾不能为五斗米来折腰,拳拳事乡里小人。"随后便辞去县令而隐居五柳宅。(见《晋书·陶潜传》)

㉒**范甑**:范冉的炊具。东汉范冉(一作范丹),字史云,精通五经。汉桓帝封他当莱芜长,拒受。他生活贫苦,有时绝粮,多日断炊,炊具生尘。时人谣传:"甑(古代煮食用的炊具)中生尘范史云,釜中生鱼范莱芜。"(见《汉书·范冉传》)**颜瓢**:颜回的饮具。孔子弟子颜回生活十分俭朴,"一箪(盛

饭竹器）食，一瓢饮，在陋巷，人不堪其忧，回也不改其乐。"（见《论语·雍也》）

㉓**寒天鸳帐酒**：宋代学士陶谷之妾，原是党进（太尉）的家姬。一天下雪，陶谷取雪水煮茶给其妾吃，并问妾："在党家享受过这种快乐吗？"妾曰："党进是个粗人武夫，怎知给此乐；但能在销金帐（用金线装饰的帐子）底下逍遥，浅斟低唱，饮羊羔美酒。"陶谷自愧无此豪华。（见《书言故事·奢豪》）

㉔**夜月凤台箫**：神话传说，春秋时期，有个叫萧史的人，善吹箫，能吹鸾凤之音。秦穆公之女弄玉也爱吹箫，穆公便把弄玉嫁给了萧史，并筑凤台给他们居住。萧史遂教弄玉作凤鸣。许久，竟引来凤凰至其屋。数十年后，萧史乘龙，弄玉乘凤，一起随凤凰升天而去。（见《列仙传》）

㉕**舞女腰肢杨柳软**：形容舞女身段柔软。[元]张可久《梧叶儿》曲云："芙蓉面，杨柳腰，无物比妖娆。"

㉖**佳人颜貌海棠娇**：形容女子相貌美丽。[宋]陈三屿《海棠》诗云："移根千里入名园，酒晕红娇（酒后面红如海棠花）气欲昏。待得太真（杨贵妃的法号）春睡醒，风光已不似开元（唐玄宗盛世年号）。"[清]洪升《贺新郎·长生殿》："你看鱼钥闭，龙帷掩，那杨妃呵，似海棠睡足增娇艳。"

㉗**豪客寻春，南陌草青香阵阵**：这是写春日郊游。名曰踏青或踏春。后世多以清明出游为踏青。**南陌**：南郊道路。[宋]苏辙《踏青》诗云："江上冰消岸草青，三三五五踏青行。"

㉘**闲人避暑，东堂蕉绿影摇摇**：这是写盛夏避暑。**闲人**：清闲少事的人。**东堂**：古时习射的地方。夏季这里芭蕉树浓绿，适宜乘凉习射。《南史·庾悦传》云："刘毅家在京口，酷贫，尝与乡曲（乡下）士大夫往东堂共射。"

㉙**班、马**：**班**：指东汉史学家、文学家班固，《汉书》的作者。**马**：指西汉史学家、文学家司马迁，《史记》的作者。

㉚**董、晁**：**董**：指西汉哲学家董仲舒。**晁**：指西汉政论家晁错。

㉛**夏昼**：夏日。[南朝宋]谢灵运《道路忆山中》："不怨秋夕长，常苦

夏日短。"**春宵**：春夜。[宋]苏轼《春夜》诗云："春宵一刻值千金，花有清香月有阴。"

㉜**雷声、电影**：电闪雷鸣。[宋]楼锷《浣溪沙·双桧堂》词云："夏半阳乌景最长，小池不断藕花香。电影雷声催急雨，十分凉。"[唐]宋之问《内题赋得巫山雨》诗云："电影江前落，雷声峡外长。"

㉝**麦穗**：麦茎顶端的花和果实。《后汉书·张堪传》云："百姓歌曰：'桑无附枝，麦穗两歧（一茎长两穗），张君为政，乐不可支。'"**禾苗**：谷类作物的幼苗。《晏子春秋·谏下二》云："不为草木伤禽兽，不为野草伤禾苗。"

㉞**八千路**：历程遥远而艰辛。宋代名将岳飞《满江红》词云："三十功名尘与土，八千里路云和月。"

㉟**廿四桥**：传说古时扬州有二十四位美女在一桥上吹箫，因此命名该桥为"廿四桥"，即今之吴家砖桥，又名红药桥。另一说古时扬州有二十四座桥，扬州方言里"廿"为"多"意，"廿四桥"即很多桥的意思。[唐]杜牧《寄扬州韩绰判官》诗云："青山隐隐水迢迢，秋尽江南草未凋。二十四桥明月夜，玉人何处教吹箫。"八十年代，扬州在瘦西湖景区内建一小拱桥，两头各有二十四层台阶，名为廿四桥。

㊱**总角**：幼童头发分两边向上扎成形状如羊角的发辫。**垂髫**：幼童发辫下垂。[晋]陶渊明《桃花源记》云："黄发垂髫，并怡然自乐。"

㊲**露桃匀嫩脸**：粉妆的脸蛋像仙桃一样娇嫩。**露桃**：桃花。宋朝欧阳修的《醉蓬莱》词云："见羞容敛翠，嫩脸匀红。"

㊳**风柳舞纤腰**：起舞的细腰像摇柳一样柔软。唐代诗人贺知章写有一首著名的《咏柳》诗："碧玉妆成一树高，万条垂下绿丝绦。不知细叶谁裁出，二月春风似剪刀。"

㊴**贾谊赋成伤鹏鸟**：西汉太中大夫贾谊在朝中受排挤，被贬任长沙王太傅。后来，有鹏鸟（像猫头鹰）飞入他的屋内，以为不祥之兆。贾谊感伤身世不顺，遂作《鹏鸟赋》抒怀。（见《汉书·贾谊传》）

㊵**周公诗就托鸱鸮**：周武王死后，周公旦辅佐成王摄政，殷纣王的儿

子武庚拉拢管叔、蔡叔叛乱。周公出兵东征,平定了叛乱后,成王不解周公之志,周公遂作《鸱鸮》一文,假借鸱鸮鸟语,表明自己对周室的忠心。(见《诗经·豳风·鸱鸮》)

㊶**幽寺寻僧,逸兴岂知俄尔尽**:访僧心意满足,放逸兴致遂退。**逸兴**:超逸豪放的兴致。[唐]杨凝《寻僧元皎因病》诗云:"话尽山中事,归当月上时。"[宋]翁卷《寻僧》诗云:"秋净日晖晖,闲行风满衣。寻僧虽不遇,折得菊花归。"

㊷**长亭送客,离魂不觉黯然消**:送客情谊话尽,离别伤怀难消。**离魂**:离别的思绪。[唐]刘禹锡《别苏州二首》诗云:"流水阊门外,秋风吹柳条。从来送客处,今日自魂销(通'消')。"古时,四川简阳境内,有座迎送客人的"情尽桥"。唐代诗人雍陶任简州刺史时,认为"情尽"不妥,遂作《题情尽桥》诗一首,曰:"从来只有情难尽,何事(凭什么)名(命名)为情尽桥?自此改名为折柳('折柳桥',类比西安东灞桥折柳送客的'销魂桥'),任他离恨一条条。"

萧韵部代表字

髾	条	迢	鹏	彫	雕	凋	刁	貂	挑	箫	萧
尧	僚	寮	撩	寥	辽	聊	浇	枭	调	苕	跳
焦	娇	骄	嚣	潮	朝	超	销	绡	宵	消	霄
招	昭	韶	瑶	瑶	摇	遥	遥	烧	饶	饶	椒
鸮	潇	逍	飘	妖	乔	腰	猫	猫	桡	镳	瓢
邀	幺	夭	嘌	獠	缭	鹩	鹩	鹩	桃	僬	骁
徼	剽	漂	嫖	飙	标	燋	侨	樵	姚	鹪	要

萧韵律诗例选

秋日赴阙题潼关驿楼

[唐] 许　浑

红叶晚萧萧，长亭酒一瓢。
残云归太华，疏雨过中条。
树色随山迥，河声入海遥。
帝乡明日到，犹自梦渔樵。

读写诗词常识

词和流派

　　词是"曲子词"的简称，起于唐代，盛于宋代。它上承唐诗，下启元曲，是我国诗歌的主要形式之一，也是格律诗的另一种形式。起初词是配乐的歌词，有曲调，特点是"倚声填词"，是能唱的；形式上看是"调有定格，字有定数，韵有定声"。到南宋时期，逐渐与音乐脱离，"词"不再用来歌唱，而成为一种独立的具有特殊格式的文学体裁。

　　词在我国文学史上最灿烂的时期是宋代，仅《全宋词》书就有一万九千九百多首。

　　词从风格上看，分两大流派：婉约派和豪放派。柳永、晏殊、欧阳修、秦观、周邦彦、李清照等词人的词风属于婉约派，艺术风格"词情蕴藉"，多为抒发悲观失望，个人哀怨，儿女私情，离愁别恨的消极情结。而以苏轼为代表的豪放派则是冲破这种限于个人失意伤感的狭窄范围，把词的内容扩展到大社会的方方面面，题材多种多样，可谓"无意不可入，无事不可言"。其艺术风格则是"气象恢弘",为词坛带来了新的气象,为后代词苑开拓了新的创作道路。

婉约派词例:

雨霖铃

[宋] 柳　永

　　寒蝉凄切,对长亭晚,骤雨初歇。都门帐饮无绪,留恋处、兰舟催发。执手相看泪眼,竟无语凝噎。念去去千里烟波,暮霭沉沉楚天阔。

　　多情自古伤离别,更那堪冷落清秋节!今宵酒醒何处,杨柳岸晓风残月。此去经年,应是良辰好景虚设。便纵有千种风情,更与何人说!

豪放派词例:

念奴娇·赤壁怀古

[宋] 苏　轼

　　大江东去,浪淘尽,千古风流人物。故垒西边,人道是,三国周郎赤壁。乱石穿空,惊涛拍岸,卷起千堆雪。江山如画,一时多少豪杰!

　　遥想公瑾当年,小乔初嫁了,雄姿英发。羽扇纶巾,谈笑间、樯橹灰飞烟灭。故国神游,多情应笑我,早生华发。人间如梦,一樽还酹江月。

　　上面柳永词结构严密,心理刻画细致,抒情伤感,适合佳人曼声低唱,社会意义不大。而苏轼的词气势雄伟豪迈,一泻千里,给人以热爱生活、抱负远大,既浪漫又现实的感情传达,适合壮士引吭高歌。这两派词风的思想境界与写作技巧区别很大。

三 肴

风对雅①，象对爻②，巨蟒对长蛟③。天文对地理④，蟋蟀对螵蛸⑤。龙天矫⑥，虎咆哮⑦，北学对东胶⑧。筑台须垒土⑨，成屋必诛茅⑩。潘岳不忘秋兴赋⑪，边韶常被昼眠嘲⑫。抚养群黎，已见国家隆治⑬；滋生万物，方知天地泰交⑭。

蛇对虺⑮，蜃对蛟⑯，麟薮对鹊巢⑰。风声对月色⑱，麦穗对桑苞⑲。何妥难⑳，子云嘲㉑，楚甸对商郊㉒。五音惟耳听㉓，万虑在心包㉔。葛被汤征因仇饷[25]，楚遭齐伐责包茅[26]。
高矣若天，洵是圣人大道[27]；淡而如水，实为君子神交[28]。
牛对马，犬对猫，旨酒对嘉肴[29]。桃红对柳绿[30]，竹叶对松梢。
藜杖叟[31]，布衣樵[32]，北野对东郊。白驹形皎皎[33]，黄鸟语交交[34]。花圃春残无客到[35]，柴门夜永有僧敲[36]。墙畔佳人，飘扬竞把秋千舞[37]；楼前公子，笑语争将蹴鞠抛[38]。

译文

风对雅，卦对爻，巨蟒对苍龙。天文对地理，蟋蟀对螳螂。龙腾跃，虎咆哮，北学对东胶。建筑高台必须先垫土，造房苇棚必须先理茅。众人熟知才貌双全的潘岳著有《秋声赋》，边韶满腹经纶白天瞌睡常被人嘲笑。安抚好黎民百姓，就会看到国家昌盛；万物繁茂，就知天地阴阳交泰好年景。

　　毒蛇对毒虫，黑厮对蛟龙，麒麟的沼泽对喜鹊的窝巢。风声对月色，摇摆麦穗对牢稳桑苞。何妥发难元善，扬雄撰写《太玄经》不怕嘲笑，楚国城外对牧野商郊。五音要用耳细听，万般思虑纠结于心包。葛国贪婪无理被商汤王灭，齐国伐楚是因楚违规不交青茅。圣贤的道理像天一样高远；君子之间的交情如水般平淡。

　　牛对马，狗对猫，美酒对佳肴。桃红对柳绿，竹子叶对松树梢。老叟拄木拐杖，樵夫穿粗布袄，北部原野对东边城郊。白马驹的毛洁白有光泽，黄莺的叫声清脆又和谐。春末花园无人到，柴门深夜有僧人敲。墙边姑娘潇洒打秋千；楼前公子兴高踢鞠抛。

探源 解意

①**风、雅**：《诗经》一书内容分风、大雅、小雅和颂四个部分，谓之"四诗"。

②**象、爻**：《周易》中组成每卦的长短符号，谓之"爻"。"—"叫阳爻，用九表示；"– –"叫阴爻，用六表示。每三爻组成一卦，共可组成八卦。每卦所表示的象征意义，谓之"象"。总论一卦之象的叫卦象，又叫"大象"；只论一爻之象的叫爻象，又叫"小象"。

③**巨蟒**：大蛇。《尔雅·释鱼》云："蟒，王蛇。"《注》："蟒，蛇最大者，故曰王蛇。" **长蛟**：蛟龙，其形似传说中的龙，故称蛟龙。《山海经·注》云："似龙……大者十数围，卵如一二石瓮，能吞人。"

④**天文**：日月星辰等天体在宇宙间分布运行的现象。《易经·贲》卦云："观乎天文，以察时变。" **地理**：山川土地的环境形势。《易经·系辞上》云："仰以观于天文，俯以察于地理。"

⑤**蟋蟀**：又名促织、蛐蛐。《诗经·唐风·蟋蟀》云："蟋蟀在堂（屋），岁聿（将要）其莫（通'暮'，末期）。" **螵蛸**：螳螂的卵房。《本草纲

目·虫部一》云："[螳螂]深秋乳子作房粘着枝上，即螵蛸也。房长寸许，大如拇指，其内重重有隔房，每房有子如蛆。"

⑥**龙天矫**：蛟龙曲绕。[汉]高诱《淮南鸿烈解·修务》云："龙天矫，燕枝拘（固守）。"

⑦**虎咆哮**：猛虎怒吼。[唐]刘锡禹《壮士行》诗云："阴风振寒郊，猛虎正咆哮。"

⑧**北学**：夏商周三朝的最高学府分东西南北学和太学五类。[清]许宗彦《记南北学》云："经学自东晋后，分为南北。自唐以后，则有南学而无北学。"**东胶**：西周时期，大学称东胶，亦称东序，位于国中王宫之东。《礼记·王制》云："周人养国老于东胶，养庶老于虞庠（西周的小学称'虞庠'，位于国中之西）。"

⑨**筑台须垒土**：筑台：建筑高台。《尔雅·释宫》载："四方而高曰台。"《老子·六十四章》云："九层之台，起于累（通'垒'，堆积）土。"

⑩**成屋必诛茅**：诛茅：剪茅草造房子。[唐]杜甫《楠树为风雨所拔叹》诗云："诛茅卜居总为此，五月仿佛闻寒蝉。"

⑪**潘岳不忘秋兴赋**：西晋文学家潘岳，又名潘安，字安仁。曾任河阳令、著作郎。善写诗赋，与陆机齐名，词藻华丽。因秋日而感怀，著作《秋兴赋》。（见《晋书·潘安传》）

⑫**边韶常被昼眠嘲**：东汉经学家边韶，字孝先，利口善辩，白天好眠。其弟子偷笑他："边孝先，腹便便，懒读书，但欲眠。"边韶闻听嘲笑后，对曰："边为姓，孝为字，腹便便，五经笥（肚大如袋是因装五经多）；但欲眠，思经事，寐与周公通梦，静与孔子同意；师而可嘲，出何典记？"嘲者大惭。（见《后汉书·边韶传》）

⑬**抚养群黎，已见国家隆治**：[汉]班固《东都赋》云："迁都改邑，有殷宗（商汤第九代孙盘庚，他即位后，把商都从奄，即今山东曲阜，迁到殷（今河南安阳），使商复兴，诸侯来朝）中兴之则焉；即土之中，有周成（周公旦辅佐周成王，营建东都洛阳，建立明德慎罚的典章制度，发展农业，国家兴盛）隆平之制焉。"

⑭**滋生万物，方知天地泰交**：《周易·泰》云："天地交，泰（天地阴阳

二气相交和谐,风调雨顺,万物丰茂,天下太平)。"

⑮虺:毒蛇。《楚辞·天问》云:"雄虺九首,儵忽(极快)焉在?"

⑯蜃:传说是一种能吐气成海市蜃楼的蛟。[唐]王维《送秘书晁监还日本国序》云:"黄雀之风动地,黑蜃之气成云。"

⑰麟薮:麒麟聚集之地。《礼记·礼运》云:"凤凰麒麟,皆在郊棷(同'薮',长野草的沼泽);龟龙在宫沼。"鹊巢:喜鹊窝。《诗经·召南·鹊巢》云:"维鹊有巢,维鸠居之(斑鸠笨拙,已不筑巢,抢占鹊巢而居)。"

⑱风声:传播好风气。《尚书·毕命》云:"彰善瘅(憎恨)恶,树之风声。"成语:立其善风,扬其善声。月色:月光。[唐]李华《吊古战场文》云:"日光寒兮草短,月色苦兮霜白。"

⑲麦穗:麦子的穗。《后汉书·张堪传》云:"百姓歌曰:'桑无附枝,麦穗两歧;张君为政,乐不可支。'"桑苞:桑树的本干。《周易·否》注疏云:"苞,本也。凡物系于桑之苞本则牢固也。"

⑳何妥难:隋代经学家何妥,八岁入国子学,后任国子博士。好议论别人的是非。国子祭酒(国子监之主管)元善,"通涉五经,尤明左氏传",名望虽在何妥之下,但风度宽容有涵养,后生听顺。一次,元善给众儒讲《春秋》,何妥当场援引古今难解之题向元善发问,元善有多题答不出来。二人从此产生隔阂。(见《隋书·元善传》)

㉑子云嘲:汉哀帝时,哲学家扬雄(字子云)撰写《太玄经》,有人嘲笑他还不懂玄学,竟要撰《太玄经》。因此,扬雄又写《解嘲》一书,予以反驳。(见扬雄《解嘲》)

㉒甸、郊:古代在城外加筑一道城墙为之郭,也叫外城。郭外一百里内的地域称为郊;郊外一百里内的地域称为"甸"。《左传·襄公二十一年》注:"郭外曰郊,郊外曰甸。"

㉓五音惟耳听:五音:亦作"五声",即宫、商、角、徵、羽。《吕氏春秋·孝行》:"正大律,和五声,杂八音,养耳之道也。"

㉔万虑在心包:古时人们认为考虑问题的思维器官是心包。心包是包裹心脏的膜性囊,位于两肺之间,膈的上面。《礼记·大学疏》:"总包万

虑谓之心。"[隋]杨上善《黄帝内经太素》注："心外有脂包裹其心，名曰心包。"

㉕**葛被汤征因仇饷**：商朝都城在亳（今山东曹县南），与葛国为邻。葛伯（国君）放纵，不祭祀祖先。商汤王问其原因，葛伯说没有牛羊祭品。商汤赠给葛伯一些牛羊，但葛伯偷着把牛羊自食了，并说还没有谷米祭品呢。商汤又派人去葛地帮种谷物，派弱小儿童给耕者送饭。但葛伯竟派人去抢粮，并杀死送饭儿童。于是商汤王出兵灭掉了葛国。这就是《尚书》上说的"葛伯仇饷"。（见《孟子·滕文公下》）

㉖**楚遭齐伐责包茅**：春秋时期，齐桓公灭掉蔡国以后，又来伐楚。楚王说："齐处北海，楚在南海，风马牛不相及，为何来犯我？"齐国大臣管仲说："楚国不向齐国提供包茅，齐国无法滤酒供周王室作祭祀用。"（见《左传·僖公四年》）

㉗**高矣若天，洵是圣人大道**：孔子周游列国，但其道（主张）不为各国国君采用，弟子子贡建议说："夫子（孔子）道则高矣，美矣，宜若登天然似不可及也。何不使彼为可几及而日孳孳也（夫子的主张确实很高明、美善，但就像登天一样难以做到。为何不把它稍微降低得可以做到，而让人们天天努力实现它呢）？"（见《孟子·尽心上》）

㉘**淡而如水，实为君子神交**：《庄子·山木》云："君子之交淡若水，小人之交甘若醴（甜酒）；君子淡以亲（君子以淡泊名利交谊，心地亲近），小人甘以绝（小人以物质利益交往，利断义绝）。"

㉙**旨酒**：美酒。《诗经·小雅·鹿鸣》云："我有旨酒，以燕（通'宴'）乐嘉宾之心。"**嘉肴**：亦作佳肴。鱼、肉等美味荤菜。《礼记·学记》云："虽有嘉肴，弗（不）食，不知其旨（味美）也。"

㉚**桃红、柳绿**：形容春日景色。[唐]王维《田园乐》诗云："桃红复含宿雨，柳绿更带朝烟。"

㉛**藜杖叟**：拄拐杖的老人。汉成帝时刘向校书天禄阁，专精覃思（深思），有黄衣老人拄藜杖叩阁而进，刘向暗中独坐诵书，老人吹杖端烟燃见向，授五行洪范之文。（见《汉书·刘向传》）《晋书·山涛传》载：魏帝（曹

芳）赏赐给景帝（司马师）一件春服，景帝又把春服赐给山涛，并以涛母老迈，赐给藜杖（用藜木老茎制成的手杖）一枚。

㉜**布衣樵**：穿布衣的樵夫。

㉝**白驹形皎皎**：语出《诗经·小雅·白驹》："皎皎白驹（骏马），食我场苗。"

㉞**黄鸟语交交**：语出《诗经·秦风·黄鸟》："交交黄鸟（黄莺），止于桑。"

㉟**花圃春残无客到**：春尽花圃花落无人赏。[唐]白居易《微之宅残牡丹》诗云："残红（落花）零落无人赏，雨打风吹花不全。"

㊱**柴门夜永有僧敲**：夜深柴门紧掩僧敲门。**夜永**："永夜"，长夜。唐代诗人贾岛进京参加科举考试，在驴背上想出两句诗："鸟宿池边树，僧敲月下门。"起初想用"推"字，又觉"敲"字较好，并聚精会神地不断作"推"和"敲"的手势斟酌，拿不定主意。到京后，请教京兆尹韩愈，韩愈说："作敲字佳矣。"后人们以"推敲"作为诗词炼字的代称。（见《刘公嘉话》）

㊲**墙畔佳人，飘扬竞把秋千舞**：**秋千**：传统游戏器械。[宋]洪觉范《秋千》云："画架（彩画的秋千架）双裁翠络（绿色绳子）偏（来回偏向一边摆动），佳人春戏小楼前。飘扬血色裙拖地，荡送（打发；引逗）玉容人上天。"

㊳**楼前公子，笑语争将蹴鞠抛**：**蹴鞠**：中国古代的足球运动。[元]施耐庵《水浒传》第二回载：破落户浮浪公子高俅，善踢气球（足球类）。一天，他替王都尉去端王府送玉玩器，恰遇端王（宋哲宗之弟赵佶）正由三五个小黄门（官名）相伴在厅门外踢气球。气球飞向端王，端王没接着，旁观的高俅使个"鸳鸯拐"，踢给端王。端王惊叹高俅的球技，遂收为亲随。端王即帝位（宋徽宗）后，抬举高俅为"殿帅府太尉"。

肴韵部代表字

肴 巢 交 郊 茅 嘲 钞 包 胶 爻 苞 梢
蛟 教 庖 咆 坳 敲 胞 抛 鲛 崤 啁 鞘
抄 蟹 咻 哮

肴韵律诗例选

堂 成

[唐] 杜 甫

背郭堂成荫白茅，缘江路熟俯青郊。
桤林碍日吟风叶，笼竹和烟滴露梢。
暂止飞鸟将数子，频来语燕定新巢。
旁人错比扬雄宅，懒惰无心作解嘲。

读写诗词常识

词的分类

  词分两类，长的词，也就是慢曲子叫"慢"；短小的词称"令"。"慢"分中调和长调。字数适中的词叫中调，比较长的词叫长调。具体地说，五十八字以内的词，称为小令；从五十九字到九十一字的词，称为中调；九十二字以上的词，都称为长调。

  由于词长短形式不同，所以分段形式也不同。全词不分段的叫单调；由两段组成的叫双调，双调一般由两段组成，如同两段歌词一样；长调由于字数多，分三段的，也就是段落重叠三次的叫三叠，分四段的，重叠四次的叫四叠。四叠词很少。词的"段"不叫上下段，叫上下片或上阕、下阕，也不叫一叠二叠或者上叠下叠。

举例：

单调：

调啸词

[唐] 韦应物

河汉，河汉，晓挂秋城漫漫。愁人起望相思，江南塞北别离。离别，离别，河汉虽同路绝。

（换了三次韵，平仄韵交替。）

双调：

点绛唇

[宋] 李清照

蹴罢秋千，起来慵整纤纤手。露浓花瘦，薄汗轻衣透。

见有人来，袜刬金钗溜。和羞走，倚门回首，却把青梅嗅。

（上阕二十字，下阕二十一字，仄韵。）

三叠：

兰陵王·丙子送春

[宋] 刘辰翁

送春去，春去人间无路。秋千外，芳草连天，谁遣风沙暗南浦？依依甚意绪，漫忆海门飞絮。乱鸦过、斗转城荒，不见来时试灯处。

春去，最谁苦。但箭雁沉边，梁燕无主，杜鹃声里长门暮。想玉树凋土，泪盘如露。咸阳送客屡回顾，斜日未能度。

春去，尚来否？正江令恨别，庾信愁赋。苏堤尽日风和雨。叹神游故国，花记前度。 人生流落，顾孺子，共夜语。

（三片，句式不同，仄韵。）

四叠：

梁州令叠韵

[宋] 晁补之

田野闲来惯，睡起初惊晓燕。樵青走挂小帘钩，南园昨夜，细雨红芳遍。

平芜一带烟光浅，过尽南归。俱远，凭阑送目空肠断。

好景难常占，过眼韶华如箭。莫教鹍鸠送韶华，多情杨柳，为把长条绊。

清樽满酌谁为伴，花下提壶劝；何妨醉卧花底，愁容不上春风面。

（梁州令原为双调，加了一倍成四叠，九十九字。仄韵。四叠词很少。）

四 豪

琴对瑟[①],剑对刀,地迥对天高[②]。峨冠对博带[③],紫绶对绯袍[④]。煎异茗[⑤],酌香醪[⑥],虎兕对猿猱[⑦]。武夫攻骑射[⑧],野妇务蚕缫[⑨]。秋雨一川淇澳竹[⑩],春风两岸武陵桃[⑪]。螺髻青浓,楼外晚山千仞[⑫];鸭头绿腻,溪中春水半篙[⑬]。

刑对赏[⑭],贬对褒[⑮],钺斧对征袍[⑯]。梧桐对橘柚[⑰],枳棘对蓬蒿[⑱]。雷焕剑[⑲],吕虔刀[⑳],橄榄对葡萄[㉑]。一椽书舍小[㉒],百尺酒楼高[㉓]。李白能诗时秉笔[24]，刘伶爱酒每铺糟[25]。礼别尊卑，拱北众星常灿灿[26]；势分高下，朝东万水自滔滔[27]。

瓜对果，李对桃，犬子对羊羔。春分对夏至[28]，谷水对山涛[29]。双凤翼[29]，九牛毛[30]，主逸对臣劳[31]。水流无限阔[32]，山耸有余高[33]。雨打村童新牧笠[34]，尘生边将旧征袍[35]。俊士居官，荣列鹓鸿之序[36]；忠臣报国，誓殚犬马之劳[37]。

译文

琴对瑟，剑对刀，地阔对天高。高帽子对宽衣带，紫绶对红袍。沏香茶，斟美酒，老虎犀牛对猿和猱。将士善于骑马射箭，村妇精于缫丝养蚕。秋雨中淇河沿岸的竹子更茂盛，春风里武陵两岸的桃花更红艳。傍晚时分，楼外高山翠色重，就像女子的乌黑发髻高高耸起；春天，溪水映照着青山，碧绿的水波就像鸭头上的毛一样细密。

刑罚对奖赏，贬低对表扬，破斧头对征战袍。梧桐树对橘柚树，荆棘对杂草。雷焕丰城挖宝剑，吕虔宝刀送王祥，橄榄对葡萄。一间书舍小，百尺酒楼高。李白提笔即诗，刘伶喝酒成癖。礼有尊卑，北极星为天上众星之尊，所以众星灿灿围绕；地势西高东低，因此万条江河滔滔东流去。

瓜对果，李对桃，小狗对羊羔。春分对夏至，溪泉对山瀑。凤双翅，九牛毛，君主安逸对臣民辛劳。水流无限阔，山外还有山更高。雨点敲打牧童新斗笠，灰尘落满边塞将士旧战袍。杰出的人做官，自然会推荐贤士；忠臣报国，甘愿献犬马之劳。

探源 解意

①**琴、瑟**：两种弹奏乐器。《诗经·小雅·鹿鸣》云："我有嘉宾，鼓瑟鼓琴。"人们常用"琴瑟"比喻兄弟、朋友间的情谊融洽。[晋]潘岳《夏侯常侍诔》诗云："子之友悌（兄弟友爱），和如琴瑟。"

②**地迥、天高**：形容地域空间辽阔。[唐]王勃《滕王阁序》云："天高地迥，觉宇宙之无穷。"

③**峨冠、博带**：高帽子和阔衣带，是古代士大夫的装束。**峨**：高。**博**：宽阔。[元]关汉卿《谢天香》曲云："好觑谢氏，必定是峨冠博带一个名士大夫。"

④**紫绶**：古代丞相服上系有印章或玉石的紫色丝带。《汉书·百官公卿表》云："相国、丞相，皆秦官，皆金印紫绶。"**绯袍**：红色官袍。唐代文武官员，三品以上者服紫袍，束金玉带；四品服深绯色；五品服浅绯色，并束金带。（见《旧唐书·舆服志》）

⑤**煎异茗**：煮优质茶。**茗**：茶。[唐]黄滔《宿李少府园林》诗云："尝频异茗尘心净，议罢名山竹影移。"

⑥酌香醪：喝香浊酒。醪：带糟的酒。[宋]虞俦《用韵酬翟曾二倅和章》诗云："试呵冻笔还搜句，浅酌香醪未计巡。"

⑦虎兕：比喻凶恶残暴的人。《论语·季氏》云："虎兕（犀牛类）出于柙（笼子），龟玉毁于椟（匣子）中，是谁之过（过错）与？"猿猱：两种猿类，动作敏捷。[唐]李白《蜀道难》云："黄鹤之飞尚不得过，猿猱欲度愁攀援。"

⑧武夫攻骑射：将士从事骑马射箭。《礼记·月令》云："孟冬之月……天子乃命将帅讲武习射、御，角力。"

⑨野妇务蚕缫：农妇致力养蚕缫丝。[明]高季迪《养蚕词》诗云："新妇守箔（养蚕用竹器）女执筐，头髦（垂发）不梳一月忙……檐前缫车急作丝，又是夏税相催时。"

⑩秋雨一川淇澳竹：淇水岸边的绿竹。《诗经·卫风·淇奥》云："瞻彼淇（淇水，今淇河，古为黄河支流，位于河南省北部）奥（通'澳'，水边弯曲处），绿竹猗猗（茂盛而美观）。"

⑪春风两岸武陵桃：指陶渊明《桃花源记》中武陵溪两岸盛开的桃花。另据志怪小说《述异记·武陵桃》载，"武陵源在吴中，山中无他木，尽生桃李，俗呼为桃李原。原上有石洞，洞中有乳水。世传秦乱，吴人于此避难，食桃李实者，皆得仙去。"

⑫螺髻青浓，楼外晚山千仞：形容高山青翠，宛如发髻一样浓腻。[宋]辛弃疾《水龙吟》词云："遥岑（小而高的山）远目，献愁供恨，玉簪螺髻。"

⑬鸭头绿腻，溪中春水半篙：形容溪映青山，水像鸭头一样浓绿。[宋]苏轼《清远舟中寄耘老》诗云："觉（醒）来满眼是湖山，鸭绿波（绿色水波）摇凤凰影。"

⑭刑、赏：刑罚与奖赏。《国语·晋九》云："赏善罚奸，国之宪法也。"

⑮贬、褒：评论好坏。[晋]杜预《左传序》云："春秋虽以一字为褒贬，然皆须数句以成言。"

⑯**钺斧**：两种古代砍杀兵器，泛指征战杀戮。《国语·鲁上》云："大刑用甲兵，其次用斧钺。"**征袍**：出征将士穿的军服。[唐]李白《子夜吴歌·冬歌》诗云："明朝驿使发，一夜絮（往衣服、被褥里铺棉花）征袍。"

⑰**梧桐、橘柚**：梧桐微黄，橘柚深碧，是秋季苍寒的景色。[唐]李白《秋登宣城谢朓北楼》诗云："人烟寒橘柚，秋色老梧桐。"

⑱**枳棘**：枳树和棘树，二树多刺。《韩非子·外储左下》云："树枳棘者，成而刺人。"**蓬蒿**：蓬草与蒿草。《礼记·月令》云：孟春之月，"藜莠蓬蒿并兴"。

⑲**雷焕剑**：民间传说，晋代雷焕在豫章丰城监狱的屋基挖出龙泉、太阿两把宝剑，一把赠张华，一把留自用。后来，张华被诛，剑也丢失。雷焕死后，其子佩着父剑过延平津（今福建南平市东南）时，宝剑忽从腰间跃出坠入水中。入水寻时，见二剑化为二龙。（见《晋书·张华传》）

⑳**吕虔刀**：民间传说，三国魏徐州刺史吕虔有一宝刀，铸匠观看后说，佩此宝刀者，必当"三公"。吕虔把刀赠给了王祥，后王祥果然累迁大司农、司空、太尉，晋爵为公。王祥临终，把刀转授其弟王览，王览连任清河太守、太中大夫，也荣登三公之位。（见《晋书·王览传》）后人以"吕虔刀"为宝刀美称。

㉑**橄榄**：常绿乔木，果实可吃，也可入药。[宋]王禹偁《橄榄》云："江东多果实，橄榄称珍奇。北人将就酒，食之先颦眉。"**葡萄**：落叶藤本植物，果实可吃，也可酿酒。[明]李时珍《本草纲目·果五·葡萄》云："蜀中有绿葡萄，熟时色绿，云南所出者，大如枣，味尤佳。"

㉒**一椽书舍小**：**一椽舍**：一间小屋。这是《魏书·任城王传》中"居无一椽之室，家阙（同'缺'）儋石之粮"文意的化用。

㉓**百尺酒楼高**：**百尺楼**：泛指高楼。这是诗仙李白《夜宿山寺》中"危楼高百尺，手可摘星辰"诗句的化用。

㉔**李白能诗时秉笔**：**秉笔**：执笔写文章。唐代大诗人李白，触景生情，挥笔成诗。诗风雄奇豪放，想象丰富多彩，语言流转自然，音律和谐多变，达到了盛唐时期诗歌艺术的巅峰。（见《旧唐书·李白传》）

㉕**刘伶爱酒每餔糟**：西晋"竹林七贤"之一的刘伶，曾任建威将军，他性情放荡，不受拘束，主张无为而治，被认为无能而罢官。他嗜酒成性，每次饮酒，连酒糟一起吃掉，酩酊大醉方休。（见《晋书·刘伶传》）

㉖**礼别尊卑，拱北众星常灿灿**：古人认为北极星为众星之尊，故众星围绕北极星转。《论语·为政》云："为政以德，譬如北辰，居其所，而众星共（通'拱'，环卫）之。"

㉗**势分高下，朝东万水自滔滔**：我国地势大抵是西高东低，万条河流尽管弯弯曲曲，都将东流入海。[唐]杜甫《石犀行》云："天生江水向东流。"

㉘**春分、夏至**：农历二十四节气中的两个。春分之日，正当春季九十天之半，且昼夜长短平均，故称春分。夏至为公历六月二十一日或二十二日。这一天，地球北半球昼最长，夜最短；南半球则昼最短，夜最长。

㉙**双凤翼**：凤凰的两只翅膀。[唐]李商隐《无题》诗云："身无彩凤双飞翼，心有灵犀一点通。"

㉚**九牛毛**：九牛毛与九牛一毛，都是指两种事物轻重有别，但却是含义不同的两个成语。九牛毛是说，九条牛的重量与一根牛毛的重量差别太大，不可相比。[宋]苏轼《赵阅道高斋》诗云："乃知贤达与愚陋，岂直（只；止）相去九牛毛？"九牛一毛是说，九牛身上掉一根毛，无损轻重，无关大局。《史记》作者司马迁，祖上世代无权无势，自己也只是个"为世俗之人所轻视"的文史、历法小官，统治者随时可以把他当蝼蚁一样捻死，"假令仆（司马迁自谦）伏法受诛，若九牛亡一毛，与蝼蚁何异？"（见《汉书·司马迁传》）

㉛**主逸、臣劳**：君主安逸，臣民辛劳。明君则与臣民同劳逸。《左传·哀公元年》云："勤恤其民，以与之劳逸。"

㉜**水流无限阔**：水流无边无际，比喻路程遥远而艰难。[宋]万俟咏《诉衷情》词云："山不尽，水无涯，望中赊（回望一路艰难跋涉的迢迢归程和浩阔风尘。赊，远而阔）。"诗人常用"水流无限"比喻失意女子无限伤感的情怀。[唐]刘禹锡《竹枝调》云："山桃红花满上头，蜀江春水拍山流。花红易衰

似郎意，水流无限似侬愁。"

㉝ **山耸有余高**：高山之外山更高。[宋]林升《题临安邸》诗云："山外青山楼外楼，西湖歌舞几时休？"

㉞ **雨打村童新牧笠**：雨水连绵不断，牧童的斗笠经常换新。[唐]李涉《牧童词》云："荷蓑出林春雨细，芦管卧吹莎草绿。"

㉟ **尘生边将旧征袍**：边防久无战事，搁置的征袍落满灰尘。[明]汤显祖《牡丹亭》："胡尘（北方胡地战场扬起的沙尘）染葱征袍。"

㊱ **俊士居官，荣列鹓鸿之序**：鹓鸿：类似凤凰之类的鸟。比喻贤才、高贵的人。"荣列鹓鸿之序"形容朝官班行的行列。[唐]高适《途中酬李少府赠别之作》："鹓鸿列霄汉，燕雀何翩翩。"[宋]苏轼《次韵答邦直子由》："闻道鹓鸿满台阁，网罗应不到沙鸥。"

㊲ **忠臣报国，誓殚犬马之劳**：旧时的臣仆把自己比作君王的犬马，甘愿终身效劳。《三国志·魏书·华歆传》云："臣备位宰相，老病日笃，犬马之命将尽。"

豪韵部代表字

豪	毫	操	髦	條	猱	褒	鳌	刀	萄	桃	糟
旄	袍	挠	蒿	涛	皋	号	陶	曹	遭	嗷	臊
羔	高	嘈	搔	毛	滔	骚	韬	艚	饕	洮	淘
叨	咷	篙	熬	遨	翱	缲	膏	牢	醪	逃	劳
濠	壕										

蒙韵律诗例选

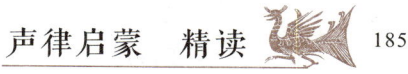

咏柳

[唐]贺知章

碧玉妆成一树高，万条垂下绿丝绦。
不知细叶谁裁出，二月春风似剪刀。

读写诗词常识

词牌　词调

词牌：

就是词的格式的名称。律诗只有四个格式，而词有一千多个格式。每一个格式起的名字就叫词牌。同一个格式往往有几个变体，有时候同一个格式有几种名称，是因各家叫名不同。

词牌大致来源三种情况：

(1)本来是乐曲的名称。如《菩萨蛮》《西江月》《蝶恋花》等。

(2)摘取一首词中的几个字作为词牌。如《忆秦娥》《谢秋娘》《念奴娇》等。

(3)本来就是词的题目。如《踏歌词》《舞马词》《渔歌子》等。

大多数词有自己词的标题，词牌代表格式，词题代表内容，两者不发生关系。词牌《浪淘沙》完全可以不讲浪不讲沙。

词调：

词最初叫"曲子词"，是配音乐的，每个词牌都有自己的乐谱，每首乐谱当然都有自己的调门儿，就像现在说的某首歌曲或乐曲标的是c调f调d调的意思一样，要有一个发声和演奏的定调标准。词调就是曲子词的声调。不过宋代叫宫调。宋代制有七音十二律七十二调八十四宫，字调与诗词韵律是相通的，什么宫调适宜什么场合演唱是有规定的。自从词与音乐分离以后，词调提得不多，只说词牌了。

五 歌

山对水，海对河，雪竹对烟萝①。新欢对旧恨②，痛饮对高歌③。琴再抚④，剑重磨⑤，媚柳对枯荷⑥。荷盘从雨洗⑦，柳线任风搓⑧。饮酒岂知欹醉帽⑨，观棋不觉烂樵柯⑩。山寺清幽，直踞千寻云岭⑪；江楼宏敞，遥临万顷烟波⑫。

繁对简，少对多，里咏对途歌⑬。宦情对旅况⑭，银鹿对铜驼⑮。刺史鸭⑯，将军鹅⑰，玉律对金科⑱。古堤垂罩柳⑲，曲沼长新荷⑳。命驾吕因思叔夜[21]，引车蔺为避廉颇[22]。千尺水帘，古今无人能手卷[23]；一轮月镜，乾坤何匠用功磨[24]？

霜对露，浪对波，径菊对池荷[25]。酒阑对歌罢[26]，日暖对风和[27]。梁父咏[28]，楚狂歌[29]，放鹤对观鹅[30]。史才推永叔[31]，刀笔仰萧何[32]。种橘犹嫌千树少[33]，寄梅谁言一枝多[34]。林下风生，黄发村童携牧笠[35]；江头日出，皓眉溪叟晒渔蓑[36]。

译文

　　山对水，海对河，雪中的竹子对烟雾中的松萝。新欢对旧恨，痛快饮酒对大声唱歌。再次弹琴，重新磨剑，妩媚柳条对枯萎的残荷。圆盘荷叶任雨洗，如线柳条随风搓。刘伶醉酒不知歪戴帽,王质观棋不知已过数年斧柄已烂。清幽寺院坐落在高高的山岭上;雄伟楼阁屹立江岸邻万顷烟波。

繁对简,少对多,民间小调对大雅颂歌。做官的情形对旅途的漂泊,宫门的银质鹿对铜骆驼。韦应物爱养鸭,王羲之性爱鹅,固定的法令对不变的规则。古堤垂长柳,曲沼长满荷。吕安驾车造访嵇康不遇,蔺相如大街遇廉颇避让。水帘瀑布,今古无人能手卷;一轮明月,天下没有工匠会打磨。

霜对露,浪对波,路边的菊花对池中的荷。酒喝完对歌唱罢,天暖对风和。诸葛亮作《梁父吟》,楚徒陆通唱狂歌,张天骥清晨放鹤对王羲之赠字换鹅。史学当推欧阳修,文笔谁不敬萧何。李衡种橘千株还嫌少,陆凯寄梅一枝含义多。风起要下雨,野外牧童赶快戴斗笠;雨过天晴,白眉渔翁赶忙晾晒蓑衣。

探源 解意

①**雪竹**:雪中竹子。[唐]郑谷《送进士韦序赴举》诗云:"秋山晚水吟情远,雪竹风松醉格高。"**烟萝**:草木茂密,烟聚萝缠。[唐]李端《寄庐山真上人》诗云:"更说谢公南座好,烟萝到地几重阴。"

②**新欢**:新交的恋人。[明]何景明《悼往》诗云:"何能眷(眷恋)新欢,弃掷故所怀?"**旧恨**:旧有的仇恨。[宋]柳永《内家娇》词云:"奈少年,自有新仇旧恨,消遣无计。"

③**痛饮**:尽情饮酒。[唐]李白《送殷淑》诗云:"痛饮龙筇下,灯青月复寒。"**高歌**:高声歌唱。[唐]许浑《秋思》诗云:"高歌一曲掩明镜,昨日少年今白头。"

④**琴再抚**:春秋时期,晋国乐师师旷,目盲,精于辨音,尤善弹琴,抚奏清角(琴曲名),"初奏,云从西北方起;再奏,大风至,大雨随来。"(见《韩非子·十过》)

⑤**剑重磨**:宝剑反复磨砺。[元]马谦斋《柳营曲·叹世》曲云:"手自搓,剑频磨,古来丈夫天下多。"

⑥**媚柳**：形容女子娇娆妩媚。[清]褚人获《隋唐演义》云："[炀帝]又选三百二十名风流潇洒、柳娇花媚的，充作美人。"**枯荷**：枯萎的荷叶。比喻女子容颜衰老。[元]刘秉忠《干荷叶》曲云："干荷叶，色苍苍，老柄风摇荡。减了清香，越添黄。"

⑦**荷盘从雨洗**：如圆盘的荷叶任由风吹雨打。这是金朝元好问《骤雨打新荷》中"骤雨过，珍珠（比喻雨点）乱撒，打遍新荷"文意的化用。

⑧**柳线任风搓**：如线绳的柳条任凭风搓雨揉。[唐]韩偓《有诗呈吴越王》诗云："绿搓杨柳绵初软，红晕樱桃粉未干。"

⑨**饮酒岂知欹醉帽**：**欹**：斜；倾侧。阮籍到邻居酒店饮酒，喝醉后，就乌纱帽盖头，躺在老板娘身边酣睡。（参见本卷"一先"注⑳）

⑩**观棋不觉烂樵柯**：传说晋人王质到石室山（今浙江衢州烂柯山）砍柴，看到几个童子在下棋，便放下斧头观看。童子送给王质一枚似枣核的东西，含于口中，不觉饥饿。未久，童子问王质："你为何还不回家？"王质起身欲归，看斧，柄已经腐烂；回到村里，与己同龄者都已过世。（见任昉《述异记》）

⑪**山寺清幽，直踞千寻云岭**：清静的寺院坐落在直插云霄的高山上。古代以八尺为一寻，千寻是形容极高。**云岭**：泛指直插云霄的高山。诗仙李白《夜宿山寺》诗云："危楼高百尺，手可摘星辰。不敢高声语，恐惊天上人。"

⑫**江楼宏敞，遥临万顷烟波**：宏敞的江楼建筑在水面辽阔的江岸上。**万顷烟波**：形容雾霭苍茫的水面极为广阔。[唐]崔颢《黄鹤楼》诗云："昔人已乘黄鹤去，此地空余黄鹤楼……日暮乡关何处是？烟波江上使人愁。"[元]钱彦隽《富春江桐庐》诗云："桐君山下望层城，万顷烟波一叶轻。"

⑬**里咏、途歌**：形容国泰民安、百姓欢乐的景象。**里咏**：亦作"俚歌"，乡里民歌。**途歌**：大路歌；民歌。[南朝梁]沈约《齐故安陆昭王碑》云："老安少怀，涂歌里咏；莫不懽（同'欢'）若亲戚，芬若椒兰（芳香之物）。"[唐]刘禹锡《武陵书怀五十韵》诗云："照山畲火动，踏月俚歌

喧。"另有民间传说,夏禹三十岁还未婚,在涂山(一说是今浙江绍兴涂山;一说是今重庆巴县涂山)遇到九尾白狐,涂山百姓认为是吉兆,作歌颂扬,名为"涂山歌"。夏禹便娶涂山之女女娇为妻。(见《吴越春秋·越王无余外传》)

⑭**宦情**:宦情,做官的欲望。[南朝]谢灵运《拟魏太子邺中集·徐干序》云:"少无宦情,有箕颍(箕山和颍水,是隐士居住地的代称)之心事,故仕世多素辞。"**旅况**:旅途的景况。[明]高启《送丁孝廉之钱塘就简张著作方员外》诗云:"若见故人询旅况,知君解说不烦书。"

⑮**银鹿**:本指宫门前的银色铸像。唐代大书法家颜真卿的家僮名"银鹿",服侍颜真卿终生,后人以"银鹿"泛称仆人。[唐]李肇《唐国史补》云:"颜鲁公之在蔡州,再从侄岘家僮银鹿始终随。"**铜驼**:置于宫门寝殿前的铜铸骆驼。[宋]陆游《囚山》诗云:"此生终遣英雄笑,棘没铜驼六十年。"

⑯**刺史鸭**:唐代诗人韦应物,以写田园景物著名,寄情悠远,语言简淡。曾任江州、苏州刺史。喜爱养鸭,并称鸭子为"绿头公子"。(见《新唐书·韦应物传》)

⑰**将军鹅**:东晋书法家王羲之,出身贵族,官至右军将军。生性爱鹅。一次,去参观山阴道士养的好鹅。观后,要求买鹅。道士说:"请为我观(道院)写《道德经》(经查证,王羲之写给道士的是《黄庭经》,并非《道德经》),将以群鹅相赠。"羲之欣然写毕,提笼鹅而归。(见《晋书·王羲之传》)

⑱**玉律、金科**:亦作"金科玉条",形容科条法令的完美,是不可变更的信条。[前蜀]杜光庭《胡常侍修黄箓斋词》:"金科玉律,云篆瑶章,先万法以垂文。"[汉]扬雄《剧秦美新》:"懿律嘉量,金科玉条。"

⑲**古堤垂靽柳**:**靽柳**:垂柳。这是宋朝汪元量《鹧鸪天》中"苏堤(杭州西湖苏堤)十里柳丝垂"词意的化用。

⑳**曲沼长新荷**:**曲沼**:曲折迂回的池塘。这是宋朝司马光《新荷》中"新荷满沼绿"诗意的化用。

㉑**命驾吕因思叔夜**:晋代吕安与文学家嵇康(字叔夜)友善,每一相思,便千里驾访。一次,吕安上门造访嵇康,嵇康不在家,其兄嵇喜出迎,吕

安不入，在其门上题一"鳳（凤）"字而返，嵇喜不悦。"鳳"由"凡"、"鸟"二字组成，意在讽刺嵇喜是"凡鸟"（庸才）而非"凤"。（见《世说新语·简傲》）

㉒**引车蔺为避廉颇**：战国时期，赵国大夫蔺相如不畏强秦，完璧归赵，有大功，被封为相，位在大将军廉颇之上。廉颇不服，屡次阻拦相如车驾示威。蔺相如为维护赵国将相团结，以防外侵，一再改道回避廉颇。廉颇得知相如真意后，负荆向蔺相如请罪，传为"将相和"的著名史话。（见《史记·廉颇蔺相如列传》）

㉓**千尺水帘，古今无人能手卷**：宋朝朱熹（字元晦，号文公）写了一首《游水帘洞》诗云："水帘幽谷我来游，拂面飞泉最醒眸。一片水帘遮洞口，何人卷得上帘钩？"他的知友石墩写了一首《和文公韵》诗云："洞门千尺挂飞流，碎玉联珠冷喷漱。万古无人能手卷，紫萝为带月为钩。"

㉔**一轮月镜，乾坤何匠用功磨**：宋朝词人辛弃疾写了一首《建康中秋为吕叔潜赋》词云："一轮秋影转金波（月亮），飞镜又重磨。"元朝诗人张养浩和宋方壶也分别用发问句写诗，说明月亮光明不是人工磨出来的，是自然现象："一轮飞镜谁磨？照彻乾坤，印透山河。"（见张养浩《折桂令·中秋》）"一天蟾影（月亮）映婆娑（盘旋），万古谁将此镜磨？"（见宋方壶《水仙子·居庸关中秋对月》）

㉕**径菊**：菊园中的小路。[晋]陶渊明《归去来兮辞》云："三径就荒，松菊犹存。" **池荷**：种植荷花的池塘。[宋]黄庚《池荷》诗云："红藕花多映碧栏，秋风才起易凋残。池塘一段荣枯事，都被沙鸥冷眼看。"

㉖**酒阑、歌罢**：酒已喝完，歌亦唱罢。**阑**：残尽。[五代]毛文锡《恋情深》云："酒阑歌罢两沉沉，一笑动君心。"

㉗**日暖、风和**：阳春气候美好。[宋]朱熹《朱子语类·论语·可与共学章》云："常如风和日暖故好，变如迅雷烈风。"

㉘**梁父咏**：一作"梁甫吟"。梁甫：山名，在泰山下。"梁甫吟"是诸葛亮所写"二桃杀三士"的故事。春秋时期，齐景公有三个勇士，名叫公孙接、田开疆和古冶子。齐相晏婴对景公说，这三个人不忠不义，是"危国

之器，不若去之"。并出主意，让景公以二桃赠给他们三人，令他们论功食桃。公孙接和田开疆各取一桃，古冶子说："难道我的功劳不如你们？"公孙接、田开疆悔恨，说："取桃不让，是为贪；不死，无勇。"二人退桃，自刎而死。古冶子则说："吾不死，则不仁。"也拔剑自刎。（见《晏子春秋·谏下》）三勇士葬于梁甫山，故诸葛亮作《梁甫吟》（亦称《葬歌》）："一朝被谗言，二桃杀三士。"。

㉙**楚狂歌**：春秋末期，楚国政令无常，楚人陆通（字接舆）宁愿隐居，拒当朝官。他蓬头乱发，佯装疯狂，时人称其为"楚狂"。他责备孔子明知其道行不通，还要到处游说，并劝孔子隐居。《论语·微子》载：楚狂接舆在孔子身旁边走边唱道："凤（比喻孔子。凤凰盛世才现，世衰则隐）呀！凤呀！你的德行怎么如此衰落了？现在的国君不听劝，就等将来再说呗。退隐吧，现在的执政者太危险了。"（见[晋]皇甫谧《高士传·陆通》）

㉚**放鹤**：宋代张天骥有两只驯鹤，"旦放暮归"，筑亭于山下。苏轼为其作《放鹤亭记》（放鹤亭，在江苏铜山县南云龙山下）。（见《东坡文集·事略》）**观鹅**：王羲之赠字换鹅。（参见本韵注⑰）

㉛**史才推永叔**：北宋史学家、文学家欧阳修，字永叔，工书法、擅文章，是北宋古文运动领袖，"唐宋八大家"之一。他文史知识水平很高，曾与宋祁合修《新唐书》，独撰《新五代史》。（见《宋史·欧阳修传》）

㉜**刀笔仰萧何**：刀笔："刀笔吏"的简称，形容其笔力犹如能杀伤人的利刃。西汉重臣萧何，曾任秦朝文书小吏，后来辅佐刘邦推翻秦朝。楚汉战争中，推荐韩信与刘邦合攻项羽，灭了西楚。为巩固汉朝政权，萧何依据秦法制订汉法《九章律》。（见《史记·萧相国世家》）

㉝**种橘犹嫌千树少**：三国时期，吴国丹阳太守李衡，派人在武陵龙阳（今湖南汉寿）泛洲上建宅，种甘橘千株。临死，他对儿子说："当初，你母亲厌烦我治家，所以我们家很穷。不过，泛洲上尚有千头木奴（指橘树），足够你吃用了。"（见《三国志·吴书·孙休传》）

㉞**寄梅谁言一枝多**：南北朝时，宋国陆凯与范晔友善，曾自江南寄梅花一枝给远在长安的范晔，并赠诗一首："折花逢驿使，寄与陇头人。江南

无所有，聊赠一枝春。"（见南朝盛弘之《荆州记》）

㉟**林下风生，黄发村童携牧笠**：风起雨来，林中黄发牧童急忙扶斗笠。**林下**：树林之下，泛指草木丛生的野外。这是唐代崔道融《牧竖》中"牧竖（牧童）持蓑笠，逢人气傲然"诗意的化用。

㊱**江头日出，皓眉溪叟晒渔蓑**：雨过天晴，江岸白眉渔翁赶快晒蓑衣。**江头**：江岸。**皓眉**：白眉。这是明朝钱谦益编辑的《列朝诗集·渔景》中"篷背晴曦晒蓑笠"的化用。

歌韵部代表字

歌	多	罗	河	戈	阿	和	波	科	柯	陀	娥
蛾	鹅	萝	荷	何	过	磨	螺	禾	珂	蓑	婆
坡	呵	哥	轲	沱	鼍	拖	驼	跎	柁	佗	颇
峨	俄	摩	么	娑	莎	迦	靴	痾			

歌韵律诗例选

送魏万之京

[唐]李颀

朝闻游子唱离歌，昨夜微霜初渡河。
鸿雁不堪愁里听，云山况是客中过。
关中树色催寒近，御苑砧声向晚多。
莫见长安行乐处，空令岁月易蹉跎。

读写诗词常识

词谱（一）

词谱是为记录词调的各种体式而分类编排的工具书，其内容是对曲调和声律内容的具体描写。后来，曲谱和歌法失传，"词"只能从字句声韵方面建立自己的规范要求，因为传下来的词谱少了乐谱，词谱便成了汇集各种词牌的字数、句数、平仄以及韵律的有关规定，以供词人填词使用。每个词牌都有一个词谱，或者多个词谱，"又一体"是很常见的。清康熙年间编的《钦定词谱》所收集的八百二十六个词牌就有二千三百零六体词谱。但词人真正用来填词的词谱只占少数。

下面列举一些常用词谱：

忆江南（又名望江南、梦江南 27字）

平⊕仄，⊘仄仄平平。⊘仄⊕平平仄仄，⊘平平仄仄平平。⊘仄仄平平

忆江南

[唐]白居易

江南好，风景旧曾谙。日出江花红胜火，春来江水绿如蓝。能不忆江南？

菩萨蛮 （44字）

⊕平⊘仄平平仄，平平⊘仄平平仄。⊘仄仄平平，⊘平平仄平 。⊕平平仄仄，⊘仄平平仄。⊘仄仄平平，⊘平平仄平。

菩萨蛮（大柏地）

毛泽东

赤橙黄绿青蓝紫，谁持彩练当空舞。雨后复斜阳，关山阵阵苍。当年鏖战急，弹洞前村壁。装点此关山，今朝更好看。

采桑子（44字，又名丑奴儿）

⊕平⊘仄平平仄，⊘仄平平。⊘仄平平，⊘仄平平⊘仄平。⊕平⊘仄平平仄，⊘仄平平。⊘仄平平，⊘仄平平⊘仄平

采桑子（重阳）

毛泽东

人生易老天难老，岁岁重阳。今又重阳，战地黄花分外香。

一年一度秋风劲，不似春光。胜似春光，寥廓江天万里霜。

（说明：⊕、⊗为可仄、可平）

六 麻

松对柏，缕对麻，蚁阵对蜂衙。赪鳞对白鹭，冻雀对昏鸦。白堕酒，碧沉茶，品笛对吹笳。秋凉梧堕叶，春暖杏花开。雨长苔痕侵壁砌，月移梅影上窗纱。飒飒秋风，度城头之筚篥；迟迟晚照，动江上之琵琶。

优对劣，凸对窊，翠竹对黄花。松杉对杞梓，菽麦对桑麻。山不断，水无涯，煮酒对烹茶。鱼游池面水，鹭立岸头沙。百亩风翻陶令秫㉓，一畦雨熟邵平瓜㉔。闲捧竹根，饮李白一壶之酒㉕；偶擎桐叶，啜卢仝七碗之茶㉖。

吴对楚㉗，蜀对巴㉘，落日对流霞㉙。酒钱对诗债㉚，柏叶对松花㉛。驰驿骑㉜，泛仙槎㉝，碧玉对丹砂㉞。设桥偏送笋㉟，开道竟还瓜㊱。楚国大夫沉汨水㊲，洛阳才子谪长沙㊳。书箧琴囊，乃士流活计㊴；药炉茶鼎，实闲客生涯㊵。

译文

松对柏，丝对麻，蚂蚁阵势对蜜蜂队行。红鱼对白鹭，受冻麻雀对黄昏乌鸦。刘白堕酒，碧螺春茶，听笛曲对吹胡笳。秋凉梧桐叶先落，春暖杏树早开花。雨天墙角长满苔藓,梅花随着月影上到窗前。飒飒秋风,城头筚篥声远扬;夕阳晚照,江上琵琶怨声哀。

　　优秀对恶劣,凸出对凹进,绿翠竹对黄菊花。松树杉树对杞树梓树,豆子麦子对桑蚕苎麻。山相连,水无涯,煮酒对烹茶。鱼游池面水,鹭立沙岸旁。陶公百亩高粱风吹倒,长安城外雨催熟了邵平瓜。竹根作酒盅,闲饮李白一壶之酒;桐叶代茶杯,连喝卢仝七碗香茶。

　　东吴对楚地,蜀水对巴山,落日对流霞。买酒钱对负债诗,柏树叶对松树花。骑驿马,乘仙舟,碧玉绿对朱砂红。范元琰搭小桥为方便小偷进园偷笋,小偷感动又送回,桑虞开篱道为方便偷瓜人,偷瓜人抱瓜送还叩头请罪。楚国大夫屈原报国无望自沉汨罗江,洛阳才子贾谊被贬无奈到长沙。读书抚琴乃文人生活乐趣;药膳茶道乃清闲雅士的生活向往。

探源 解意

①**缕、麻**:麻缕;麻线丝线。[宋]苏轼《鲜于子骏见遗吴道子画》云:"不须更用博麻缕,付与一炬随飞烟。"

②**蚁阵、蜂衙**:**蚁阵**:蚂蚁战斗时的阵势;**蜂衙**:蜜蜂成群结队。比喻人们追逐名利,像蚂蚁群集,蜂拥而至,不知疲倦。[元]马致远《陈抟高卧》曲云:"看蚁阵蜂衙,虎争龙斗,燕去鸿来,兔走乌飞。" [宋]陆游《睡起至园中》诗云:"更欲世间同省事,勾回蚁阵放蜂衙。"

③**赪鳞**:赤鳞,红鳞鱼。[唐]杜牧《偶题》:"明月轻桡去,唯应钓赤鳞。" **白鹭**:亦称白鹭鸶,俗名白鹤,全身羽毛雪白,美称"雪衣娘",活动于湖沼岸边或水田中。[唐] 杜牧《鹭鸶》诗云:"雪衣雪发青玉嘴,群捕鱼儿溪影中。惊飞远映碧山去,一树梨花落晚风。"

④**冻雀**:挨冻的麻雀。 [元]马致远《黄粱梦》曲:"则见那冻雀又飞,寒鸦又噪,古木林中蓦听的山猿叫。" **昏鸦**:昏迷的乌鸦。[元]马致远《秋思》曲:"枯藤老树昏鸦,小桥流水人家。"

⑤**白堕酒**:北魏河东(今山西)人刘白堕,善酿酒。其酒味香美,暴晒一

旬不变味；醉后一月醒不来。京师朝贵骑驴千里来享，故又称"骑驴酒"。
（见[北魏]杨衒之《洛阳伽蓝记》）

⑥**碧沉茶**：绿茶。江苏宜兴是历史上著名的阳羡贡茶产地。太湖的"碧螺春"本采至洞庭山碧螺峰上的野茶树，其叶得热气，发异香，采者呼为"吓杀人香"。康熙南巡至太湖，饮此茶，以"吓杀人香"名不雅，改称"碧螺春"。（见[清]王应奎《柳南随笔》）

⑦**品笛**：吹笛子。[唐]皇甫松《忆江南》词云："闲梦江南梅熟日，夜船吹笛雨潇潇。" **吹笳**：笳：汉代流行于塞北和西域的一种类似笛子的管乐器。[唐]杜牧《边上闻笳三首》诗云："何处吹笳薄暮天，塞垣高鸟没狼烟。"

⑧**秋凉梧堕叶**：梧桐落叶最早，立秋之日，一叶先落，固有"一叶知秋"的典故。《广群芳谱·木谱·桐》云："梧桐一叶落，天下尽知秋。"

⑨**春暖杏花开**：[前蜀]牛峤《酒泉子》词云："烟暖杏园花正发，雪飘香。"[宋]杨万里《春游》诗云："老子今晨偶然出，李花全落杏花开。"

⑩**雨长苔痕侵壁砌**：这是唐代诗人刘禹锡《陋室铭》中"苔痕上阶绿，草色入帘青"诗意的化用。**壁砌**：门前台阶。

⑪**月移梅影上窗纱**：这是元朝诗人刘秉忠《焚胜梅香》中"檐外杏花横素月，恰如梅影在西窗"诗意的化用。

⑫**飒飒秋风，度城头之筚篥**：城头上的筚篥声，乘着飒飒秋风远扬。筚篥：又称悲篥，类似胡笳的一种簧管乐器。[宋]庄季裕《鸡肋编》云："筚篥本名悲篥，出於边地（指今新疆），其声悲亦然，边人吹之，以惊中国马云。"

⑬**迟迟晚照 动江上之琵琶**：江流中的琵琶声，随着缓缓落日起音。[唐]白居易长诗《琵琶行》中有："忽闻水上琵琶声，……说尽心中无限事……今夜闻君琵琶语，如听仙乐耳暂明。"的诗句。**晚照**：夕阳余晖。[唐]刘商《胡笳十八拍》诗云："龟兹筚篥愁中听，碎叶琵琶夜深怨。"

⑭**凸、窊**：凸出凹进；低下高起。[汉]东方朔《神异经》云："大荒石湖，千里无凸凹（窊），平满无高下。"[唐]元结《杯樽铭序》："石有窊颠

（低高）者，因修之以藏酒。"

⑮**翠竹**：绿竹。[元]商衢《离亭宴煞》曲云："翠竹响西风，苍梧战秋雨。"**黄花**：秋菊。秋季在金，以黄色为正，故称"黄花"。[唐]李白《九日龙山饮》诗云："九日龙山饮，黄花笑逐臣。"

⑯**松杉**：或作松筠，指松树、杉树或竹子。因其枝干直而耐寒，常用来比喻人品坚贞。《隋书·刘庄传》云："而今以后，方见松筠之节。"**杞梓**：两种优质木材，常用来比喻优秀人才。《晋书·陆机陆云传论》云："观夫陆机、陆云，实荆衡之杞梓，挺珪璋于秀实，驰英华于早年。"

⑰**菽麦**：豆类与麦子。《诗经·豳风·七月》云："黍稷重（早种晚熟的谷物）穋（后种先熟、生长期短的谷物），禾麻菽麦。"**桑麻**：桑树与麻类。《管子·牧民》云："藏于不竭之府者，养桑麻、育六畜也。"

⑱**山不断**：山根（山脚）不断，山山相连。[唐]杜甫《蜀道画图》诗云："剑阁星桥北，松州雪岭东。华夷山不断，吴蜀水相通。"

⑲**水无涯**：水流无边无际。[唐]唐彦谦《中秋夜玩月》诗云："一夜高楼万景奇，碧天无际水无涯。"[宋]万俟咏《诉衷情》词云："山不尽，水无涯，望中赊（高；远）。"

⑳**煮酒**：温酒。[元]萨都剌《寒夜与王记室宴集》云："玉奴烛剪落燕尾，银瓶煮酒浮鹅黄。"**烹茶**：煎茶。[宋]文珦《煎茶》云："择火亦云至（讲究火候），不令有微烟；初沸碧云聚，再沸支浪翻。"

㉑**鱼游池面水**：鱼在池边水面戏游。[宋]晏殊《渔家傲》词云："嫩绿堪裁红欲绽，蜻蜓点水鱼游畔。"

㉒**鹭立岸头沙**：鹭在沙洲岸头独立。[唐]李白《白鹭鸶》诗云："心闲且未去，独立沙洲傍。"

㉓**百亩风翻陶令秫**：陶渊明（陶潜）任彭泽县令时，下令公田都种秫（酿酒用的黏高粱），以供酿酒。他说："吾常得醉于酒矣。"（见《晋书·陶潜传》）

㉔**一畦雨熟邵平瓜**：亦称东陵瓜。秦朝东陵侯邵平，秦亡以后成为平民，种瓜于长安城东青门外。其瓜味甜美，时人谓之"东陵瓜"。（见《三辅黄图》）[明]刘基《绝句漫兴》诗云："寒暑又随风日转，东陵谁种邵平瓜？"

㉕闲捧竹根，饮李白一壶之酒：**竹根**：用竹根制作的酒具。[唐]李白《月下独酌》诗云："花间一壶酒，独酌无相亲。举杯邀明月，对影成三人。"

㉖偶擎桐叶，啜卢仝七碗之茶：**桐叶**：以桐叶代茶杯捧饮。唐代诗人卢仝在其《走笔谢孟谏议寄新茶》诗篇中，描述了连喝七碗新茶的感受：一碗喉吻润，两碗破孤闷，三碗搜枯肠，四碗发轻汗，五碗肌骨清，六碗通仙灵，"七碗吃不得也，唯觉两腋习习清风生"，简直是飘飘欲仙了。

㉗**吴**：春秋时期，江浙皖的部分地区为吴国，春秋后期，国力渐强，吴王阖闾及其子夫差，先后打败过楚国和越国，公元前473年反而被卧薪尝胆的越国所灭。东汉末期，孙权在今江苏南京称吴王，这就是三国时期的吴国，亦称"孙吴"。**楚**：春秋战国时期，湖北湖南地区为楚国，战国时期发展为"七雄"之一。

㉘**蜀**：西周中期以后，居在四川的氏族首领蚕丛自称蜀王。后来，禅位于开明氏，公元前316年被秦所灭，置为蜀郡。公元221年刘备在成都称汉帝，这就是三国时期的蜀国，亦称"蜀汉"。**巴**：相传商朝末年，以廪君为首领的氏族，在湖北、四川交界地带不断发展。周武王克商后，被封为子国，称巴子国。公元前316年被秦所灭，置为巴郡。

㉙**落日**：夕阳。[唐]杜甫《后出塞》诗云："落日照大旗，马鸣风萧萧。"**流霞**：亦作"流瑕"，浮动的云彩。[汉]扬雄《甘泉赋》诗云："吸清云之流瑕兮，饮若木（神话中的树名）之露英（露水珠）。"

㉚**酒钱**：买酒钱。[宋]苏轼《小儿》诗云："大胜刘伶妇，区区为酒钱。""酒钱"与"诗债"对应，意为欠人家的酒钱。[唐]杜甫《曲江》诗云："酒债寻常行处有，人生七十古来稀。"**诗债**：别人索诗或要求和诗，尚未酬答，有如负债，故称"诗债"。[唐]白居易《晚春欲携酒寻沈四著作先以六韵寄之》诗云："顾我酒狂久，负君诗债多。"

㉛**柏叶**：指柏叶酒。因柏叶后凋而耐久，古代人取其叶泡酒，元旦共饮，以祝长寿。[南朝梁]庾肩吾《岁尽应令》诗云："聊开柏叶酒，试奠五辛盘（盛有葱、蒜等五种辛味的盘子）。"**松花**：指松花酒，用松花浸的酒。[唐]

岑参《题井陉双溪李道士所居》诗云："五粒松花酒，双溪道士家。"

㉜**驰驿骑**：亦作驰驿。旧时官吏急召入进京或奉差外出，由沿途驿站供应差夫、马匹和粮草，兼程而行，不按站止息，叫驰驿。[明]何景明《鲥鱼》诗云："白日风尘驰驿骑，炎天冰雪护江船。"

㉝**泛仙槎**，**仙槎**：亦作星槎，古代神话中往来于天上的木筏。[晋]张华《博物志·杂说下》云："旧说云天河与海通，近世有人居海滨者，年年八月有浮槎去来不失期。"[唐]杜甫《秋兴》诗云："听猿实下三声泪，奉使虚随八月槎。"

㉞**碧玉**：绿色的和田玉。《山海经·北山径》："维龙之上，其上有碧玉，其阳有金，其阴有铁。"旧时称小户人家美丽的年轻女子为"碧玉"。《乐府诗集·碧玉歌》云："碧玉小家女，不敢攀贵德。感郎义气重，遂得结金兰（结拜为兄弟姐妹的代称）。"**丹砂**：朱砂。《管子·地数》云："上有丹砂者，下有黄金。"

㉟**设桥偏送笋**：南朝齐国范元琰，家贫，以种菜为生。一天夜间，他发现有人进其菜园偷笋，他怕小偷过沟跌伤，就砍树架木桥，以方便偷者出入。为此，小偷感到惭愧，把偷来的笋又送了回去。（见《南史·范元琰传》）

㊱**开道竟还瓜**：晋朝的桑虞为人仁厚，其宅北有瓜园，有人越篱笆偷瓜，他怕篱笆有刺伤人，就开出篱道，便于出入。偷瓜人抱瓜出来时，发现开道，感悟，竟送回瓜，叩头请罪。桑虞仍尽送其瓜。（见《晋书·桑虞传》）

㊲**楚国大夫沉汨水**：汨水即汨罗江。战国末期，楚国贵族、大诗人屈原，学识渊博，官至三闾大夫。他主张彰明法度，举贤授能，东联齐国，西抗强秦。后遭佞臣谗害而去职。楚都郢城被秦国攻破后，他自感自己无力挽救楚国危亡，又感自己的政治主张无法实现，遂投汨罗江而死。（见《史记·屈原贾生列传》）

㊳**洛阳才子谪长沙**：西汉政治家、文学家贾谊，少年即博学才深。汉文帝召为博士，不久迁为太中大夫。他好议论国家大事，遭重臣周勃、灌婴排挤，被贬任长沙王的太傅。（见《汉书·贾谊传》）

㊴**书箧琴囊，乃士流活计**：知识分子以读书抚琴为生活乐趣。**书箧**：

书箱。**琴囊**：琴套。不为五斗米而折腰辞官归隐的陶渊明，断绝与世俗的往来交游，以与亲友话知心取欢乐，以读书抚琴解闷愁。他在《归去来兮辞》中写道："悦亲戚之情话，乐琴书以消忧。"

㊵**药炉茶鼎，实闲客生涯**：清闲雅士以药膳茶道为生活追求。[宋]赵师秀《龟峰寺》诗云："野蔬僧饭洁，山葛道衣轻。扫叶烧茶鼎，标题记药瓶。"[宋]苏轼《朝云》："经卷药炉新活计，舞衫歌扇旧因缘。丹成逐我三山去，不作巫阳云雨仙。"[唐]李洞《赠昭应沈少府》："华山僧别留茶鼎，渭水人来锁钓船。"

麻韵部代表字

麻	花	霞	家	茶	华	沙	车	牙	蛇	瓜	斜
邪	芽	嘉	瑕	纱	鸦	遮	叉	奢	涯	夸	巴
耶	嗟	遐	加	筄	赊	槎	差	摣	杈	蟆	骅
虾	葭	袈	裟	砂	衙	丫	呀	琶	杷		

麻韵律诗例选

临安春雨初霁

[宋] 陆 游

世味年来薄似纱,谁令骑马客京华?
小楼一夜听春雨,深巷明朝卖杏花。
矮纸斜行闲作草,晴窗细乳戏分茶。
素衣莫起风尘叹,犹及清明可到家。

读写诗词常识

词谱（二）

卜算子（44字）

⊘仄仄平平,⊘仄平平仄。⊘仄平平仄仄平,⊘仄平平仄。
⊘仄仄平平,⊘仄平平仄。⊘仄平平仄仄平,⊘仄平平仄。

卜算子（咏梅）

毛泽东

风雨送春归,飞雪迎春到。已是悬崖百丈冰,犹有花枝俏。
俏也不争春,只把春来报。待到山花烂漫时,她在丛中笑。

忆秦娥（46字）

平⊘仄,⊘平⊘仄平平仄。平平仄（叠三字）,⊘平⊘仄,仄平平仄。
⊘平⊘仄平平仄,⊘平⊘仄平平仄。平平仄（叠三字）,⊘平⊘仄,仄平平仄。

忆秦娥（娄山关）

毛泽东

西风烈，长空雁叫霜晨月。霜晨月，马蹄声碎，喇叭声咽。

雄关漫道真如铁，而今迈步从头越。从头越，苍山如海，残阳如血。

清平乐 （46字）

⊕平⊗仄，⊗仄平平仄。⊗仄⊕平平仄仄，⊗仄⊕平⊗仄。

⊕平⊗仄平平，⊕平⊗仄平平。⊗仄⊕平⊗仄，⊕平⊗仄平平。　　（后阕换平声韵）

清平乐（六盘山）

毛泽东

天高云淡，望断南飞雁。不到长城非好汉，屈指行程二万！

六盘山上高峰，红旗漫卷西风。今日长缨在手，何时缚住苍龙？

浪淘沙 （54字）

⊗仄仄平平，⊗仄平平。⊕平⊗仄仄平平。⊗仄⊕平平仄仄，⊗仄平平。（前后阕同）

浪淘沙（北戴河）

毛泽东

大雨落幽燕，白浪滔天。秦皇岛外打鱼船。一片汪洋都不见，知向谁边？

往事越千年，魏武挥鞭。东临碣石有遗篇。萧瑟秋风今又是，换了人间！

七 阳

高对下，短对长，柳影对花香①。词人对赋客②，五帝对三王③。深院落④，小池塘⑤，晚眺对晨妆⑥。绛霄唐帝殿⑦，绿野晋公堂⑧。寒集谢庄衣上雪⑨，秋添潘岳鬓边霜⑩。人浴兰汤，事不忘于端午；客斟⑪菊酒，兴常记于重阳⑫。

尧对舜⑬，禹对汤⑭，晋宋对隋唐⑮。奇花对异草⑯，夏日对秋霜⑰。八叉手⑱，九回肠⑲，地久对天长⑳。一堤杨柳绿㉑，三径菊花黄㉒。闻鼓塞兵方战斗[23]，听钟宫女正梳妆[24]。春饮方归，纱帽半淹邻舍酒[25]；早朝初退，衮衣微惹御炉香[26]。

荀对孟[27]，老对庄[28]，嫩柳对垂杨[29]。仙宫对梵宇[30]，小阁对长廊。风月窟，水云乡[31]，蟋蟀对螳螂。暖烟香霭霭[32]，寒烛影煌煌[33]。伍子欲酬渔父剑[34]，韩生尝窃贾公香[35]。三月韶光，常忆花明柳媚[36]；一年好景，难忘橘绿橙黄[37]。

译文

高对下，短对长，柳条舞影对鲜花芳香。写词的人对写赋的人，五帝对三王。深深院落，小小池塘，傍晚远眺对早晨梳妆。李存勖误国气绝绛霄殿，晋国公高歌诗酒绿野堂。严寒大雪，谢庄的外衣盖满了白雪，秋天霜降，潘岳的两鬓发白如霜。端午节不忘沐浴兰花汤；与客共饮菊花酒在重阳。

　　唐尧对虞舜，夏禹对商汤，晋宋对隋唐。奇花对异草，夏日对秋霜。八叉手，九回肠，地久对天长。杭州苏堤杨柳绿，元亮三径菊花黄。战鼓声催边塞将士奋勇杀敌，宫里晨钟唤宫女嫔妃起来梳妆。阮籍饮酒归来，歪戴的纱帽上还浸有邻居家的酒渍；早朝刚退，官服上还留有皇宫里的御炉熏香。

　　荀子对孟子，老子对庄子，垂柳对垂杨。道观对佛寺，小楼对长廊。风月场，隐者乡，蟋蟀对螳螂。寺院暖香烟缭绕，深夜寒灯光摇晃。伍子胥谢渔父搭救赠宝剑，贾午女偷奇香为嫁韩郎。三月春光无限，常忆鲜花盛开杨柳柔媚；一年之中好光景，最难忘秋日收硕果橘绿橙黄。

探源 解意

①**柳影、花香**：柳影：柳条舞动的影子。[明]司守谦《训蒙骈句·三江》联云："北苑春回，一路花香随着展，西湖水满，六桥柳影照飞艭（快速小船）。"

②**词人**：擅长文词的人。[唐]杜甫《洗兵马》诗云："隐士休歌紫芝曲（古歌名。传说是秦末四位白发老人因世乱退隐而作），词人解撰河清颂（南朝时，黄河、济水俱清，鲍照特作《河清颂》，歌颂时世升平）。"**赋客**：善写辞赋的人。[宋]晏殊《示张寺丞王校勘》诗云："游梁赋客多风味，莫惜青钱万选才。"

③**五帝**：传说中的上古帝王，都是原始社会末期部落或部落联盟的首领。但所指的人物，说法有出入。《史记·五帝本纪》指：黄帝、颛顼、帝喾、唐尧、虞舜。**三王**：指夏商周三朝的贤明帝王夏禹、商汤、周文王。一说指夏商周三朝的夏禹、商汤、周文王和周武王。也有说指夏禹、商汤、周武王。

④**深院落**：[宋]陈亮《最高楼·咏梅》词云："春乍透，香早暗偷传。深院落，斗清妍。紫檀枝似流苏带，黄金须胜辟寒钿。"

⑤**小池塘**：[宋]周邦彦《风流子·新绿小池塘》词云："新绿小池塘，

风帘动、碎影舞斜阳。"

⑥**晚眺**:傍晚远望。[唐]戴复古《江村晚眺》诗云:"江头落日照平沙,潮退渔船阁(同'搁')岸斜。白鸟(鹭鸶)一双临水立,见人惊起入芦花。" **晨妆**:清晨梳妆。[前蜀]韦庄《上春词》云:"金楼美人花屏开,晨妆未罢车声催。"

⑦**绛霄唐帝殿**:绛霄:指天空极高处。绛霄殿:一指唐玄宗李隆基梦游月中之"广寒宫"。(参见上卷一东韵注⑧)又:同光四年(926),后唐武将郭从谦兵变打进宫城,近臣宿将全希逃遁,唯辅将全斌纠十余人拼死抵抗,昏庸的庄宗李存勖身中乱箭,全斌不顾个人安危将其扶至绛霄殿,直至李存勖气绝,方才大哭而去。

⑧**绿野晋公堂**:唐朝宰相兼节度使裴度,对削除藩镇割据有功,被封为晋国公。晚年因宦官专权,辞官退休居洛阳,后于午桥建别墅,名曰绿野堂,以诗酒琴书自娱,不问政事。(见《新唐书·裴度传》)

⑨**寒集谢庄衣上雪**:南朝宋武帝大明五年正月初一,"雪花降殿庭。时右卫将军谢庄下殿,雪集衣。还白(回殿告诉皇上),上以为瑞(祥瑞)。于是公卿并作花雪诗。"(见《宋书·志·符瑞》)

⑩**秋添潘岳鬓边霜**:西晋文学家潘岳曾任河阳(河南孟津)县令,勤政善治。他相貌俊美,但中年即鬓发初白。(见《晋书·潘岳传》)

⑪**人浴兰汤,事不忘于端午**:农历五月五日端午节,人们争洗兰汤浴。《楚辞·九歌·云中君》云:"浴兰汤(芳香的热水)兮沐芳,华采衣兮若英(杜若花)。"

⑫**客斟菊酒,兴常记于重阳**:农历九月九日重阳节,民间有重阳登高饮菊花酒的习俗。[唐]崔曙《九日登望仙台呈刘明府容》诗云:"且欲近寻彭泽宰(曾任彭泽县令的隐士陶渊明),陶然共醉菊花杯。"

⑬**尧、舜**:远古部落联盟的首领唐尧和虞舜,古史传说中的圣明君主。[唐]杜甫《奉赠韦左丞丈二十二韵》:"自谓颇挺出(杰出),立登要路津(如立即被重用);致君尧舜上(能使帝业超尧舜),再使风俗淳(使风俗复淳厚)。"

⑭**禹、汤**：夏朝开国君主夏禹和商朝开国君主商汤的并称，后世视为贤明君主的典范。《左传·庄公十一年》云："禹汤罪己（责罪自己），其兴也勃焉；桀纣（夏桀和殷纣）罪人，其亡也忽（瞬间）焉。"

⑮**晋宋**：晋朝和宋国。晋：指司马懿之孙司马炎，取三国魏帝曹奂而代之为晋的西晋。宋：指公元420年刘裕代东晋称帝所建南朝之刘宋。[唐]陈子昂《修竹篇序》云："汉魏风骨，晋宋莫传。" **隋唐**：隋朝和唐朝。隋：公元581年，北朝的北周静帝以随国公杨坚众望有归，下诏宣布禅让，杨坚即皇帝位，定国号为大隋。唐：公元618年，唐王李渊逼隋恭帝禅让，自己称帝，国号唐，是为唐高祖。

⑯**奇花、异草**：亦作奇花异卉，稀奇少见的花草。[明]袁宏道《与兰泽云泽叔书》云："奇花异草，危石孤岑。"

⑰**夏日**：[南朝宋]谢灵运《道路忆山中》诗云："不怨秋夕长，常苦夏日短。"也指盛夏的烈日，《左传·文公七年·注》云："冬日可爱，夏日可畏。" **秋霜**：《史记·李斯列传》云："秋霜降者草花落，水摇动（意味着春暖冰化）者万物作。"

⑱**八叉手**：叉手：两手手指相互交叉。唐代诗人温庭筠，文思敏捷，能诗善赋。写文章运笔前，叉手专心构思，叉八次就吟成八韵，时人称他为"温八叉"或"温八吟"、"温八韵"。其诗词与李商隐齐名，时称"温李"。（见[宋]孙光宪《北梦琐言·温李齐名》)

⑲**九回肠**：内心忧伤悲痛，犹如肠在腹中回转。[南朝陈]徐陵《在北齐与杨仆射书》诗云："朝千悲而掩泣，夜万绪而回肠。"[西汉]司马迁《报任少卿书》云："肠一日而九回。"

⑳**地久、天长**：形容历时悠久，也形容爱情永远不变。《老子》第七章："天长地久，天地所以能长且久者，以其不自生，故能长生。" [唐]白居易《长恨歌》诗云："天长地久有时尽，此恨绵绵无绝期。"

㉑**一堤杨柳绿**：苏轼任杭州知州时，在西湖中筑堤，把湖分成内外两湖，人称苏公堤。堤上建桥六座，夹堤杂植花柳，故有"六桥烟柳"之称。（见《宋史·河渠志》）

㉒**三径菊花黄**：陶渊明辞官回乡隐居后，在其《归去来兮辞》中写道："三径（隐居处）就荒，松菊犹存。"宋代张逢辰在《菊花百咏·渊明菊》中写道："三径黄花纵可凭，东篱（指种菊之处）独此号渊明。对花如对渊明面，何必他求处士名。"

㉓**闻鼓塞兵方战斗**：边防将士听到战鼓声，便展开勇猛厮杀。**塞兵**：边防军。[唐]岑参《轮台歌送大夫西征》诗云："四边伐鼓雪海涌，三军大呼阴山（河套以北、大漠以南诸山统称阴山）动。虏塞兵气连云屯，战场白骨缠草根。"

㉔**听钟宫女正梳妆**：宫中嫔妃听见晨钟响，即起身忙于梳妆。据《南齐书》载，齐武帝萧赜在景阳楼设钟，晨钟鸣响，宫中嫔妃即起而梳妆。

㉕**春饮方归，纱帽半淹邻舍酒**：**半淹**：一作半掩。阮籍的邻居是一家酒店，阮籍和好友王安丰常到该酒店饮酒。饮毕，歪戴着乌纱帽，醉醺醺地回家。（见《世说新语·任诞》）

㉖**早朝初退，衮衣微惹御炉香**：**衮衣**：古代帝王或公侯的绣有龙图的礼服。[唐]岑参《寄左省杜拾遗》诗云："晓随天仗（皇帝驾前的仪仗）入（上朝），暮惹（沾染）御香（宫中御案上火炉的香气）归。"[唐]贾至《早朝大明宫》诗云："剑佩身随玉墀（铺砌玉石的台阶）步，衣冠身惹御炉香。"

㉗**荀、孟**：荀子和孟子。二人都是儒家大师，但荀子主性恶，孟子主性善。荀孟的不同在于儒家"仁"的思想的差异。

㉘**老、庄**：老子和庄子。春秋战国时道家的主要思想家。老子是道家的创始人，庄子继承和发展了老子的思想，故把"老庄"并称。

㉙**䰀柳**：垂柳。**䰀**：柳条下垂。[唐]岑参《送郭乂杂言》云："朝歌（今河南淇县，殷商的都城）城边柳䰀（垂）地，邯郸道上花扑人。"**垂杨**：[南齐]谢朓《鼓吹曲·入朝曲》云："飞甍（高屋脊，比喻高大的屋宇）夹驰道，垂杨荫御沟。"

㉚**仙宫**：本指上帝或仙人居住之处。神话传说嫦娥仙子居住在月亮上，因称月亮为仙宫。此处仙宫当指以成仙得道为追求的道家所居之仙馆（亦称道观），恰与佛寺对应。《晋书·许迈传》云："立精舍于悬溜（指高山

陡崖有水的地方），而往来于茅岭之洞室，放绝（脱离）世务，以寻仙馆。"**梵宇**：佛寺。[南朝陈]江总《摄山栖霞寺山房夜坐》云："梵宇调心易，禅庭数息（佛教的静修方法。数自己呼吸的次数，从一到十，循环往复，去除杂念，恬静宁一）难。"

㉛**风月窟，水云乡**：指"风月场"和风景清幽处。[元]关汉卿《谢天香》楔子云："老天生我多才思，风月场中肯让人。"水云乡多指隐士游居之地。[宋]苏轼《南歌子·别润守许仲途》词云："一时分散水云乡，唯有落花芳草、断人肠。"

㉜**暖烟香霭霭**：寺院焚香之暖烟云雾缭绕。[宋]陆游《送佛照光老赴径山》诗云："御香霭霭云共布，法音浩浩潮收声。"

㉝**寒烛影煌煌**：寒夜燃烛之光闪闪亮堂。[唐]陈羽《同韦中丞花下夜饮赠歌人》诗云："银烛煌煌半醉人，娇歌宛转动朱唇。"

㉞**伍子欲酬渔父剑**：战国时期，楚兵追捕誓为父兄报仇的伍子胥。子胥逃至鄂渚（长江），渔父帮他渡过。子胥用三世传家之宝七星剑酬谢渔父，渔父不受。子胥遂逃往吴国。后借吴兵打回楚国，并掘墓鞭打楚平王之尸。（见《东周列国志》）

㉟**韩生尝窃贾公香**：西晋大臣贾充，三国时期即成为司马氏的心腹，后参与司马氏代魏立晋的密谋。其女贾午与韩寿私通，偷走晋武帝赠给贾充的奇香，送与韩寿。贾充发现他们的私通关系后，不得已把女儿许与韩寿为妻。后来人们以"偷香"比喻男女私通。（见《晋书·贾充传·附贾谧》）

㊱**三月韶光，常忆花明柳媚**：三月春光美好，人们常忆花明柳媚。[元]张养浩《双调·胡十八》曲云："正值花明柳媚大寒食（三月三日寒食节），齐歌着寿词，满斟着玉杯，愿合堂诸贵宾，都一般满千岁。"[唐]温庭筠《春洲曲》："韶光染色如娥翠，绿湿红鲜水容媚。"

㊲**一年好景，难忘橘绿橙黄**：秋天硕果丰收，人们难忘橘绿橙黄。[宋]苏轼《赠刘景文》诗云："一年好景君须记，最是橙黄桔（橘）绿时。"[宋]吕声之《咏桂花》诗云："独占三秋压众芳，何夸橘绿与橙黄。"

阳韵部代表字

房 秧 装 偿 苍 穰 汤 臧 枪 攘 攮 骦
王 鸯 皇 望 冈 粮 伤 茫 羌 璜 傍 伴
张 央 仓 芒 康 疆 羊 纲 韁 惶 滂 歔
章 场 黄 忘 肠 航 量 徨 僵 隍 旁 泱
堂 藏 庄 亡 强 良 梁 凰 蒋 簧 邙 泱
昌 霜 娘 创 狂 翔 洋 煌 螀 篁 梁 飏
光 凉 梁 箱 唐 棠 筐 闻 盲 琅 尪
乡 常 殇 湘 郎 妨 祥 防 嫱 魴 浪 鸧
香 妆 浆 相 囊 行 刚 商 漳 杭 廊 沧
扬 塘 方 骧 坊 徨 桑 猖 丧 疮 阆 糖
杨 长 床 襄 樯 荒 墙 璋 昂 锵 亢 珰
阳 芳 狼 舫 尝 匡 将 彰 裳 抢 瀼 当

阳韵律诗例选

为女民兵题照

毛泽东

飒爽英姿五尺枪，曙光初照演兵场。
中华儿女多奇志，不爱红装爱武装。

读写诗词常识

词谱（三）

沁园春（114字）

⊘仄平平，⊘仄平平，仄仄仄平。仄平平仄仄，⊕平⊘仄；⊕平⊘仄，⊘仄平平。⊘仄平平，⊕平⊘仄，⊘仄平平仄仄平。平⊕仄，仄⊕平平仄，⊘仄平平。

⊕平⊘仄平平。⊘仄仄、平平⊘仄平。仄⊕平⊘仄，⊕平⊘仄；⊕平⊘仄，⊘仄平平。⊘仄平平，⊕平⊘仄，⊘仄平平仄仄平。平⊕仄（或仄平仄），仄⊕平⊘仄，⊘仄平平。（前后阙的后九句字数平仄相同。此调用对仗多）

沁园春（雪）

毛泽东

北国风光，千里冰封，万里雪飘。望长城内外，惟余莽莽；大河上下，顿失滔滔。山舞银蛇，原驰蜡象，欲与天公试比高。须晴日，看红装素裹，分外妖娆。

江山如此多娇，引无数英雄竞折腰。惜秦皇汉武，略输文采；唐宗宋祖，稍逊风骚。一代天骄，成吉思汗，只识弯弓射大雕。俱往矣，数风流人物，还看今朝。

蝶恋花（60字，又名鹊踏枝）

⊘仄⊕平平仄仄，⊘仄平平，⊘仄平平仄。⊘仄⊕平平仄仄（或仄平仄）。⊕平⊘仄平平仄。（前后阕同）

蝶恋花（答李淑一）

毛泽东

我失骄杨君失柳，杨柳轻飏，直上重霄九。问讯吴刚何所有，吴刚捧出桂花酒。

寂寞嫦娥舒广袖，万里长空，且为忠魂舞。忽报人间曾伏虎，泪飞顿作倾盆雨。

满江红（93字）

⊗仄平平，⊕⊕仄、⊕平⊗仄。⊕⊗仄、⊗平⊕仄，⊗平⊕仄。⊗仄⊕平平仄仄，⊕平⊗仄平平仄。仄⊗平、⊗仄仄平平，平平仄。

⊗⊕仄，平⊗仄；⊕⊗仄，平平仄。仄平平仄仄、⊗平平仄。⊗仄⊕平平仄仄，⊕平⊗仄平平仄。仄⊕平、⊗仄仄平平，平平仄。

（此调常用入声韵，且多用对仗）

满江红

[宋]岳　飞

怒发冲冠，凭栏处、潇潇雨歇。抬眼望、仰天长啸，壮怀激烈。三十功名尘与土，八千里路云和月。莫等闲、白了少年头，空悲切！

靖康耻，犹未雪；臣子恨，何时灭？驾长车踏破，贺兰山缺。壮志饥餐胡虏肉，笑谈渴饮匈奴血。待从头、收拾旧山河，朝天阙。

念奴娇 （100字，又名百字令、酹江月、大江东去）

⊕平⊗仄，仄平⊕、⊗仄⊕平平仄（或仄平平⊗仄、⊗平平仄）。⊗仄⊕平平仄仄，⊗仄⊕平平仄。⊗仄平平，⊕平⊗仄，仄仄平平仄。⊗仄，⊕平平仄平仄。

⊕仄⊕仄平平（或⊕平⊗仄平平），⊕平平仄（或⊗仄平平），⊕仄平平仄。⊗仄⊕平平仄仄，⊗仄⊕平平仄。⊗仄平平，平平⊗仄，⊗仄平平仄。⊕平⊗仄，⊕平平仄平仄。（此调多用入声韵。前后阕的后七句字数平仄相同）

念奴娇（赤壁怀古）

[宋]苏　轼

大江东去，浪淘尽，千古风流人物。故垒西边，人道是，三国周郎赤壁。乱石穿空，惊涛拍岸，卷起千堆雪。江山如画，一时多少豪杰！

遥想公瑾当年，小乔初嫁了，雄姿英发。羽扇纶巾，谈笑间，樯橹灰飞烟灭。故国神游，多情应笑我，早生华发。人生如梦，一樽还酹江月。

（按词谱断句，诵读仍按语法结构）

八 庚

深对浅，重对轻，有影对无声①。蜂腰对蝶翅②，宿醉对余酲③。天北缺④，日东生⑤，独卧对同行⑥。寒冰三尺厚⑦，秋月十分明⑧。万卷书容闲客览⑨，一樽酒待故人倾⑩。心侈唐元，厌看霓裳之曲⑪；意骄陈主，饱闻玉树之赓⑫。

虚对实，送对迎，后甲对先庚⑬。鼓琴对舍瑟⑭，搏虎对骑鲸⑮。金匼匝⑯，玉玎珰⑰，玉宇对金茎⑱。花间双粉蝶⑲，柳内几黄莺⑳。贫里

声律启蒙 精读

每甘藜藿味[21]，醉中厌听管弦声[22]。肠断秋闺，凉吹已侵重被冷[23]；梦惊晓枕，残蟾犹照半窗明[24]。

渔对猎，钓对耕，玉振对金声[25]。雉城对雁塞[26]，柳衾对葵倾[27]。吹玉笛[28]，弄银笙[29]，阮杖对桓筝[30]。墨呼松处士[31]，纸号楮先生[32]。露浥好花潘岳县[33]，风搓细柳亚夫营[34]。抚动琴弦，遽觉座中风雨至[35]；哦成诗句，应知窗外鬼神惊[36]。

译文

深对浅，重对轻，明月有影对月移无声。蜜蜂的腰对蝴蝶的翅，酒醉不醒对半醉迷糊。女娲补天缺，太阳自东生，独睡对同行。冬天寒冰三尺厚，秋天月亮分外明。万卷诗书供客看,一杯酒也待老友用。安史之乱杨贵妃被缢死马嵬坡,唐玄宗从此厌听"霓裳羽衣曲";陈后主天天艳唱"玉树后庭花",被隋军俘虏陈朝灭亡。

　　虚假对真实,送行对迎接,后甲三日对先庚三日。弹奏琴对放下瑟,冯妇斗虎对李白醉酒跃水骑鲸。金制马络头,玉击声清璁,宏伟的宫殿对皇家的金柱露盘。花间双蝶舞,柳藏黄莺鸣。穷时野菜充饥味道鲜,醉后懒听优美管弦声。秋风凉女子在闺房闲愁,盖几床被也觉寒冷;夜半梦中惊醒,月亮还挂在天上照明半个窗户。

　　打鱼对狩猎,垂钓对耕田,玉磬振响对金钟音亮。矮城墙对雁塞山,柳枝飘动对葵花向阳。吹玉笛,奏银笙,阮脩百钱挂杖对桓伊弹筝哀唱。墨被称作松处士,纸被誉为楮先生。甘露润泽桃李潘岳县,风吹亚夫将军细柳营。盲人师旷奏乐风雨至;李白吟诗窗外鬼泣神惊。

探源 解意

①**有影、无声**:诗人赏月好写明月有影,月移无声。[宋]苏轼《中秋月》:"暮云收尽溢清寒,银汉无声转玉盘(月亮)。"[元]杨载《景阳宫望月》:"大地山河微有影,九天风露寂无声。"

②**蜂腰**:蜂腰很细,常用来比喻最差弱处。[宋]苏轼《和流杯石上草书》诗云:"蜂腰鹤膝(诗词声律"八病"中的两种毛病)嘲希逸(南朝宋谢庄,字希逸,善词赋),春蚓秋蛇(比喻书法拙劣)病子云(南朝萧梁,字子云,善草书隶书)。"
蝶翅:蝴蝶身子虽小,翅膀大如花板、手扇。[元]王和卿《醉中天·咏大蝴蝶》曲云:"两翅驾东风,三百座名园一采一个空。谁道风流种?唬杀寻芳的蜜蜂。轻轻飞动,把卖花人扇过桥东。"

③**宿醉**:隔夜仍有醉意。[唐]白居易《洛桥寒食日作》诗云:"宿醉头仍重,晨游眼乍明。"**余醒**:酒后仍然清醒。屈原《楚辞·渔父》云:"举世皆浊我独清,众人皆醉我独醒。"后以"余醒"比喻不随波逐流,不随浊世浮沉。

④**天北缺**：神话传说，共工氏与颛顼（一说与祝融）争夺帝位，"共工怒触不周山，天柱折，地维绝；天倾西北，地不满东南。女娲炼五色石以补天，断鳌足以立四极。"（见《淮南子·览冥训》）

⑤**日东生**：《三国志·蜀书》云："日生于东，而没于西。"[南朝梁]江淹《石劫赋》云："日照水而东升。"

⑥**独卧**：一人独眠。古指隐士独居。[晋]葛洪《神仙传·彭祖》云："故有上士别床，中士异被，服药百裹，不如独卧。"**同行**：亦作"伴行"、"行伴"，出行的同伴。[唐]白居易《送陕州王司马建赴任》诗云："只携美酒为行伴，唯作新诗趁下车。"

⑦**寒冰三尺厚**：形容某事情的发生绝非偶然，是长期积累的结果。[明]朱有炖《赛娇容》云："中原天气十分冷，冰厚三尺，非一日之寒。"[汉]王充《论衡·状留》云："河冰结合，非一日之寒；积土成山，非斯须（短时间）之作。"

⑧**秋月十分明**：中秋月亮圆而明。[唐]李朴《中秋》诗云："皓魄（明月）当空宝镜（形容圆月）升，云间仙籁（仙界的音响）寂无声；平分秋色一轮满，长伴云衢（云路）千里明。"

⑨**万卷书容闲客览**：[唐]杜甫《柏学士茅屋》诗云："古人已用三冬足，年少今开万卷余……富贵必从勤苦得，男儿须读五车书。"

⑩**一樽酒待故人倾**：[唐]王维《送元二使安西》诗云："劝君更尽一杯酒，西出阳关无故人。"[唐]于武陵《劝酒》诗云："劝君金屈卮（名贵酒器），满酌不须辞。"[唐]李贺《致酒行》诗云："零落栖迟（潦倒游息）一杯酒，主人奉觞客长寿。"

⑪**心侈唐元，厌看霓裳之曲**：**唐元**：本为"唐玄"，即唐玄宗。霓裳之曲，即霓裳羽衣曲。传说唐玄宗开元年间，西凉节度使杨敬述把西凉的名曲"婆罗门曲"献给唐玄宗，经玄宗润色并加歌词，改名为霓裳羽衣曲。杨贵妃善跳霓裳羽衣舞，着力表现虚无缥缈的仙境和仙女形象，讨玄宗喜爱。安史之乱时，玄宗逃到马嵬驿，妻兄杨国忠被士兵杀死，杨贵妃缢死，心侈的玄宗已无兴趣欣赏霓裳羽衣曲，此曲随之散佚。（见《唐会要·诸乐》）另有

《天宝遗事》说法是："明皇尝游月宫,见霓裳羽衣之曲,归而选宫娥数十人习之。"

⑫**意骄陈主,饱闻玉树之赓**:赓:继续。南朝陈后主陈叔宝,在位时大建宫室,生活奢侈,天天与妃嫔、文臣游宴,制作《玉树后庭花》《临春乐》等艳词取乐。隋朝兵马逼近江岸时,恃长江天险,不以为意,继续娱乐侈靡。不久,隋军攻入建康(今南京),陈后主被俘,陈朝灭亡。(见《南史·陈后主纪》)

⑬**后甲、先庚**:《易经·蛊》有"先甲三日,后甲三日"说;《易经·巽》有"先庚三日,后庚三日"说。对它们的解释,说法不一。但唐代孔颖达编的《五经正义》用三国魏玄学家王弼之说,认为甲、庚都指"命令",即先后申令各三次,使众人都知道。

⑭**鼓琴**:春秋战国时期,晋国琴师伯牙善鼓琴,钟子期善听。每有曲子弹奏,钟子期总能寻根究源它的情趣。伯牙乃舍(放下)琴感叹地说:"您听曲子,想象真像我的心意啊。我的琴声哪能逃过你的耳朵呢?"(见《吕氏春秋·伯牙鼓琴》)**舍瑟**:舍:舍弃;放下。孔子听完学生子路、冉求、公西赤三人谈了自己的治国志向后,又问曾点(曾参之父)的想法。曾点正在弹瑟,听到老师发问,"舍瑟而作"(放下瑟站起来),说:"我愿在春末时节,带几个青少年到沂水洗洗澡,在祈雨台上吹吹风,然后唱着歌快乐地回家去。"孔子说:"好!"(见《论语·先进》)

⑮**搏虎**:春秋时期,晋国勇士冯妇善于搏虎。(参见上卷"二冬"注④)《水浒传》里也有武松酒后上景阳冈乱拳打死猛虎,为民除害,旷世流传。
骑鲸:唐代诗人李白与族人李阳冰泛舟游览采石矶,边观山水边饮酒。不久,李白大醉,看见水中月影,疯狂叫喊:"捉住它!捉住它!"纵身跃入水中,结束其生命。传说他于水中骑鲸上了西天。后以"骑鲸"喻为文人隐遁或死亡的代称。李白曾自称为"海上骑鲸客"。陆游在《长歌行》中写道:"人生不作安期生(传说曾习黄老学说,在东海边卖药,后成居海上之神仙),醉入东海骑长鲸。"

⑯**金匼匝**:金马络头。[唐]杜甫《送蔡希鲁都尉还陇右》诗云:"马头

金匦匣，驼背锦模糊。"

⑰玉玠琤：玠琤：玉石撞击声。[宋]陈造《听雨赋》云："非琴非筑，金撞而玉琤。"[宋]袁褧《枫窗小牍》云："剑佩玠琤，交映左右。"

⑱玉宇：传说中神仙的住所。也指华丽宏伟的宫殿。[唐]李华《含元殿赋》云："玉宇璇阶，云门露阙。"金茎：汉武帝所作承露盘的铜柱。[西汉]班固《西都赋》诗云："抗仙掌以承露，擢双立之金茎。"

⑲花间双粉蝶：蝴蝶在花丛中飞舞。[南朝梁]简文帝《咏蛱蝶》诗云："复此从蜂凤蝶，双双花上飞。"《水浒传》第三十七回诗云："枝上子规啼夜月，园中粉蝶宿花丛。"

⑳柳内几黄莺：黄莺在柳林间穿梭。[宋]陈允平《六丑》词云："自清明过了，渐柳底（柳林内），莺梭慵掷（黄莺懒得穿梭）。"

㉑贫里每甘藜藿味：贫困时，天天吃粗劣的食物也觉得味道甜美。藜藿：藜草和豆叶，泛指粗劣的食物。[北宋]欧阳修《送秘书丞宋君归太学序》云："陋巷之士，甘藜藿而修仁义。"

㉒醉中厌听管弦声：酒醉时，想睡觉而厌听管弦声。[北宋]周邦彦《满庭芳·风老莺雏》词云："憔悴江南倦客，不堪听急管繁弦。歌筵畔，先安簟枕（竹枕头），容我醉时眠。"[唐]李白《山中与幽人对酌》诗云："我醉欲眠卿且去，明朝有意抱琴来。"

㉓肠断秋闺，凉吹已侵重被冷：秋闺：寒秋时节的闺房。凉吹：冷风；秋风。[宋]陈克《鹧鸪天》词云："悲往事，向孤鸿，断肠肠断旧情浓；梨花院落黄茅店，绣被春寒此夜同。"

㉔梦惊晓枕，残蟾犹照半窗明：残蟾：黎明的月亮。本句是宋朝葛长庚《瑞鹤仙·残蟾明远照》词作内容的化用。葛长庚原词云："残蟾明远照。正一番霜讯，四山秋老……念归期相近，梦魂无奈，不为罗轻寒悄。"

㉕玉振、金声：金钟、玉磬响声远扬。《晋书·卫玠传》诗云："吐金声于中朝，复玉振于江表。"也常用来比喻圣贤功名远扬。《孟子·万章下》云："孔子之谓集大成。集大成也者，金声而玉振之也。"

㉖雉城、雁塞：泛指防卫城墙和边境要塞。雉和雁均为鸟名。雉城：

城墙。古代以雉鸟飞一次之距离为计算城墙面积的单位,长三丈,高一丈为一雉。(见《左传·隐公元年》)**雁塞**:传说梁州界之高山有大水池,为南来雁栖集之地,故名"雁塞山"。后来泛指北方边界为"雁塞"。(见[南齐]刘澄之《梁州记》)

㉗**柳袅**:柳枝摇摆貌。[宋]朱淑真《咏柳》诗云:"风牵袅袅摆无定,翠影侵阶巳午(中午十一二点)天。"**葵倾**:葵花向阳开。比喻向往仰慕之情。又比喻有依赖性。[唐]李商隐《为大夫安平公华州进贺皇躬痊复物状》诗云:"心但葵倾,迹犹艳系(倚仗别人而生)。"

㉘**吹玉笛**:古乐府歌曲中之"笛中曲"。历代名家多有吹玉笛之作。[唐]李白《与史郎中钦听黄鹤楼上吹笛》诗云:"黄鹤楼(在武汉)上吹玉笛,江城(指武汉)五月落梅花。"落梅花:指黄鹤楼上吹奏《梅花落》曲的笛声,而非指寒冬才开放的梅花。

㉙**弄银笙**:吹笙。神话传说,周灵王的太子王子乔爱吹笙作凤鸣声,被浮丘公引往嵩高山修炼。三十多年后,他在缑氏山顶上向世人挥手告别,升天而去。[唐]刘希夷《嵩岳闻笙》诗云:"仙人不可见,乘月近吹笙。绛唇吸灵气,玉指调真声。"

㉚**阮杖**:西晋阮籍之侄阮修,精通《易经》《老子》,善清谈,不求做官。居于贫困,不修人事,常肩头负杖步行,以百钱挂于杖头,至酒店,入内独饮。(见《晋书·阮籍传》)**桓筝**:亦作"桓笛"。东晋重臣谢安,功高位显,佞臣忌恨,屡有谗言,东晋孝武帝也对谢起疑。江州(今九江)刺史桓伊,善弹琴吹笛。一天,帝召桓伊饮宴,谢安在座。孝武帝邀桓伊吹笛,又请弹琴。桓伊边弹边歌《怨诗》:"为君既不易,为臣良独难。忠信事不显,乃有见疑患。"声节慷慨,谢安感动而哭泣,孝武帝亦有愧色,对谢安不再猜疑。(见《晋书·桓伊传》)

㉛**墨呼松处士**:文房四宝之墨,多用松材不完全燃烧凝结而成的墨色烟灰制成,故称"松烟墨",文人称其为"松处士"。[三国魏]曹植《乐府诗》云:"墨出青松烟,笔出狡兔翰(长而硬的鸟兽毛)。"

㉜**纸号楮先生**:**楮**:构树,皮可制桑皮纸,故为纸的代称。唐代诗人

韩愈在《毛颖传》中称楮为"会稽楮先生"。

㉝**露浥好花潘岳县**：**露浥**：像甘露一样润泽。西晋潘岳任河阳（今河南孟津）县令时，在全县广植桃李，好花绚烂，万民称赞，并称河阳为"潘岳县"。（见《晋书·潘岳传》）

㉞**风搓细柳亚夫营**：**细柳**：地名，即细柳营，在今陕西咸阳西南。西汉文帝时，匈奴犯汉，文帝派河内太守周勃之子周亚夫为将军，屯兵于细柳御敌，军纪严整。（见《汉书·周亚夫传》）

㉟**抚动琴弦，遽觉座中风雨至**：春秋时期，晋国乐师师旷，目盲，善弹琴，精于辨音。晋平公请他奏清征琴，他说："清征不如清角。"平公让他奏清角，他说："君德薄，听之会遭灾祸。"平公执意要听，师旷乃奏。"一奏，云从西北方起；再奏，大风至，大雨随来。"平公吓得伏于廊下。随之，晋国大旱三年，平公病倒。（见《韩非子·十过》）

㊱**哦成诗句，应知窗外鬼神惊**：唐代大诗人李白的《乌栖曲》诗，借描写吴王夫差由发奋图强、振兴吴国，到兴建姑苏台、迷恋西施，导致灭国的史鉴，暗讽唐玄宗早期励精图治，后期宠爱杨贵妃，荒淫废政。诗人贺知章读了《乌栖曲》，不禁赞叹说："此诗可以泣鬼神矣！"（见[唐]孟棨《本事诗》）[唐]杜甫在《寄李十二白二十韵》诗中赞李白时，也说："笔落惊风雨，诗成泣鬼神。"

庚韵部代表字

评	平	烹	英	亨	彭	觥	横	盲	羹	更	庚
生	卿	兄	兵	莹	荣	鸣	盟	明	荆	惊	京
甍	氓	萌	耕	衡	行	迎	鲸	擎	牲	笙	甥
晴	情	清	筝	争	橙	泓	莺	罌	菁	茎	宏
婴	营	赢	瀛	赢	楹	盈	晶	樱	菁	晴	精
轻	正	征	声	程	呈	诚	城	旌	成	贞	缨

名　令　并　倾　萦　琼　峥　撑　嵘　鹠　杭　坑
铿　甖　鹦　勍

庚韵律诗例选

春夜喜雨

[唐]杜　甫

好雨知时节，当春乃发生。
随风潜入夜，润物细无声。
野径云俱黑，江船火独明。
晓看红湿处，花重锦官城。

读写诗词常识

词的格律要求

词是格律诗的另一种形式，每个词牌的字数句数都有一定的限制，而且字句的安排要受到严格的格律约束。由于词的形成与格律诗有密切关系，有的词牌也是由格律诗演变而来，所以在格律诗中应用的格律，对词也同样适用。只是在不同的词牌中，对格律的应用有不同的情况，需要从词谱中仔细体会。

押韵：词是长短句组成，押韵：1.平韵格，全首词都用平声韵脚。2.仄韵格，全首词都用仄声韵脚。3.平仄转韵格，可以先平后仄，也可先仄后平。4.平仄韵交错格，即平仄交叉押韵。5.平仄韵通押格，即韵母一样，声调不一样。总之，词的字句用韵比较灵活，比律诗用韵要宽些。

平仄、对仗、孤平：因词是长短句，词对两句间平仄对立或相粘以及对仗没有硬性规定，但句子防孤平，因为词有乐感美，原本是能唱的，孤平会失去音乐美感。

领句字：也叫一字豆，是词的特点之一。就是在某种特殊结构的句子中，以第一个字领本句后面的几个字，或兼领下面一句或两三句。这个领句字，叫"一字豆"。一字豆可领三到九字或两三句话。一字豆可以两字领或三字领。一字豆多用上声去声字。朗读时在领句字后都要稍作停顿。例如："望长城内外"的"望"字是一字豆，领本句中四个字。"不如向、帘儿底下，听人笑语"，"不如向"是三个字的领句字。领句字在词中很多见，在一些词调中已成定式。

九 青

红对紫,白对青,渔火对禅灯①。唐诗对汉史,释典对仙经②。龟曳尾④,鹤梳翎⑤,月榭对风亭⑥。一轮秋夜月⑦,几点晓天星⑧。晋士只知山简醉⑨,楚人谁识屈原醒⑩。绣倦佳人,慵把鸳鸯文作枕⑪;吮毫画者,思将孔雀写为屏⑫。

行对坐,醉对醒,佩紫对纡青⑬。棋枰对笔架⑭,雨雪对雷霆⑮。狂蛱蝶,小蜻蜓⑯,水岸对沙汀⑰。天台孙绰赋⑱,剑阁孟阳铭⑲。传信子卿千里雁[20]，照书车胤一囊萤[21]。冉冉白云，夜半高遮千里月[22]；澄澄碧水，宵中寒映一天星[23]。

书对画，传对经[24]，鹦鹉对鹡鸰[25]。黄茅对白荻[26]，绿草对青萍。风绕铎[27]，雨淋铃[28]，水阁对山亭[29]。渚莲千朵白[30]，岸柳两行青[31]。汉代宫中生秀柞[32]，尧时阶畔长祥蓂[33]。一枰决胜，棋子分黑白；半幅通灵[34]，画色间丹青[35]。

译文

红对紫，白对黑，渔船火对寺庙灯。唐朝诗对汉史书，佛教典对道教经。乌龟摇尾巴，白鹤梳羽翎，月下水榭对清风凉亭。一轮中秋月，几颗破晓星。

晋人只知山简纵酒烂醉，楚民谁知屈原爱国独醒。佳人思夫，懒在枕上绣鸳鸯；画者吮笔，思将孔雀画入屏。

行对坐，醉对醒，公侯佩紫绶对九卿系青印。棋盘对笔架，雨雪对雷霆。飞舞的蝴蝶，小小的蜻蜓，水岸对沙洲。孙绰著文《游天台山赋》，张孟阳剑阁关留下《剑阁铭》。为苏武传信千里雁，为车胤照书一囊萤火虫。高空白云慢飘浮，夜晚千里明月被遮掩；江水清澈，寒夜倒影满天繁星。

书法对绘画，传记对经书，鹦鹉对鹡鸰。黄茅草对白芦荻，绿草对浮萍。风绕悬殿铎，雨淋殿边铃，临水阁对山中亭。莲花千朵白，柳岸两行青。汉代五柞宫有五棵五柞树，唐尧时代阶旁长祥莫。黑白棋局，一盘决定胜负；红绿两色，妙画通灵仙境。

探源 解意

①**渔火**：渔家船上的灯火。[唐]张继《枫桥夜泊》诗云："月落乌啼霜满天，江枫渔火对愁眠。"**禅灯**：佛寺中的灯火。[唐]贾岛《送慈恩寺霄韵法师》诗云："清磬先寒角，禅灯彻晓烽（举火）。"

②**唐诗**：唐代是我国诗作最盛、名家最多的时期。**汉史**：汉代是我国史学最旺、名家最多的时期。

③**释典**：亦称佛经，佛教的经典书籍。[唐]韩愈《华山女》诗云："街东街西讲佛经，撞钟吹螺闹宫庭。"**仙经**：道教的经典书籍。《隋书·经籍志》云："道经者，云有元始天尊，生于太元之先，禀自然之气，冲虚凝远，莫知其极，所以说天地沦坏劫数终尽，略与佛经同。"[唐]吕岩《七言》诗云："仙经已读三千卷，古法曾持十二科。"

④**龟曳尾**：楚王欲委庄子以重任。庄子对楚王的使者说，听说楚国有只神龟，已死三千年，楚王还把它珍藏在宗庙里供着。这只龟是愿意留下骨骸显示尊贵呢，还是愿意拖着尾巴活在泥水里？"吾将曳尾（拖着尾巴）于涂（泥水）中"。说完，便头也不回地继续垂钓于濮水。（见《庄子·秋水》）

⑤**鹤梳翎**：白鹤梳理自身的羽毛。[唐]郑颢《续梦中十韵》诗云："日

斜乌敛翠，风动鹤梳翎。"**鹤**：也称白鸟。[唐]温庭筠《游南塘寄知者》诗云："白鸟梳翎立岸莎，藻花菱刺泛微波。"

⑥**月榭、风亭**：月光下的水榭，清风中的凉亭。[唐]冯翊《桂苑丛谈·赏心亭》曰："且风亭月榭既已荒凉，花圃钓台未惬深旨。"

⑦**一轮秋夜月**：中秋月亮圆如车轮。[宋]辛弃疾《中秋月》词云："一轮秋影转金波，飞镜又重磨。"

⑧**几点晓天星**：晓天星星只剩几颗。[宋]陆游《幽居无一事戏作》诗云："万事已随春枕断，故人何啻（止）晓星疏（稀少）？"晓天星，亦称"曙星"。[唐]刘禹锡《送张盥赴举》云："今来落落（零落；稀疏）如曙星之相望。"

⑨**晋士只知山简醉**：西晋名将山简，嗜酒成癖，人称醉山翁。任征南将军时，镇守襄阳，常赴高阳池纵酒，烂醉方休。有童谣说："山公时一醉，径造（直接去）高阳池。日暮倒载（躺倒在车上）归，酩酊无所知。复能乘骏马，倒着白接篱（古代一种头巾）。"（见《世说新语·任诞》）

⑩**楚人谁识屈原醒**：我国最早的爱国诗人屈原，对楚国统治集团的昏庸腐败极端痛恨。他在《楚辞·渔父》一文中更疾呼："举世皆浊我独清，众人皆醉我独醒。"

⑪**绣倦佳人，慵把鸳鸯文作枕**：思夫佳人懒绣鸳鸯枕。[唐]温庭筠《南歌子》词云："懒拂鸳鸯枕，休缝翡翠裙，罗帐罢炉熏。近来心更切，为思君。"[宋]刘过《贺新郎》："风力嫩，异香软，佳人无意拈针线。"

⑫**吮毫画者，思将孔雀写为屏**：唐高祖李渊皇后窦氏的父亲窦毅，为其女择婿，在屏风上画了两只孔雀，让求婚者各射两箭，暗中约定中目者则许之。李渊两箭各中一目，遂得窦氏。后以"雀屏"为择婿之典。（见《新唐书·太穆窦皇后传》）

⑬**佩紫、纡青**：亦作"纡青拖紫"，腰挂紫色或青色印绶。指官位显赫。《隋书·卢思道传》云："外呈厚貌，内蕴百心，繇是则纡青佩紫，牧州典郡。"《晋书·儒林传序》云："莫不纡青拖紫，服冕乘轩。"

⑭**棋枰**：围棋盘。[宋]王禹偁《春游南静川》诗云："峰峦开画障，

畎亩列棋枰。"**笔架**：毛笔架。例如，[唐]杜甫《题柏大兄弟山居屋壁》诗云："笔架沾窗雨，书签映隙曛。"

⑮**雨雪**：《诗经·小雅·采薇》云："今我来思，雨雪霏霏。"**雷霆**：《易经·系辞上》云："鼓之以雷霆，润之以风雨。"

⑯**蛱蝶、蜻蜓**：蝴蝶与蜻蜓。[唐]杜甫《春日曲江对饮》诗云："穿花蛱蝶深深见，点水蜻蜓款款飞。"

⑰**水岸**：水边的陆地。[唐]韦嗣立《奉和九日幸临渭亭登高应制》诗云："帷宫压水岸，步辇入烟岑。"**沙汀**：水中的沙陆。[南朝梁]江淹《灵丘竹赋》云："郁春华于石岸，艳夏彩于沙汀。"

⑱**天台孙绰赋**：东晋文学家孙绰，原籍山西平遥，后迁于会稽。以文才著称，能文能赋，尤以《游天台山赋》最著名。（见《晋书·孙绰传》）

⑲**剑阁孟阳铭**：西晋文学家张载，字孟阳。当年，他去四川探望在蜀郡做官的父亲，路过广元"一夫当关，万夫莫开"的天险剑阁关时，写铭文一篇，告诫川民不可凭险作乱。益州刺史将此文呈给晋武帝，武帝令将铭文刻在剑阁山上，谓之"剑阁铭"。（见《晋书·张载传》）

⑳**传信子卿千里雁**：西汉使者苏武被匈奴单于放逐北海牧羊时，曾借鸿雁南飞，把信绑在雁足上，给汉武帝传信，透露自己的遭遇。（另一说法，参见上卷"十一真"注②）

㉑**照书车胤一囊萤**：晋人车胤，幼年好学，家贫，无钱买油点灯，夏天就用薄口袋装些萤火虫，照书苦读。后来，功成名就，官至尚书郎。（见《晋书·车胤传》）

㉒**冉冉白云，夜半高遮千里月**：千里明月被慢慢飘移的白云遮掩。这是唐代诗人李朴《中秋》中"皓魄当空宝镜升，云间仙籁寂无声。平分秋色一轮满，长伴云衢千里明"诗意的化用。

㉓**澄澄碧水，宵中寒映一天星**：满天星星倒影在清澈池水中闪烁。这是宋朝词人秦观《临江仙》中"微波澄不动，冷浸一天星"词意的化用。词意是：俯视水中星星的倒影，似乎星星也是寒而湿润的。诗圣杜甫在《水会渡》中写道："迥眺积水外，始知众星干。"诗意是：仰望天空，才知道众

星都是干的。

㉔**传、经**：儒家经典书籍称为"经"；注释或阐述经书之义的文字称为"传"。[宋]罗大经《鹤林玉露》云："三字（指'方寸地'三字，即人心）虽不见经传，却亦甚雅。"

㉕**鹦鹉**：经训练，能模仿人言的鸟。对人言亦言的人，常被人们讥为"鹦鹉学舌"。《景德传灯录二八·药山惟俨和尚》云："鹦鹉学人语话，自话不得，由无智慧故。"**鹡鸰**：亦称脊令，鸟名。人们常以脊令比喻为兄弟的代称。《诗经·小雅·棠棣》云："脊令在原（困在原野上），兄弟急难。"

㉖**黄茅、白荻**：亦作黄茅白苇，连片生长的黄茅草、白芦苇，形容景象单调。荻：芦苇类。[宋]苏轼《答张文潜县丞书》云："王氏欲以其学同天下。地之美者，同于生物，不同于所生。唯荒瘠斥卤之地，弥望皆黄茅白苇，此则王氏之同也。"

㉗**风绕铎**：殿塔的风铎响声迂回不绝。**铎**：风铎，悬挂于殿、塔檐下的铃铛，遇风即响。[唐]白居易《游悟真寺诗》诗云："前对多宝塔，风铎鸣四端。"[唐]南卓《羯鼓录》云："闻塔上风铎声，倾听久之，朝回复至寺舍。"

㉘**雨淋铃**：亦作雨霖铃。传说唐玄宗因安史之乱逃往蜀地，入邪谷时，连日淋雨，栈道中闻铃声与山相应，玄宗为悼念杨贵妃，遂以雨淋和铃声作"雨霖铃"乐曲。（见《明皇杂录》）

㉙**水阁**：临水的楼阁，四面开窗，可凭高远望。[唐]刘禹锡《刘驸马水亭避暑》诗云："千竿竹翠数莲红，水阁虚凉玉簟空。"**山亭**：山上或依山建筑的亭阁。[元]元好问《溪桥独步》诗云："纳纳溪桥逗晚风，水村山阁往来通。"

㉚**渚莲千朵白**：**渚莲**：水边的荷花。[唐]赵嘏《长安晚秋》诗云："紫艳半开篱菊净，红衣落尽渚莲愁。"

㉛**岸柳两行青**：**岸柳**：堤上的柳树。[宋]程珌《朱生论天》中"今日重来桥上望，依然杨柳两行青"诗句的化用。

㉜**汉代宫中生秀柞**：**秀柞**：指秀丽的汉代离宫五柞宫。《汉书·武帝纪》云："二月，行幸（帝王驾临）盩厔（今陕西周至）五柞宫（因宫内有五棵柞树，故名）。"

㉝**尧时阶畔长祥荚**：**荚**：蓂荚，传说是一种祥瑞草的果实。[汉]班固《白虎通·符瑞》载：蓂草生长在宫室出入的台阶两旁。蓂荚果每月初一开始生，一日生一个，十五天生完；从十六日开始，一天落一个，到三十日落完。传说古帝唐尧时代就是按蓂荚果生、落的时间计算日月的。

㉞**一枰决胜，棋子分黑白**：**枰**：围棋盘。东晋宰相王导的次子王恬，字仲豫，少年好武，秉性放诞，不拘礼法。但多技艺，善弈棋，号称"中兴第一"。（见《晋书·王导传》）[唐]韩愈《送灵师》诗云："围棋斗白黑，生死随机权。"[宋]欧阳修《新开棋轩呈元珍表臣》诗云："独收万虑心，于此一枰竟。"

㉟**半幅通灵，画色间丹青**：**半幅通灵**：指画作奇妙，与神灵相通。**丹青**：中国古代绘画常用红、青两色，故称画为"丹青"。晋代画家顾恺之，博学多能，"尤好丹青，妙绝于时。曾以一厨（柜）画寄（存放）桓玄……玄乃发（开）厨后取之，好加理复（把原封条封好）。恺之见封题（封条）如初，而画并不存，直云（说）妙画通灵，变化而去，如人之登仙矣。"（见[南朝宋]檀道鸾《续晋阳秋》）

青韵部代表字

蜻	霆	蜓	庭	亭	陉	型	刑	形	泾	经	青
伶	玲	龄	灵	俜	醒	腥	星	馨	仃	丁	停
荧	萤	荥	萍	屏	瓶	铭	溟	冥	汀	听	零
宁	婷	娉	翎	翎	瓴	聆	硎		蜻	桐	扃
									暝	暝	暝

青韵律诗例选

过零丁洋

[宋]文天祥

辛苦遭逢起一经，干戈寥落四周星。
山河破碎风飘絮，身世浮沉雨打萍。
惶恐滩头说惶恐，零丁洋里叹零丁。
人生自古谁无死，留取丹心照汗青。

读写诗词常识

诗与词的区别

诗与词都属于诗的范围，只是形式上有所区别罢了。

从声韵上看，律诗用平声韵，而词用韵可平可仄；律诗韵位固定，除第一句外，不能用邻韵，而词任用。词不要求对仗，而律诗要求必须对仗。

从字句上看，律诗绝句定句定字不分段，按诗律创作；词是长短句还可分三段四段，词是遵照词律按词谱填写。

比较明显的区别是在语言的应用上，举例李清照的《声声慢》：

寻寻觅觅，冷冷清清，凄凄惨惨戚戚。乍暖还寒时候，最难将息。三杯两盏淡酒，怎敌他、晚来风急。雁过也，正伤心，却是旧时相识。

满地黄花堆积，憔悴损，如今有谁堪摘！守着窗儿，独自怎生得黑！梧桐更兼细雨，到黄昏、点点滴滴。这次第，怎一个愁字了得！

这首词相当的口语化，全篇没有用一个典故，近似白话，一听就懂。虽然语言浅显，但开头连用十四个重叠字，别开生面，不论读和听，都感到新鲜自然别致。最末一句"这次第，怎一个愁字了得"，像叹口气说话一样。这在格律诗里是少见的。虽然口语化，但却为绝妙的上品词。与词相比，律诗的语言近于典雅。

总之，词比诗灵活。

十 蒸

新对旧，降对升，白犬对苍鹰[1]。葛巾对藜杖[2]，涧水对池冰[3]。张兔网，挂鱼罾[4]，燕雀对鲲鹏[5]。炉中煎药火[6]，窗下读书灯[7]。织锦逐梭成舞凤[8]，画屏误笔作飞蝇[9]。宴客刘公，座上满斟三雅爵[10]；迎仙汉帝，宫中高插九光灯[11]。

儒对士[12]，佛对僧[13]，面友对心朋[14]。春残对夏老[15]，夜寝对晨兴[16]。千里马[17]，九霄鹏[18]，霞蔚对云蒸[19]。寒堆阴岭雪[20]，春泮水池冰[21]。亚父愤生撞玉斗[22],周公誓死作金縢[23]。将军元晖,莫怪人讥为饿虎[24];侍中卢昶,难逃世号作饥鹰[25]。规对矩,墨对绳[26],独步对同登[27]。吟哦对讽咏[28],访友对寻僧[29]。风绕屋,水襄陵[30],紫鹄对苍鹰[31]。鸟寒惊夜月[32],鱼暖上春冰[33]。扬子口中飞白凤[34],何郎鼻上集青蝇[35]。巨鲤跃池,翻几重之密藻[36];颠猿饮涧,挂百尺之垂藤[37]。

译文

新对旧,降对升,白狗对苍鹰。葛布头巾对藜藤手杖,山涧水对池塘冰。张开捉兔网,挂起捕鱼罾。燕雀对鲲鹏。炉中煎药火,窗下读书灯。穿梭织锦龙凤舞,画笔误点是飞蝇。刘表宴客,桌上斟满三种好酒;汉武帝迎接西王母,宫中高燃九光灯。

儒生对术士,佛祖对高僧,表面朋友对知心好友。春残对夏末,夜睡对晨起。千里马,九霄鹏,霞光灿烂对云气升腾。天寒阴岭积雪不化,春暖池冰逐渐消融。亚父范增气愤项羽无知拔剑撞玉斗,周成王打开金縢柜方知周公忠心耿耿。北魏元晖无能性残暴,莫怪人们称他"饿虎将军";北魏卢昶贪得无厌,难逃世人唤他"饥鹰侍中"。

圆规对曲尺,墨斗对线绳,独自行走对一同攀登。低声吟诵对高声朗读,探访友人对寻找高僧。风绕屋旋转,大水漫丘陵,天鹅对苍鹰。寒鸟月夜惊叫乱啼,春暖鱼跃跳出冰层。扬雄梦自己口中吐凤凰,何晏梦鼻梁蝇聚要遭殃。大鲤鱼要跳出池塘,需穿过多重繁密水藻;山顶猿想喝山沟泉水,需扯住百尺下垂藤条。

探源 解意

①**白犬**:大白狗。此处指白狗抓汉皇后吕雉腋下的故事。传说汉高祖皇后吕雉之子惠帝即位后,吕雉掌握了实际政权,便杀害戚夫人及其子赵王如意。惠帝死后,她临朝称制。她猜忌多疑又迷信鬼神。一天,她带着随从出宫敬神,恍惚看见一只白犬向她扑来,抓她腋下,她大惊失色,卧病不起。卜算一卦,卦象是赵如意泄愤报复。从此,吕雉病势日日加重。(见《中华帝王全传·吕雉轶事》)**苍鹰**:猛禽。此处指汉代敢斗权贵的郅都。西汉雁门太守、中尉郅都,敢直谏,"行法不避贵戚,列侯宗室见之,侧目而视,号曰'苍鹰'。""苍鹰郅都"的大名匈奴人早有耳闻,对其也是十分忌惮,得知郅都竟然要来做雁门太守,匈奴人惊恐不已,连夜将骑兵后撤,远远地离开了雁门,一直到郅都死去,匈奴人都没能跨过雁门关。(见《史记·酷吏列传》)

②**葛巾**:用葛布制成的头巾。《宋书·陶潜传》云:"郡将陶潜,值其酒熟,取头上葛巾滤酒,毕,还复著之。"**藜杖**:用藜茎制成的拐杖。

（参见下卷"三肴"韵注㉛）

③涧水：夹在两山之间的水沟。[宋]王安石《钟山即事》诗云："涧水无声绕竹流，竹西花草弄春柔。"**池冰**：结冰的池塘。[唐]陆龟蒙《奉和袭美见访不遇》诗云："倚仗遍吟春照午，一池冰段几多消。"

④**张兔网，挂鱼罾**：罾：捕鱼或禽兽的网。[唐]杜甫《寄刘峡州伯华使君》诗云："林居看蚁穴，野食待鱼罾。"

⑤**燕雀**：家燕和麻雀。常用来比喻无足轻重的小人物。《史记·陈涉世家》："燕雀安（怎能）知鸿鹄（天鹅）之志。" **鲲鹏**：传说中最大的鸟。《庄子·逍遥游》载："鹏之徙于南冥也，水击三千里，抟（振翼高飞）扶摇而直上者九万里。"人们常用"鲲鹏"比喻奋发有为的人。

⑥**炉中煎药火：炉火**：指道士炼制丹药。[晋]葛洪《神仙传·李少君》云："少君于安期生（传说是东海边卖药的仙人）得神丹炉火之方。"

⑦**窗下读书灯**：指书生夜间窗下苦读。[唐]王禹偁《清明》诗云："昨日邻家乞新火，晓窗分与读书灯。"[宋]史伯疆《题刘唐叟西山书窗》诗云："白发书生夜不眠，窗下青灯半明灭。"

⑧**织锦逐梭成舞凤**：织锦是以缎纹为地的彩花丝织品，织有龙凤鸟兽图案。[宋]丁谓《锦》诗云："灿灿冰蚕缕，翩翩舞凤文（纹）。"

⑨**画屏误笔作飞蝇**：三国时，吴国曹弗兴，以绘画名冠一时。孙权请曹弗兴绘画屏风，曹弗兴误把墨汁滴在画屏上，成苍蝇状，孙权以为是真蝇落在画屏上，用手指弹之。（见《图绘宝鉴·吴》）

⑩**宴客刘公，座上满斟三雅爵**：雅爵：高雅酒杯。三国时，刘表占据南方，好饮酒。他有三枚雅爵：大者称伯雅，能装七升酒；次者称仲雅，能装六升酒；三者称季雅，能装五升酒。宴客时，各自随量取饮。（见曹丕《典论》）

⑪**迎仙汉帝，宫中高插九光灯**：汉武帝欲成仙，七月七日于宫中"燃九光之灯，列玉门之枣"，迎西王母临宫，期待她能向自己传授长生不老之术。（见班固《武帝内传》）

⑫**儒**：儒生，读书人。[元]黄溍《日损斋笔记·辨经》云："先儒（已去

世儒者）所见，适与前人暗合，而非有所祖述（遵循、效法）。"**士**：术士，有才有德、政治清明的人。秦汉时期，术士也称为"儒生"。《史记·儒林列传序》云："及至秦之季世，焚诗书，坑术士，六艺从此缺矣。"

⑬**佛**："佛陀"的简称，指佛教创始人释迦牟尼。在自觉、觉他（帮助众生觉悟）、觉行三方面修行圆满的佛教徒，称"佛"。[宋]苏轼《赠杜介》诗云："何人识此志，僧眼自照瞭。"**僧**："僧伽"的简称，指修行未满的普通和尚。[唐]杜甫《太平寺泉眼》诗云："取供十方僧，香美胜牛乳。"

⑭**面友**：表面上的朋友，交情不深，貌合神离。[汉]扬雄《法言·学行》云："朋而不心，面朋也；友而不心，面友也。"**心朋**：亦称心友或神交，心意投合、相知有素的朋友。[宋]蔡襄《春夜亭待月有怀》诗云："心朋隔万里，独坐起忧叹。"

⑮**春残**：残春。春天即将过去。[唐]白居易《残春晚起伴客笑谈》诗云："掩户下帘朝睡足，一声黄鸟（黄莺）报残春。"**夏老**：晚夏。残夏。[唐]李山甫《山下残夏偶作》诗云："等闲三伏后，独卧此高丘。残暑炎于火，林风爽带秋。"

⑯**夜寝**：晚睡。《管子·乘马》云："是故夜寝早起，父子兄弟不忘其功，为之不倦，民不惮劳苦。"**晨兴**：早起。[晋]陶渊明《归园田居》诗云："晨兴理荒秽，带月荷锄归。"

⑰**千里马**：骏马，日行千里，形容速度极快。《战国策·燕策》："臣闻古之君人，有以千金求千里马者，三年不能得。"

⑱**九霄鹏**：鲲鹏。（参见本韵注⑤）

⑲**霞蔚、云蒸**：亦作"云兴霞蔚"，形容云气升腾，景色绚烂。《世说新语·言语》云："千岩竞秀，万壑争流，草木蒙笼其上，若云兴霞蔚。"

⑳**寒堆阴岭雪**：天寒阴岭积雪不化。**阴岭**：山岭的北面，特指秦岭终南山北面。这是唐代诗人祖咏《终南望余雪》中"终南阴岭秀，积雪浮云端"诗句的化用。

㉑**春泮水池冰**：春暖池冰慢慢消融。这是南朝宋诗人谢灵运《折杨柳行》中"未觉泮（溶化）春冰，已复谢秋节"诗句的化用。

㉒**亚父愤生撞玉斗**：刘邦攻占秦都咸阳，欲称王关中，项羽决计破刘邦。刘邦亲临鸿门向项羽谢罪。项羽留刘邦宴饮。宴会上，项庄舞剑欲刺刘邦，刘邦借口去厕所逃走，并托张良代向项羽赠白璧一双，向亚父范增赠玉斗一双。项羽欣然受璧，置于座上；而亚父受玉斗，置之地上，拔剑撞而破之，愤怒地说："夺项王天下者，必沛公（刘邦）也。"（见《史记·项羽本纪》）

㉓**周公誓死作金縢**：周武王灭商第二年，患了重病。周公旦设祭坛向先祖发誓，愿代武王去死，以留武王继续治理天下。祈祷毕，命史官把誓词典册封存于"金縢之柜"中。武王死后，周公辅佐年幼的成王摄政，管叔、蔡叔放流言蜚语，说周公欲夺天下，成王亦起疑虑。周公遂避居于东都不出。后来，成王打开金縢柜，览誓词，方知周公之忠勤，执书而泣，遂迎周公归成周。（见《尚书·金縢》）

㉔**将军元晖，莫怪人讥为饿虎**：北朝时，北魏侍中、右卫将军元晖，无德无才，却深受北魏宣武帝元恪的亲宠，凡宫中机要之事，全交元晖藏于密柜，其他大臣无有知者，人们蔑视元晖，称他为"饿虎将军。"

㉕**侍中卢昶，难逃世号作饥鹰**：侍中卢昶也深受宣武帝器重。专横贪纵，时人称之为"饥鹰侍中"。（见《魏书·常山王尊传附拓跋晖》）

㉖**规、矩**：校正方圆的器具。《荀子·儒效》云："设规矩，陈方圆，便备用，君子不如工人。"人们常用"规矩"比喻法度、准则。《史记·礼书》云："人道经纬万端，规矩无所不贯。"**墨、绳**：木匠画直线用的工具。《庄子·逍遥游》云："吾有大树，人谓之樗（臭椿），其大本（树干）臃肿（弯曲又疙瘩）而不中（符合）绳墨。"人们也常用"绳墨"比喻法度、准则。

㉗**独步**：独自步行。《汉书·李陵传》："昏后，陵便衣独步出营。"又比喻人才无与伦比。东汉戴良，字叔鸾，有高才，而隐居不做官。议论奇特，多骇（惊扰）流俗。同郡谢季孝问他："子自视天下孰（谁）为比？"戴良说："我若（就像）仲尼长东鲁，大禹出西羌，独步天下，谁与为偶？"（见《后汉书·戴良传》）**同登**：一同攀登。[唐]郑谷《为户部李郎中与

令季端公寓止渠》诗云:"轻舟共泛花边水,野屐同登竹外山。"又比喻古时科举考试同榜登科,或同时做官。[明]谢谠《四喜记·怡情旅邸》诗云:"题名共列黄金榜,献策同登白玉墀(宫殿前的石阶。借指朝廷)。"

㉘**吟哦**:亦作吟咏,推敲诗句。[唐]孔颖达《疏》云:"动声曰吟,长言曰咏,作诗必歌,故言吟咏情性也。"**讽咏**:亦作讽诵,背诵朗读。《汉书·陈遵传》云:"足下讽诵经书,苦身自约,不敢差跌。"

㉙**访友**:访问朋友。[唐]李咸用《访友人不遇》诗云:"出门无至友,动即到君家。空掩一庭竹,去看何寺花。"**寻僧**:寻找僧人。[宋]陆游《物外杂题》诗云:"送客停山步,寻僧立寺门。"[宋]翁卷《寻僧》诗云:"秋净日晖晖,闲行风满衣。寻僧虽不遇,折得菊花归。"特指"寻唐僧",是古时一种三人抓阄的酒令游戏。用纸阄分别写上唐僧、孙悟空和妖精之名,各抓一纸。抓到孙悟空者,寻谁是唐僧,猜对时,唐僧饮酒一杯;猜错时,与妖精拇战(猜拳),输者,饮酒一杯。(见[明]王征福《拇战谱》)

㉚**风绕屋**:风绕屋子旋转。[明]王朗《浣溪沙·春愁》词云:"抱月怀风绕夜堂(屋)。看花写影上纱窗。"

㉛**水襄陵**:大水漫上丘陵。《书经·尧典》云:"汤汤洪水方割(祸害四方),荡荡怀(包围)山襄陵(漫淹丘陵),浩浩滔天。"

㉜**鸟寒惊夜月**:**鸟寒**:寒鸟,诗人指的是寒秋的乌鸦和喜鹊。乌鹊对光线极敏感,日出日落、月出月落,甚至日蚀月蚀时,都会惊动不安,乱飞乱叫。[宋]辛弃疾《西江月·夜行黄沙道中》词云:"明月别枝(指明月落了,告别了树枝)惊鹊。"这是月亮落时惊鹊。[宋]周邦彦《蝶恋花·早行》词云:"月皎惊乌栖不定。"这是月亮出时惊乌。

㉝**鱼暖上春冰**:春暖冰融,鱼儿跳上水面的薄冰。《礼记·月令》云:"孟春(春季第一月)之月……东风解冻,蛰虫始振,鱼上冰,獭祭鱼,鸿雁来。"

㉞**扬子口中飞白凤**:西汉哲学家扬雄,说话口吃,以文章著名。早年曾模仿司马相如文风,作《长扬》《甘泉》《羽猎》等名赋。后来转而主张一切应以"五经"为准则,自己还仿《论语》作《法言》,仿《易经》作

《太玄》，而把词赋视为"雕虫小技"。有人讽刺他玄学还不通，竟写《太玄经》。但他极为欣赏自己的《太玄经》，说："著《太玄经》，梦自己口中吐凤凰，集于《太玄经》之上，顷而灭。"（见《西京杂记·卷二》）

㉟**何郎鼻上集青蝇**：三国魏玄学家何晏，少年即以貌美而出名，"美姿仪，面至白"，人称"傅粉何郎"。及长，娶魏公主，官至侍中尚书。一天，何晏求相面师管辂卜卦，说："我连日做梦，几十只青蝇聚集于我的鼻子上，这意味着什么？我能升任三公（太尉、司徒、司空）吗？"管辂说："鼻是天中之山，高而不危，所以能长守富，而恶臭的苍蝇集聚鼻上，是灾祸、衰败的征兆，不可不警惕。希望你上追文王之旨，下行为民之义，然后，三公可当，青蝇可退。"管辂的舅父说他说话太直爽，会得罪何晏。管辂说："与死人语，有何可畏？"十多天后，何晏即被司马懿杀死。（见《三国志·魏书·何晏传》）

㊱**巨鲤跃池，翻几重之密藻**：[唐]杜牧《石池》诗云："惊鱼翻藻叶，浴鸟上松根。"

㊲**颠猿饮涧，挂百尺之垂藤**：[唐]许浑《岁暮自广江至新兴往复中题峡山寺》诗云："鹭巢横卧柳，猿饮倒垂藤。"[唐]代萧诠《猿》诗云："隔岩还啸侣，临潭自响空；挂藤疑取饮，吟枝似避弓。"

蒸韵部代表字

蒸	烝	丞	蝇	承	惩	澄	陵	凌	绫	菱	冰
膺	鹰	应	蝇	绳	渑	乘	升	昇	胜	兴	缯
凭	仍	兢	矜	征	称	登	灯	僧	增	曾	憎
赠	层	能	朋	鹏	肱	薨	腾	恒	棱	罾	藤
崩	滕	螣	蹭	崚	姮						

蒸韵律诗例选

寄黄几复

[宋] 黄庭坚

我居北海君南海，寄雁传书谢不能。
桃李春风一杯酒，江湖夜雨十年灯。
持家但有四立壁，治病不蕲三折肱。
想得读书头已白，隔溪猿哭瘴溪藤。

读写诗词常识

邻　韵

所谓邻韵，就是读音相近的韵，用现在的话说，就是韵母相同或大体相同的韵，如上平声"东"和"冬"两个韵目，韵母同是ong，但古代不是同韵，所以是邻韵。有一些韵母，按现在的读音虽然两个韵目的韵母相同，但不算邻韵，如下平声的"庚"、"青"、"蒸"三个韵目，韵母同是eng或ing，其中只有"庚"、"青"的韵母算邻韵。邻韵在古体诗中可以通用；在格律诗中，只能在一首诗的第一句通用。

邻韵：1. 东—冬

2. 江—阳

3. 支—微—齐

4. 鱼—虞

5. 佳—灰

6. 真—文—元（半）（即元韵部的半数与真、文是邻韵）

7. 寒—删—先—元（半）（即元韵部的半数与寒、删、先是邻韵）

8. 萧—肴—豪

9. 庚—青—蒸

10. 覃—盐—咸

平声三十韵中唯有歌、麻、尤、侵等四个韵部没有邻韵。

比如：

清 明

[唐] 杜 牧

清明时节雨纷纷， 路上行人欲断魂。

借问酒家何处有， 牧童遥指杏花村。

这首诗"魂、村"押元韵，第一句的韵脚"纷"是文韵，属邻韵。这是"元"、"文"韵通用。

今人写律诗首句用邻韵或其他的韵脚用邻韵，只要读起来和谐，都是认可的。大家都熟悉的毛泽东的七律《长征》，韵脚"难、丸、寒"是寒韵，而韵脚"闲、颜"是邻韵删韵。"寒、删"韵通用。

十一　尤

荣对辱，喜对忧，夜宴对春游。燕关对楚水①，蜀犬对吴牛②。茶敌睡③，酒消愁④，青眼对白头⑤。马迁修史记⑥，孔子作春秋⑦。适兴子猷常泛棹⑧，思归王粲强登楼⑨。窗下佳人，妆罢重将金插鬓⑩；筵前舞妓，曲终还要锦缠头⑪。

唇对齿，角对头，策马对骑牛⑫。毫尖对笔底⑬，绮阁对雕楼⑭。杨柳岸⑮，荻芦洲⑯，语燕对啼鸠⑰。客乘金络马⑱，人泛木兰舟⑲。绿野耕夫春举耜[20]，碧池渔父晚垂钩[21]。波浪千层，喜见蛟龙得水；云霄万里，惊看雕鹗横秋[23]。

庵对寺[24]，殿对楼，酒艇对渔舟[25]。金龙对彩凤[26]，獖豕对童牛[27]。王郎帽[28]，苏子裘[29]，四季对三秋[30]。峰峦扶地秀[31]，江汉接天流[32]。一湾绿水渔村小[33]，万里青山佛寺幽[34]。龙马呈河，羲圣阐微而画卦[35]；神龟出洛，禹王取法以陈畴[36]。

译文

荣誉对耻辱，喜乐对忧愁，夜晚宴客对春日出游。燕国关塞对楚国江河，蜀地狗对吴地牛。喝茶消睡，饮酒解愁，青眼看人对中年白头。司马迁编纂

《史记》，孔子修订《春秋》。王徽之雪夜泛舟乘兴访戴逵，王粲登楼眺望家乡抒写《登楼赋》。窗下美女，梳妆完又将金钗插鬓；酒宴舞伎，表演完索要锦缎赏酬。

嘴唇对牙齿，羊角对鸡头，乘马对骑牛。笔尖对笔底，画阁对雕楼。杨柳岸，芦苇洲，燕子呢喃对斑鸠啼鸣。客人乘用黄金装饰的马，游人摇着木兰树做的小舟。绿野农夫春耕忙，碧池渔父傍晚还在垂钓钩。蛟龙喜得千层浪；雕鹏喜腾云霄万里秋。

尼庵对僧寺，宫殿对高楼，游船对渔舟。金龙对彩凤，阉猪对小牛。王蒙戴破帽，苏子穿烂裘，四季对三秋。山峦衬得大地美，江汉之水天际流。一湾绿水小渔村，幽静寺院在青山环抱中。龙马背负"河图"出黄河，伏羲据图画成《易经》八卦图；神龟游出洛水献"洛书"，夏禹据此作"洪范九畴"治理九州。

探源 解意

①**燕关**：泛指古燕国地域的关口、要塞，即今之京、冀、辽等部分地区。特指今之"山海关"。[元]周伯琦《野狐岭》诗云："其阴控朔部，其阳接燕关。"**楚水**：泛指古楚国地域的江河湖泽，即今之湘、鄂、豫等部分地区。特指今陕西商县吸乳河（一名乳水）。[北魏]郦道元《水经注·丹水》云："楚水注之，水源出上洛县西南楚山。昔四皓（'商山四皓'）隐于楚山，即此山也。其水……北转入丹水。"

②**蜀犬**：古蜀国地区，多雨雾，见日少，日出，蜀地之犬就对着太阳狂吠，故有"蜀犬吠日"之典。比喻少见多怪。[唐]柳宗元《答韦中立论师道书》云："仆（柳宗元自谦）往闻庸、蜀之南，恒雨少日，日出则犬吠。"**吴牛**：古吴国地区，暑天湿热，耕牛遇热即喘气。它们见了月亮，也以为是日照，则大喘，故有"吴牛喘月"之典。（见《太平御览》）晋代满奋怕风，晋武帝召见他，坐在似透风实密封的琉璃窗前，满奋有受风不安的难色，引起武帝发笑。满奋不好意思地说："臣犹吴牛，见月而喘。"

(见《世说新语·言语》)

③**茶敌睡**：敌，抵抗。[宋]陆游《残春无几述意》诗云："试笔书盈纸，烹茶睡解围。"[元]孙氏大全文集《过慧山方丈试茶赋诗遗之》诗云："驱除鼻中雷，扫尽眼界花。飘飘思凌云，摄身上苍霞。"

④**酒消愁**：曹操有"何以解忧？惟有杜康"之名句（见《短歌行》）；陆游有"闲愁如飞雪，入酒即消融"的佳话（见《对酒》）。更妙的酒消愁说，是古代无名氏的《四不如酒》："刀不能剪心愁，锥不能解肠结，线不能穿泪珠，火不能销鬓雪；不如饮此神圣杯，万念千忧一时歇。"（见《诗渊》）

⑤**青眼**：看人时黑眼珠在眼球的中间叫"青眼"。三国魏文学家阮籍，以青眼善待神交，以白眼蔑视"礼俗之士"。（见《晋书·阮籍传》）**白头**：西晋文学家潘岳，字安仁，才高，善政，相貌美，但中年即生白发。他曾赠诗给好友石崇："投分寄石友，白首同所归。"后来，二人因都得罪过中书令孙秀，被同场行刑。石崇问他："安仁你也遭此难了？"潘岳幽默地说："这就叫'白首同所归'嘛。"（见《晋书·潘岳传》）

⑥**马迁修史记**：西汉史学家、文学家、思想家司马迁的巨著《史记》，是我国最早的一部通史，开创了传记体史书形式。（见《汉书·司马迁传》）

⑦**孔子作春秋**：春秋末思想家、政治家、教育家孔子据鲁史修订的《春秋》，是我国第一部编年体史书，其文笔曲折而意含褒贬，人称"春秋笔法"。（见《史记·孔子世家》）

⑧**适兴子猷常泛棹**：**适兴**：满足兴致要求。东晋黄门侍郎王徽之，字子猷，生性爱竹，与学者、画家、雕刻家戴逵（字安道）友善，家居会稽。一天夜间下大雪，他忽然想念远在剡溪的老友戴安道，便乘夜坐小船去访，一夜方到。但至戴家门口未入而返。人问其故，子猷说："吾本乘兴而行，兴尽而返，何必见戴。"（见《世说新语·任诞》）

⑨**思归王粲强登楼**：东汉文学家王粲，博识多学，依从荆州刘表时，不被重用，偶登麦城（今湖北当阳）城楼有感，乃作《登楼赋》，反映汉末政局混乱，自己怀才不遇，久离家乡，因生思归之情。（见《汉书·王粲传》）

⑩**窗下佳人，妆罢重将金插鬓**：[唐]王维《扶南曲歌词》诗云："朝日照绮窗，佳人坐临镜。散黛恨犹轻，插钗嫌未正。"

⑪**筵前舞妓，曲终还要锦缠头**：酒宴间歌舞的伶人，一曲结束后要索取锦缎作赏赐。唐代杜牧《赠妓诗》中有"笑时花近眼，舞罢锦缠头"。[唐]李益《夜宴观石将军舞》诗云："微月东南上戍楼，琵琶起舞锦缠头。"

⑫**策马**：以鞭击马。春秋鲁国大夫孟之反，英勇而不夸功。一次，战败退兵时，他骑马殿后挡敌。部下让他快退，他"策其马，曰：'非敢后（不是我敢殿后挡敌）也，马不进（快跑）也。'"（见《论语·雍也》）**骑牛**：指"骑牛觅牛"故事。形容骑着牛的人却到处寻牛。《景德传灯录九·福州大安禅师》云："师（大安禅师）即造（去访）百丈（唐代大智禅师怀海），礼而问曰：'学人欲求识佛，何者即是？'百丈曰：'大似（你真像）骑牛觅牛。'"

⑬**毫尖**：毛笔毫端的尖锋。[唐]白居易《代书诗一百韵寄微之》诗云："策（册）目穿如札，毫锋锐若锥。"又比喻诗文书法所表露的锋芒、气势。[唐]李白《草书歌行》云："墨池飞出北溟鱼（指《庄子·逍遥游》中所说的'鲲之大不知其几千里'之北海鲲鱼），笔锋杀尽中山兔（指安徽宣州中山的兔毛毛笔）。"**笔底**：笔底下，即下笔写作文章。[唐]刘禹锡《答乐天见忆》诗云："笔底心无毒，杯前胆不豩（顽劣）。"

⑭**绮阁**：华丽的楼阁。《北史·常景传》云："绮阁金门，可安其宅；锦衣玉食，可颐（保养）其形（形体）。"**雕楼**：亦作绮楼，饰有浮雕绘画的华美楼阁。[唐]韦应物《拟古诗》云："绮楼何氛氲（繁盛），朝日正杲杲（明亮）。"

⑮**杨柳岸**：隋炀帝开凿通济渠（古大运河），两岸广植杨柳。[唐]白居易《隋堤柳》诗云："大业年中炀天子，种柳成行夹流水；西自黄河东至淮，绿影一千三百里。"

⑯**荻芦洲**：安徽繁昌县西北有荻港，以江岸多长芦荻而得名。[唐]皎然《送潘秀才之舒州》云："荻洲寒露彩，雷岸（大雷岸，在安徽望江县）曙潮声。"[唐]杜甫《秋兴八首》诗云："请看石上藤萝月，已映洲前芦荻

花。"（见《辞海》）

⑰**语燕**：燕语，燕子对鸣，比喻闲谈。《汉书·孔光传》云："沐日归休，兄弟妻子燕语，终不及朝省政事。"**啼鸠**：鸠呼。传说，天将下雨时，雄鸠就要把其妇（雌鸠）逐出窝去；雨过天晴时，则频频呼唤其妇归巢。[宋]欧阳修《鸣鸠》诗云："天雨止，鸠呼妇归鸣且喜，妇不亟归呼不已。"

⑱**客乘金络马**：金络：亦作"金匼匝"，金饰马络头。[唐]胡曾《寒食都门作》诗云："金络马衔原上草，玉颜人折路傍花。"[唐]杜甫《送蔡希鲁都尉还陇右》诗云："马头金匼匝，驼背锦模糊。"

⑲**人泛木兰舟**：木兰舟：用木兰树木材造的船，泛指漂亮的船。[宋]晏几道《生查子》："长恨涉江遥，移近溪头住。闲荡木兰舟，误入双鸳浦。"

⑳**绿野耕夫春举耒**：春来，农夫在田野里耕地。李渔的《笠翁对韵》中有"莘野耕夫闲举耒"句，是写传说中商朝大臣伊尹，本为商汤妻之陪嫁奴隶，后佐汤讨伐夏桀，被尊为宰相。老年，隐耕于有莘（国名）之原野。《孟子·万章上》云："伊尹耕于有莘之野，而乐尧舜之道焉。"

㉑**碧池渔父晚垂钩**：日落，渔父在池塘边钓鱼。是对[唐]柳宗元《江雪》"千山鸟飞绝，万径人踪灭。孤舟蓑笠翁，独钓寒江雪"诗意的化用。

㉒**波浪千层，喜见蛟龙得水**：这是唐代诗圣杜甫《奉赠严八阁老》中"蛟龙得云雨（蛟龙到水里，能翻千层波浪）；雕鹗在秋天（雕鹗在秋天，可腾万里云霄）"诗句的化用。《管子·形势》云："蛟龙，水虫之神也。乘于水，则神立；失于水，则神废……故曰：蛟龙得水，而神可立也。"有了施展才能的机会和环境，则威力方现。《三国志·吴书·周瑜传》载：周瑜向孙权上疏，说："刘备以枭雄之姿，而有关羽张飞熊虎之将，必非久屈为人用者……今猥割土地以资业之，聚此三人，俱在疆场，恐蛟龙得云雨，终非池中物也。"

㉓**云霄万里，惊看雕鹗横秋**：[唐]杜甫《奉赠严八阁老》诗云："蛟龙得云雨（蛟龙到水里，能翻千层波浪）；雕鹗在秋天（雕鹗在秋天，可腾万里云霄）。"

㉔**庵、寺**：僧或尼所居的寺庙，俗称尼姑庵、和尚庙。[宋]吴自牧《梦梁录·恩霈军民》云："更有两县置漏泽园一十二所，寺庵寄留椊椟（小棺材）无主者，或暴露遗骸，俱瘗（埋葬）其中。"

㉕**酒艇**：载酒的船。《晋书·毕卓传》云："卓尝谓人曰：得酒满数百斛（酒具）船，四时甘味置两头，右手持酒杯，左手持蟹螯，泊浮酒船中，便足了一生矣。"**渔舟**：渔船。[唐]王勃《滕王阁序》云："渔舟唱晚，响穷彭蠡（鄱阳湖）之滨。"描写渔舟傍晚归航时，渔歌响彻鄱阳湖畔。

㉖**金龙**：金色龙形装饰物。《晋书·舆服志》云："司南车，一名指南车，驾四马，其下制如楼，三级，四角金龙衔羽葆（用鸟羽装饰的车篷）。"**彩凤**：凤凰。[唐]李商隐《无题》诗云："身无彩凤双飞翼，心有灵犀一点通。"

㉗**豮豕**：阉割过的小猪。《周易·大畜》云："豮豕之牙，吉。"**童牛**：未长角的小牛。《周易·大畜》云："童牛之牿，元吉。"

㉘**王郎帽**：东晋司徒左长史王蒙，少年时放荡不羁，长大后克己厉行。他貌美且有才，人人喜爱。一天，他驾车上街，女人们见他的帽子破了，纷纷投给他新帽。（见《晋书·王蒙传》）

㉙**苏子裘**：战国时期，纵横家苏秦，先后向秦惠王上书十次，献对付东方六国之策，以求官职。惠王嫌他平庸，不用。苏秦因久居秦国，钱财早已用尽，便穿着破烂的黑貂皮裘回到洛阳家中。家人也都冷落他，妻子不来迎接，嫂子不给饭吃，父母也不理睬。苏秦决心苦读进取，誓成良才。后周游东方六国，献连横之策，终于佩上了六国相印。（见《战国策·秦策一》）

㉚**四季**：指一年的春、夏、秋、冬四时，每时三个月，其第三个月叫"季月"，因为四时中各有一个季月，故"四时"也叫"四季"。**三秋**："三秋"的说法不一：一说是秋季的第三个月，即农历九月；一说是经历了三个秋季，那就是三年。《诗经·王风·采葛》云："彼采萧（有香味的艾蒿）兮，一日不见，如三秋兮。"传说是热恋中的男女，一日不见，就像隔了三个秋天（三年）。

㉛**峰峦扶地秀**：连绵的山峰衬托大地更加秀丽。**峰峦**：连绵的山峰。

[唐]僧贯休《怀武夷红石子》诗云:"乳香诸洞滴,地秀众峰朝。"[宋]刘过《行香子》云:"峰峦空翠,溪水青连。"

㉜**江汉接天流**：**江汉**：指长江与汉水。[唐]李白《黄鹤楼送孟浩然之广陵》诗云:"孤帆远影碧空尽,唯见长江天际流。"

㉝**一湾绿水渔村小**：杜甫的诗作《江村》,实际上是描写成都浣花溪畔的杜甫草堂之幽静田园美景,如下:"清江一曲抱村流,长夏江村事事幽。自去自来堂上燕,相亲相近水中鸥。老妻画纸为棋局,稚子敲针作钓钩。微躯(瘦弱的身体)此外更何求。"

㉞**万里青山佛寺幽**：幽静的佛寺掩映在深山茂林之中。[唐]周贺《入隐静寺途中作》诗云:"乱云迷远寺,入路认青松……更遇樵人间(寺院),犹言过数峰。"[唐]张文昌《使行望悟真寺》诗云:"采玉峰连佛寺幽,高高斜对驿门楼。"

㉟**龙马呈河,羲圣阐微而画卦**：传说,上古伏羲氏时期,有龙马背负"河图"出现在黄河孟津段水面。伏羲氏根据河图画成八卦,这就是《易经》的来源。(见《易经·系辞上》)现孟津县图河故道上留有龙马负图寺。

㊱**神龟出洛,禹王取法以陈畴**：传说,夏禹时,有神龟背驮洛书浮现洛水而献于禹。夏禹据此洛书制定《洪范九畴》,以九章大法治理国家。(见《尚书·洪范》)

尤韵部代表字

遊舟鸠眸投踌售
游洲收牟头䴗呦
由州遒谋偷蚯
刘周瘳浮陬鹜犹
骝秋抽仇楼啾疣
留羞邱裘鸥楸璆
旒脩稠求讴鞦娄
流修筹囚猴樛勾
忧牛畴休喉虬揉
优攸俦愁侯幽糅
邮悠柔駋矛沟惆
尤猷酬搜㑺钩裯

尤韵律诗例选

山居秋暝

[唐] 王　维

空山新雨后，天气晚来秋。
明月松间照，清泉石上流。
竹喧归浣女，莲动下渔舟。
随意春芳歇，王孙自可留。

乐 府

乐府是汉武帝刘彻设立的专门用来搜集民间流传的诗歌的机构。把民间诗歌搜集上来后，由乐工配上乐曲，在庆典和宴会上演唱。由于乐府搜集的诗都配上了乐曲，后人就把这些诗称为乐府诗，简称乐府。唐宋以后，乐府的含义扩大了，凡能入乐的诗歌，不管是民间的还是诗人创作的，都叫乐府。那些沿用古乐府诗的题目重新写作的诗，也叫乐府。

把词称为乐府，是因为词在最初是配合乐曲演唱的，与乐府诗能唱是一样的。但不是指词来源于当年的乐府。宋代词人的词集有不少称为乐府，如苏轼的《东坡乐府》，杨万里的《诚斋乐府》等。

元人写的散曲，按曲牌填写供入乐演唱，所以当时的曲家也有的把自己的散曲集称作乐府。

最有代表性的乐府诗就是北朝民歌《木兰辞》和汉乐府叙事诗《孔雀东南飞》，并称乐府双璧。

十二 侵

眉对目，口对心，锦瑟对瑶琴①。晓耕对寒钓②，晚笛对秋砧③。松郁郁④，竹森森⑤，闵损对曾参⑥。秦王亲击缶⑦，虞帝自挥琴⑧。三献卞和尝泣玉⑨，四知杨震固辞金⑩。寂寂秋朝，庭叶因霜摧嫩色；沉沉春夜，砌花随月转清阴⑫。

前对后，古对今，野兽对山禽⑬。犍牛对牝马⑭，水浅对山深⑮。曾点瑟⑯，戴逵琴⑰，璞玉对浑金⑱。艳红花弄色⑲，浓绿柳敷阴⑳。不雨汤王方剪爪[21]，有风楚子正披襟[22]。书生惜壮岁韶华，寸阴尺璧[23]；游子爱良宵光景，一刻千金[24]。

丝对竹[25]，剑对琴，素志对丹心[26]。千愁对一醉[27]，虎啸对龙吟[28]。子罕玉[29]，不疑金[30]，往古对来今[31]。天寒邹吹律[32]，岁旱傅为霖[33]。渠说子规为帝魄[34]，侬知孔雀是家禽[35]？屈子沉江，处处舟中争系粽[36]；牛郎渡渚，家家台上竞穿针[37]。

译文

眉毛对眼睛，口是对心非，锦瑟对瑶琴。早晨耕田对寒天垂钓，夜晚悠扬的笛声对寒秋搓衣石上的梆梆棒槌声。松树郁郁，竹林森森，闵损对曾参。秦王被迫敲瓦盆，虞舜求雨自弹五弦琴。卞和三次献玉不成抱玉哭，太尉杨震辞金不受为官清。冷清秋天，庭院绿叶因霜打而凋零；沉静春夜，阶旁花影随月而转动。

前对后，古对今，野外的走兽对山中的飞禽。犍牛对母马，水浅对山深。曾点鼓瑟，戴逵摔琴，未琢的玉对没炼的金。姹紫嫣红百花艳，杨柳浓绿有翠荫。汤王剪指甲祭天求降雨，凉风忽然吹起楚王的衣襟。书生爱惜时间，寸金难买寸光阴；游子贪恋享乐，浪费时光不知一刻千金。

丝弦对竹管，剑声对琴音，素愿对忠心。一醉解千愁，虎啸对龙吟。子罕不贪玉，直不疑被冤窃金，往古对来今。传说齐人吹管天变暖，奴隶傅说为相大旱转雨霖。人说杜鹃是望帝杜宇的魂魄化身，照此说孔雀难道是孔子的家禽？五月五屈原沉江，此日各地舟船挂粽投江以示缅怀；七月七牛郎银河会织女，这天家家女子上高台比赛穿针。

探源 解意

①**锦瑟**：绘纹如锦的瑟。[唐]李商隐《锦瑟》诗云："锦瑟无端五十弦，一弦一柱思华年。"后人以"锦瑟华年"比喻青春时期。**瑶琴**：有玉饰的琴。鲍照《拟古》诗云："明镜尘匣中，瑶琴生网罗。"

②**晓耕**：[唐]颜仁郁《农家》诗云："半夜呼儿趁晓耕，羸牛无力渐艰行，时人不识农家苦，将谓田中谷自生。"**寒钓**：[唐]柳宗元《江雪》诗云："孤舟蓑笠翁，独钓寒江雪。"

③**晚笛**：夜晚笛声。[唐]李白《春夜洛城闻笛》诗云："谁家玉笛暗飞声，散入春风满洛城。此夜曲中闻折柳，何人不起故园情？"**秋砧**：寒秋砧声。砧，捣衣石。[南唐]李煜《捣练子令》云："深院静，小庭空，断续寒砧断续风。"

④**松郁郁**：[唐]李峤《松》诗云："郁郁高岩表，森森幽涧垂。"

⑤**竹森森**：[宋]梅圣俞《细竹》诗云："森森汉宫竹，托本异孤生。"

⑥**闵损**：孔子的早期弟子，字子骞，以孝著称。少时受继母虐待，寒冬时节，继母给其亲生子穿棉衣，而给闵损穿不保暖的芦花。损父知情后，欲休继母，闵损向父亲跪下为继母求情，说："继母在，我一人寒冷，继母去，我兄弟二人受冻。"父亲遂罢休，继母亦悔悟，从此，全家和睦。(见《史记·仲尼弟子列传》）**曾参**：曾子，名参，字子舆，孔子的学生，以孝著称。他提出了"吾日三省吾身"的修养方法。传说他是《大学》一书的作者。后世尊他为"宗圣"。(见《史记·仲尼弟子列传》）

⑦**秦王亲击缶**：在秦昭王约赵惠文王的渑池会上，蔺相如强逼秦昭王敲缶（秦国瓦盆），以娱乐赵王。(参见本卷"二萧"韵注⑰）

⑧**虞帝自挥琴**：上古帝王虞舜，恭谨孝顺，躬行无为而治，曾作《南风歌》，弹五弦琴，祈求风调雨顺，五谷丰登。(参见上卷"十二文"注⑤）

⑨**三献卞和尝泣玉**：春秋时期，楚国人卞和在荆山寻得一块璞玉，献给楚厉王熊眴，厉王使玉匠检验，说是石头，以欺君之罪砍断卞和的左足。楚武王熊通即位，卞和又把璞玉献给武王，武王仍以欺君之罪砍掉卞和的右足。到楚文王熊赀继位后，卞和抱玉哭于荆山之下，文王派人问其故，卞和说："吾非悲刖（断足）也，悲宝玉被视为石，贞士被认是诳人。"文王使工匠剖璞检验，果是一块宝玉，因此命名为"和氏璧"。(见《韩非子·和氏》）

⑩**四知杨震固辞金**：东汉太尉杨震，字伯起，今陕西华阴人。他博学通经，时称"关西孔子杨伯起"。他为官清廉，憎恶贪侈骄横。昌邑令王密，夜间怀金十斤给杨震送礼，杨震说："故人（杨震自称）知君（指王密），君不知故人，何也？"王密说："暮夜无知者。"杨震说："天知，神知，我知，子（你）知，何谓无知者？"王密羞愧地抱金回去了。(见《后汉书·杨震传》）

⑪**寂寂秋朝，庭叶因霜摧嫩色**：冷落的秋天，庭院绿叶因霜打而凋零。[明]陈汝言《兰》诗云："冬寒霜雪零，绿叶恐雕伤。"

⑫**沉沉春夜，砌花随月转清阴**：静静的春夜，石阶上的花影随月移而转动。**清阴**：清静的阴影。这是宋朝王安石《春夜》中"春色恼人眠不得，

月移花影上栏干"诗句的化用。

⑬**野兽、山禽**：非人工饲养的野生禽兽。

⑭**犍牛**：阉割过的牛。[汉]许慎《说文解字》云："犍，犗牛也。"**牝马**：母马。《列子·说符》云："秦穆公问九方皋：'何马也？'对曰：'牝（雌性鸟兽）而黄。'"

⑮**山深**：[宋]辛弃疾《菩萨蛮·书江西造口壁》："江晚正愁余，山深闻鹧鸪。"

⑯**曾点瑟**：孔子听完学生子路、冉求、公西赤三人谈了自己的志向后，又问曾点（曾参之父）的想法。曾点正在弹瑟，听到老师发问，把瑟放下，站起来说："我愿在春末时节，带几个青少年到沂水洗洗澡，在祈雨台上吹吹风，然后唱着歌快乐地回家去。"孔子说："好！"（见《论语·先进》）

⑰**戴逵琴**：东晋乐师、画家戴逵，字安道，少年博学，各种巧艺无所不能，尤善弹琴瑟。他蔑视权贵，常以书画鼓瑟自乐。太宰、武陵王司马晞派人来召他弹琴，他当着来人摔碎其琴，说："戴安道不能为王门伶人（艺人）！"（见《晋书·戴逵传》）

⑱**璞玉、浑金**：未琢的玉，未炼的金，质性天然纯美，常用以比喻人的品质纯厚。《世说新语·赏誉》：西晋吏部尚书山涛，字巨源，任用人才谨慎，不随意取舍。善于鉴识和评论人的尚书令王戎说："目（看出）山巨源如璞玉浑金，人皆钦其宝，莫知名其器。"

⑲**艳红花弄色**：百花弄色红艳艳。[元]马致远《赏花时·弄花香满衣》曲云："万紫千红妖弄色，娇态难禁风力摆（摇摆）。"

⑳**浓绿柳敷阴**：柳枝扩荫绿浓浓。[宋]吴仲孚《柳》诗云："灞桥烟水碧沉沉，万缕（柳条）低垂结翠阴（绿色树阴）。"

㉑**不雨汤王方剪爪**：传说，商汤王时期，中原连续七年大旱，商汤王剪爪（手指甲），以己身之物为祭品，祈祷于桑林之野，求上天"无以余（我）一人不敏（勤勉），伤民之命"。并举出六件错误自责。祷告未了，方圆数千里即下大雨。（见[宋]金履祥《通鉴前编》）

㉒有风楚子正披襟：战国时期，楚顷襄王游历兰台宫时，忽然凉风吹起，楚王顿觉浑身舒适，说："快哉！庆幸寡人（自称）能与庶人（百姓）共享此风。"侍从一旁的辞赋大家宋玉说："这是送给大王独有之风，士庶人怎能共享？"楚王说："风者，天地之气，不分贵贱高下，将刮到每个人的身上，你说仅是刮给我的，有何根据？"宋玉说，风有雌雄之分，刮到宫中来的是雄风，您感到舒适；刮到穷街陋巷的是雌风，雌风"动沙堁，吹死灰，骇溷浊（污浊），扬腐余（腐烂肮脏之物）"，威胁庶人的健康和生命。宋玉的话，表面是在奉承楚王，实际是借风分雌雄而讽刺事事贵贱有别。（见[战国楚]宋玉《风赋》）

㉓书生惜壮岁韶华，寸阴尺璧：韶华：美好的时光。寸阴尺璧：一寸光阴重于直径一尺的宝玉。《淮南子·原道》："圣人不贵尺之璧，而重寸之阴；时（光阴）难得而易失也。"[三国魏]曹丕《典论》云："古人贱尺璧而重寸阴，惧乎时之过已。"

㉔游子爱良宵光景，一刻千金：良宵：美好的夜晚。一刻千金：一刻时光价值千金。[宋]苏轼《春宵》诗云："春宵一刻值千金，花有清香月有阴。"

㉕丝、竹：指我国古代八类乐器中的两类，丝类如琴瑟，竹类如管钥（笛箫）。[唐]陆龟蒙《大子夜歌》诗云："丝竹发歌响，假器扬清音。不知歌谣妙，声势出口心。"

㉖素志：平素的心愿。[唐]李白《赠从弟南平太守之遥》诗云："素心爱美酒，不是顾专城。"丹心：赤诚的心。[宋]文天祥《过零丁洋》诗云："人生自古谁无死，留取丹心照汗青（指史册）。"

㉗千愁、一醉：一醉解千愁。[唐]杜甫《落日》诗云："浊醪谁造汝？一酌散千忧。"

㉘虎啸、龙吟：虎哮龙鸣。[南朝梁]刘孝标《辩命论》云："夫虎啸风驰，龙兴云属。"形容歌声雄壮而嘹亮。[明]沈鲸《双珠记·风鉴通神》云："礼乐致中和，愿鼓舞于虎啸龙吟之地。"[南朝]刘孝先《咏竹》诗云："谁能制长笛，当为吐龙吟。"

㉙**子罕玉**：春秋时期，宋国有人拿美玉想送给孔子的弟子子罕，子罕不受。送玉人说："此玉是一块宝玉。"子罕说："你以玉为宝，我以不贪婪为宝；我如收了你的玉，你就失了'美玉'之宝，我也失了'不贪'之宝。"（见《左传·襄公十六年》）

㉚**不疑金**：西汉御史大夫直不疑，侍从文帝时，同舍人告假回乡，误把同舍郎之金当成自己的金拿去。失金者以为是直不疑所窃，不疑没有争辩，买金给失者。误拿金者归来，把金还给失者，失者大为惭愧，尊称直不疑为"长者"。（见《汉书·直不疑传》）

㉛**往古、来今**：亦作古往今来，从古至今。[晋]潘岳《西征赋》云："古往今来，邈（久远）矣悠哉！"

㉜**天寒邹吹律**：迷信传说，战国齐人邹衍精于音律，吹奏的音律能使气温变暖。《列子·问汤》云："北方有地，美而寒，不生五谷。邹子吹律暖之，而禾黍滋（生长）也。"

㉝**岁旱傅为霖**：商朝高宗武丁，任命傅岩地方的筑墙奴隶傅说为宰相，治理国家。高宗说："若岁（就像年景）大旱，用汝（你）作霖雨。"（见《尚书·说命上》）

㉞**渠说子规为帝魄**：子规说自己是故望帝杜宇的化身。渠，他。子规，杜鹃。（参见上卷"八齐"注⑭）

㉟**侬知孔雀是家禽**：你认为孔雀是孔夫子家养的家禽吗？侬：你。清朝张玉书《佩文韵府》载："杨德祖年九岁，孔君平诣（去；来）其家，设果有杨梅，孔指之曰：'此君家果也。'杨（杨德祖）应声答曰：'未闻孔雀是夫子（孔子）家禽。'"

㊱**屈子沉江，处处舟中争系粽**：楚国爱国诗人屈原，五月五日投汨罗江而死，"楚人哀其忠，贮米为粽，以吊之，相沿至今。"（见《荆楚岁时记》）端午节这一天，很多地方还组织龙舟赛，悼念屈原。（见[南朝]梁吴均《续齐谐记》）

㊲**牛郎渡渚，家家台上竞穿针**：神话传说，织女是王母的孙女，她中断在天上织锦，自主下凡嫁给牛郎，生儿育女。王母得息，大怒，强行把织

女收回天庭,牛郎带着子女只能隔着天河与织女相望。他们的爱情故事感动了天下喜鹊,每年七月七日千万只喜鹊相拥搭桥,使牛郎织女得以鹊桥相会。人间女子也在这天晚上于高台上穿针引线,向织女求智巧,故称"乞巧"。(见任昉《述异记》)

侵韵部代表字

侵	今	襟	金	音	岑	簪	阴	壬	任	歆	森
禁	骎	祲	嶔	参	琛	寻	浔	临	林	霖	针
箴	斟	沉	碪	深	淫	心	琴	禽	擒	钦	衾
吟	涔										

侵韵律诗例选

春 望

[唐]杜 甫

国破山河在,城春草木深。
感时花溅泪,恨别鸟惊心。
烽火连三月,家书抵万金。
白头搔更短,浑欲不胜簪。

读写诗词常识

炼 句

炼句是诗人们很讲究的修辞手法，把一个句子炼好了，全诗生辉。

炼句，实际就是炼句中的重要字，这个重要字就是谓语的中心词（称"谓词"）。把这个中心词炼好了，那么就达到"一字千金"，诗句就变得生动、形象、精妙了。诗人贾岛请教韩愈"鸟宿池边树，僧敲月下门"中的"敲"，用"推"还是用"敲"呢？韩愈说用"敲"，这个"敲"字便是谓语中心词。在夜深人静中，噔噔的敲门声比咿呀的推门声好听、文雅、生动多了。这个"推敲"故事就是"炼句"。

谓语中心词，常常由动词充当。练字往往就是炼动词。下面举例说明。

毛泽东的《菩萨蛮·黄鹤楼》第三四两句："烟雨莽苍苍，龟蛇锁大江"，"锁"是炼字。把长江两岸的龟山蛇山的重要位置显示出来了，而且非常形象。

毛泽东的《沁园春·雪》第八九两句："山舞银蛇，原驰蜡象"，"舞"和"驰"是炼字。用银蛇形容雪后的山，蜡象形容雪后的高原，这都是静态的，用上"舞"和"驰"，山和高原都动起来了，十分壮观的大好河山在盼着"风流人物"的到来。

形容词和名词，当被用来作动词的时候，也往往是炼字。

王维的《观猎》第三四两句："草枯鹰眼疾，雪尽马蹄轻"，其中"枯、疾、尽、轻"都是谓语。"枯、尽"是平常谓语，而"疾、轻"是炼字。草枯以后，鹰的眼睛看得更清楚了，诗人不用"清楚"，用比"快"还快的"疾"；雪尽后，马蹄走得更快了，诗人不用"快"，而用"轻"，"轻"比"快"要更形象。

炼句是修辞问题，也有语法问题。如二者得兼，炼句便会得心应手。

十三 覃

千对百，两对三，地北对天南①。佛堂对仙洞，道院对禅庵③。山泼黛④，水浮蓝⑤，雪岭对云潭⑥。凤飞方翙翙⑦，虎视已眈眈⑧。窗下书生时讽咏⑨，筵前酒客日耽酣⑩。白草满郊，秋日牧征人之马⑪；绿桑盈亩，春时供农妇之蚕⑫。

将对欲⑬，可对堪⑭，德被对恩覃⑮。权衡对尺度⑯，雪寺对云庵⑰。安邑枣⑱，洞庭柑⑲，不愧对无惭⑳。魏征能直谏㉑，王衍善清谈㉒。紫梨摘去从山北[23]，丹荔传来自海南[24]。攘鸡非君子所为，但当月一；养狙是山公之智，止用朝三[26]。

中对外，北对南，贝母对宜男[27]。移山对浚井[28]，谏苦对言甘[29]。千取百[30]，二为三[31]，魏尚对周堪[32]。海门翻夕浪[33]，山市拥晴岚[34]。新缔直投公子纻[35]，旧交犹脱馆人骖[36]。文达淹通，已叹冰兮寒过水[37]；和博雅，可知青者胜于蓝[38]。

译文

千对百，两对三，地北对天南。佛堂对仙洞，道院对禅庵。山墨绿，水青蓝，雪山对温泉。凤凰刚要展翅飞，老虎凶狠目眈眈。窗下书生读书吟诵，宴席上酒客酩酊大酣。秋天旷野干草多，供征人牧马；春天原野满绿桑，供农妇养蚕。

即将对马上，可以对哪能，广教仁德对普施恩泽。称轻重对测长短，白雪覆盖寺院对云雾笼罩尼庵。安邑产蜜枣，洞庭有橘柑，无愧对无惭。魏征直言敢谏，王衍信口雌黄。涂山之北摘紫梨，荔枝传来自海南。偷鸡不是君子所为，小偷说允许他每月只偷一只（知错为何不改）；养猴老人有智慧，给猴子分橡子吃，将早分三个晚分四个改早四个晚三个，猴子便不闹了（朝三暮四源于此）。

里面对外面，北边对南边，贝母对宜男。愚公移山对虞舜挖井，苦口良言对口蜜腹剑。孟子论"千取百"，庄子论"二为三"，太守魏尚对名儒周堪。入海口傍晚波浪滚，山镇遇晴天淡雾缭。季札子产互赠缟带和纻衣，孔子解马帮旧友办丧事吊唁。盖文达师从大儒刘焯，学问精深通达，人说冰生于水而寒于水（意在后人超前人）；李谧师从博士孔璠读经书，后孔璠反而向李谧请教，人说青出于蓝而胜于蓝（意在学问胜师）。

探源 解意

①**地北、天南**：比喻相隔遥远。[金]元好问《迈陂塘》词云："天南地北双飞客，老翅几回寒暑。"[元]萨都剌《相逢行赠别旧友冶将军序》云："人生聚散，信如浮云；地北天南，会有相见。"

②**佛堂**：本为佛所住的殿堂，后指供奉佛像的处所。[唐]义净为《毗奈耶杂事二六》作注云："西方名佛所住堂为健陀俱知（健陀俱知，是'香室'，本为释迦牟尼居室，后转为佛殿、佛堂）。"**仙洞**：仙人居住的地方。道家追求洞中修行成仙。道家传说王屋山（在河南济源境内）、泰山等有十大洞天、三十六小洞天。传说黄帝曾在仙都山（浙江缙云山）第二十九洞天炼丹。（见《元和郡县志·洞天福地》）

③**道院**：道人所居之处。[宋]王禹偁《寄献翰林宋舍人》诗云："宫墙月上开琴匣，道院风清响药罗。"**禅庵**：僧尼奉佛的场所。《洛阳

伽蓝记·景林寺》云："中有禅房一所，内置祇洹精舍（传说是供如来的居室）。"[宋]苏轼《怡然以垂云新茶见饷》诗云："晓日云庵暖，春风浴殿寒。"

④山泼黛：泼黛，一片墨绿。[宋]黄庭坚《诉衷情》词云："山泼黛，水挼（搓揉）蓝。"

⑤水浮蓝：水面呈蓝色。[元]张养浩《普天乐》词云："水挼蓝（揉兰草呈深青色），山横黛，水光山色，掩映书斋。"

⑥雪岭：泛指雪山。云南丽江西北有雪山，又名"玉龙山"、"云岭"，山峰上插云霄，积雪终年不化。传说佛祖释迦牟尼曾在雪山修菩萨行，法号"雪山大士"，或曰"雪山童子"。《涅槃经·圣行品》云："我于尔时作婆罗门修菩萨行……住于雪山。其山清净，流泉浴池，树林药木，充满其地。"**云潭**：温泉潭。上有蒸气如云，故称。[宋]鲍照《苦热行》诗云："汤泉发云潭，焦烟（热气）起石圻（曲折的石岸）。"

⑦凤飞方翙翙：语出《诗经·大雅·卷阿》："凤皇于飞，翙翙（鸟飞展翅的声音）其羽。"

⑧虎视已眈眈：语出《易经·颐》："虎视眈眈，其欲逐逐（接连不断）。"

⑨窗下书生时讽咏：讽咏：亦作"讽诵"，朗读背诵。[唐]隔窗鬼《题窗上》诗云："何人窗下读书声，南斗阑干北斗横。"

⑩筵前酒客日耽酣：耽酣，一作醺酣。[元]高文秀《遇上皇》云："微臣最小胆，则待逐日醺酣。"

⑪**白草满郊，秋日牧征人之马**：秋季旷野里满地干熟的白草，供牧征人养马。[唐]颜师古《注》云：白草，"牛马所嗜也"。

⑫**绿桑盈亩，春时供农妇之蚕**：春天田野里遍地碧绿的桑叶，供养农妇养蚕。[元]黄叔美《桑间行》诗云："大姑蚕初忙，桑叶如发绿。大姑蚕已熟，桑叶如发秃。"

⑬**将、欲**：要想。老子《道德经》第三十六章写道："将欲废之，必固（同'姑'，姑且）兴之；将欲夺之，必固予之。"此话后来变成"将欲取

之，必先予（给与）之。"

⑭**可、堪**：怎堪；怎能。[宋]秦观《踏莎行·雾失楼台》诗云："可堪孤馆闭春寒，杜鹃声里斜阳暮。"

⑮**德被**：普施德教。《汉书·董仲舒传》云："虐政（暴政）用于天下，而欲德教之被（遍及）四海，故难成也。" **恩覃**：广布恩泽。亦作覃恩，多指帝王诏令封赏或赦免。《旧唐书·王承宗传》云："顺阳和而布泽，因雷雨以覃恩。"

⑯**权衡**：称重量用的秤。**权**：秤锤；**衡**：秤杆。《礼记·深衣》云："下齐（衣裳的下摆要高低一样）如权衡以应平。" **尺度**：计量物体长宽度的定制。[唐]白居易《大巧若拙赋》云："嘉其尺度有则，绳墨无挠（弯曲）。"

⑰**雪寺**：高山雪岭上的寺庙。[唐]鲍溶《怀惠明禅师》诗云："雪山世界此凉夜，宝月独照琉璃宫。" **云庵**：高山云岭上的小庙。[宋]苏轼《怡然以垂云新茶见饷》诗云："晓日云庵暖，春风浴殿寒。"云庵也指高山上的屋舍。[元]李存《题云庵》诗云："夜宿云庵中，白云满床头。"

⑱**安邑枣**：古时安邑（今山西运城）出产的枣子。《史记·货殖列传》云："安邑千树枣，燕秦千树栗。"魏文帝说："凡枣味，莫若安邑御枣也。"

⑲**洞庭柑**：亦作洞庭橘。[宋]韩彦直《橘录》云："洞庭柑皮细而味美……熟最早，藏之至来岁之春，其色如丹。乡人谓其种自洞庭山来，故以得名。"

⑳**不愧**：当之无愧。《孟子·尽心上》云："仰不愧于天，俯不怍于人。" **无惭**：无所惭愧。[唐]杜甫《赠崔十三评事公辅》云："舅氏多人物，无惭困翶垂。"

㉑**魏征能直谏**：唐初政治家魏征，太宗时任谏议大夫，前后陈谏二百余事，并提出"兼听则明，偏信则暗"，力劝太宗要"居安思危，戒奢以俭"，要"任贤受谏"，要爱民。他说："君为舟，民为水；水能载舟，亦能覆舟。"（见《旧唐书·魏征传》）

㉒**王衍善清谈**：西晋大臣王衍，喜谈老庄学，所发议论觉有不妥，就

会像用雌黄（黄色颜料）涂改错别字一样，随口更改，时人讥笑他是"口中雌黄"。后人称言语轻率、反复多变为"信口雌黄"。（见《晋书·王衍传》）

㉓**紫梨摘去从山北**：神话传说，涂山之北产梨，大如斗，紫色，千年一花。（见［东汉］郭宪《汉武洞冥记》）

㉔**丹荔传来自海南**：传说，唐玄宗的爱妃杨玉环爱吃鲜荔枝，海南与四川的荔枝最好，就派人骑快马从两地运到长安。（参见上卷"十三元"注⑱）［唐］杜牧《过华清宫绝句》诗云："一骑红尘妃子笑，无人知是荔枝来。"

㉕**攘鸡非君子所为，但当月一**：东周时期，有个小偷每天都要偷邻居家的鸡。有人劝他说："这不是君子应有的行为，不要偷了。"小偷却说："那请允许我每月偷一只，到明年彻底罢手。"孟子听到后，说："既已知道这是不义行为，应速改正，为何要等到明年？"（见《孟子·滕文公下》）

㉖**养狙是山公之智，止用朝三**：有个养猕猴的老人，给猴子分橡子吃，每天早上三个，晚上四个，众猴均怒而不食。养猴老人就改为早上四个，晚上三个，众猴皆悦。这就是"朝三暮四"典故的来源。（见《庄子·齐物论》）

㉗**贝母**：多年生草本植物，百合科。这是借百合，祝愿新婚夫妇百年好合。（见《中华本草》）**宜男**："萱草"的别名。传说，怀孕妇女佩戴萱草花，宜于生男孩，故称"宜男"。（见《本草纲目·草部五》）

㉘**浚井**：淘井。《孟子·万章上》载：古代帝王虞舜小的时候，父母叫他淘井。舜下井淘完泥上来后，父母以为他还在井下，就填土埋井，要害死虞舜。

㉙**谏苦、言甘**：谏苦，即苦言，逆耳的劝诫。言甘，即"甘言"，谄媚奉承的话。《史记·商君列传》云："商君曰：'语有之矣。貌言华也，至言实也；苦言药也，甘言疾也。'"

㉚**千取百**：《孟子·梁惠王上》云："万取千焉，千取百焉，不为不多矣。苟为后义而先利，不夺不餍（文意：在一个拥有万辆或千辆兵车的国家里，一个大臣已经占有千辆或百辆，这不能说不多吧。但这个大臣如果把贪利放在守义之上，那么，他不篡夺君位就满足不了他的贪心）。"

㉛**二为三**：《庄子·齐物论》云："一与（加；添）言（客观存在之外的评论者）为二，二与一为三（文意是：客观存在为一体，加上我的评论，就成了二；二再加上一个评论者，就成了三）。"

㉜**魏尚**：西汉云中（北方地区）太守魏尚，守卫北方，军纪严明，官兵和谐，"匈奴不敢近云中。"（见《汉书·张冯汲郑传》）**周堪**：西汉名儒周堪，汉文帝时任光禄大夫，与萧望之齐名，并领尚书事，曾在未央宫石渠阁讲经。（见《汉书·周堪传》）

㉝**海门翻夕浪**：海口晚潮波浪滚。**海门**：海口，内河通海之处。**夕浪**：晚潮。浙江天台山境北有台州湾，入海处，现已设海门特区。[唐]刘禹锡《杂曲歌辞·浪淘沙》云："八月涛声吼地来，头高数丈触山回。须臾却入海门去，卷起沙堆似雪堆。"

㉞**山市拥晴岚**：山市日朗雾气稀。**山市**：山中市镇。**晴岚**：晴日山中的雾气。湖南潇水湘水合流处有著名的"潇湘八景"游览区，"山市晴岚"是八景之一。[宋]米芾《山市晴岚》云："乱峰空翠晴犹湿，山市岚昏近觉遥。"

㉟**新缔直投公子纻**：春秋时期，吴国公子季札访问郑国，会见郑国宰相子产，二人一见如故，季札赠子产以缟带，子产回赠季札以纻衣。后人以"缟纻"比喻友谊深厚。（见《左传·襄公二十九年》）

㊱**旧交犹脱馆人骖**：**骖**：古代三匹或四匹马拉的车子，中间的马叫"服马"，两边两马叫"骖马"。孔子再游卫国时，恰遇旧馆人办丧事，便悲痛地去吊唁，并让学生子贡解下自己车上的骖马，资助丧用。（见《礼记·檀公上》）

㊲**文达渊通，已叹冰兮寒过水**：**渊通**：学问精深通达。唐代经学家盖文达，少时从大儒刘焯为师。他博学通经，尤明春秋三传。刺史窦抗召集名儒论经，盖文达依经辩举，诸儒叹服。窦抗惊奇，问："他是跟谁学的？"刘焯说："若（这个）人奇巍（幼年聪慧），出自天然……焯为之（他的）师。"窦抗说："冰生于水而寒于水，其谓此邪？"比喻后人超过前人。（见《新唐书·盖文达传》）

㊳**永和博雅，可知青者胜于蓝：博雅：**知识渊博典雅。《荀子·劝学》云："青，取之于蓝而青于蓝；冰，水为之而寒于水。"北朝魏人李谧，字永和，起初拜小学博士孔璠为师读经书，数年后，孔璠反而向李谧请业。为此，同门生说："青成蓝，蓝谢青，师何常（老师为何必然永远是老师）？在明经（谁最精通经学谁就是老师）。"（见《北史·李谧传》）

覃韵部代表字

覃	潭	参	骖	南	柟	男	谙	庵	含	涵	函
岚	蚕	探	贪	耽	龛	堪	谈	甘	三	酣	柑
惭	蓝	担	簪

覃韵律诗例选

寓 言

[唐] 杜 牧

暖风迟日柳初含，顾影看身又自惭。
何事明朝独惆怅，杏花时节在江南。

对 联

对联雅称楹联，俗称对子。基本定义是：由上下两句词语对偶、声调对立、意义相联的文字组成的，又可以独立使用的一种精致的文体。对联只有两句，可以说是一种特殊形式的律诗。对联种类很多，有春联、喜联、寿联、挽联、庆典联、楼阁联、古刹联、文史联等等。

对联始创于五代后蜀，后蜀主孟昶在桃符板上写"新年纳余庆，嘉节号长春"，这是我国的第一副春联。宋朝是对联的初步发展阶段。从明代开始，朱元璋提倡以红纸代替桃板，家家岁末贴红纸对联，从此，年年写春联贴春联得以普及和流传。从清代一直到今，创作对联渗透到各家各业，成为对联文体发展的鼎盛时期。现在，楹联习俗也光荣成为我国的非物质文化遗产。

写对联要掌握以下几个要点：

1. 字句对等。上下联的字数句数相同，如果是多分句联，分句的字数句数也必须对等。

2. 词性对品。即上下联句里处于相同位置的词，词的属性是相同的，即：实词中的名词对名词，动词对动词，形容词对形容词，代词对代词，量词对量词，虚词中介词对介词，连词对连词，象声词对象声词等等。

3. 结构对应。即上下联句中的句式结构或词语结构是一致的，不管句中是偏正结构、联合结构、主谓结构、动宾结构、动补结构，一定是对应的。

4. 节奏对拍。即上下联句的语句节奏保持一致，对于节奏点要具体情况具体分析，常见语意的自然停顿处为节奏点，读时语流顺畅，节奏明快。

5. 平仄对立。即本句中相临音节点平仄交替；上下句对应音节点平仄对立；多分句联中分句尾字的平仄声调作有规律的对换。

6. 形对意联。即服务一个中心，上下联所表达的意思有关联。

写对联需重视：

1. 不能有重复字出现。

2. 上联尾字多为仄声，下联尾字应为平声。

3. 对仗是对联艺术的精髓，在出句和对句的相同位置上，一定要有对仗句出现。

4. 贴对联面对门右手方为上联，左手方为下联。横批自左起。

《声律启蒙》和《笠翁对韵》是各种类型"对子"的集大成，读者可以联系诗律、联律细心对比分析学习，并可模仿练习。

十四　盐

悲对乐，爱对嫌，玉兔对银蟾①。醉侯对诗史②，眼底对眉尖③。风习习④，雨绵绵⑤，李苦对瓜甜⑥。画堂施锦帐⑦，酒市舞青帘⑧。横槊赋诗传孟德⑨，引壶酌酒尚陶潜⑩。两曜迭明⑪，日东生而月西出⑫；五行式序⑬，水下润而火上炎⑭。

如对似，减对添，绣幕对朱帘⑮。探珠对献玉⑯，鹭立对鱼潜⑰。玉屑饭⑱，水晶盐⑲，手剑对腰镰⑳。燕窠依邃阁㉑，蛛网挂虚檐㉒。夺槊

声律启蒙 精读

至三唐敬德[23]，奕棋第一晋王恬[24]。南浦客归，湛湛春波千顷净[25]；西楼人巧，弯弯夜月一钩纤[26]。

逢对遇，仰对瞻，市井对闾阎[27]。投簪对结绶[28]，握发对掀髯[29]。张绣幕[30]，卷珠帘[31]，石磴对江淹[32]。宵征方肃肃[33]，夜饮已厌厌[34]。心褊小人长戚戚[35]，礼多君子屡谦谦[36]。美刺殊文，备三百五篇诗咏[37]；吉凶异画，变六十四卦爻占[38]。

译文

悲伤对快乐，喜爱对嫌弃，玉兔对月亮。醉侯刘伶对诗史杜甫，眼底无事对心事上眉头。暖风习习，细雨绵绵，李子味苦对西瓜味甜。华彩殿堂挂有大锦帐，小酒店门前插个小酒幡。曹孟德横槊赋诗传遍天下，陶渊明隐居独酌令人赞赏。日月交替，日东升而月西沉；金木水火土五行有序，水下浸而火上炎。

好像对相似，减少对添加，锦绣的帷幕对缀珠的门帘。探骊得珠对卞和献玉，鹭立岸上对鱼儿潜水。饭似玉屑，盐如水晶，手中的长剑对腰间的刀镰。燕子建巢选在深深庭院高楼上，蜘蛛结网挂在空荡荡的屋檐下。尉迟敬德大胆三夺齐王手中矛，东晋王恬善棋艺号称中兴第一。南浦送客归，春风浩荡碧波千顷；宁静的夜晚，一弯新月悄悄上了西楼。

相逢对遇见，仰视对瞻望，市场对里巷。脱帽辞官对绶印做官，握住头发对掀动胡髯。挂上绣幕，卷起珠帘，春秋石碏对南朝江淹。夜间赶路走得快，夜晚饮酒很安闲。心胸狭窄小人常戚戚，胸怀坦荡君子屡谦谦。诗经三百零五篇，有褒有贬弃恶扬善；周易六十四卦，吉凶福祸预测爻占。

探源 解意

①**玉兔**：月亮。神话传说，月亮中有白兔，故用为月亮的代称。[晋]傅玄《拟问天》云："月中何有？白兔捣药。" **银蟾**：月亮。神话传说，月亮中有蟾蜍，故也为月亮的代称。[唐]徐夤《寺中偶题》云："银蟾未出金乌（太阳）在，更上层楼眺海涛。"

②**醉侯**：西晋"竹林七贤"之一的刘伶，字伯伦，一生嗜酒，宣扬纵酒放诞生活，曾作《酒德颂》，人称"醉侯"。[唐]皮日休《夏景冲澹偶然作》诗云："他年谒帝言何事？请赠刘伶作醉侯。" **诗史**：唐代诗人杜甫，字子美，自幼好学，知识渊博，有政治抱负。善诗好赋，其诗歌创作对历代文人产生巨大影响，宋代以后被尊为"诗圣"。他的许多优秀诗作显示了唐朝从开元天宝盛世，转向分裂衰微的历史过程，因此被称作"诗史"。《新唐书·杜甫传赞》云："甫（杜甫）又善陈时事，律切精深，至千言不少衰，世号诗史。"

③**眼底**：眼中；眼下。[唐]白居易《自问行何迟》诗云："眼底一无

事，心中百不知。"**眉尖**：眉头；目前。[元]马致远《汉宫秋》曲云："眉头一纵，计上心来。"

④**风习习**：春风和暖。《楚辞·九思·伤时》云："风习习兮和暖，百草萌兮华荣。"

⑤**雨绵绵**：细雨绵绵。陈维崧《添字昭君怨》词云："今朝细雨太绵绵，且高眠。"

⑥**李苦**：亦作苦李，李果发苦。[唐]韩偓《寄诸朝士》云："众果却应存苦李，五瓶唯恐竭甘泉。"（参见上卷"四支"注㉕）**瓜甜**：甜瓜，又称甘瓜，一年生草本，以其味甜美有香气而名。（见《本草纲目·果五》）《墨子》云："甘瓜蒂苦（瓜甜而瓜蒂苦），天下无全美。"[汉]无名氏《古诗》云："甘瓜抱苦蒂，美枣生荆棘。"

⑦**画堂施锦帐**：**画堂**：有画饰的厅堂。**锦帐**：华丽的丝织帐子。[南朝梁]简文帝《倡妇怨情十二韵》云："斜灯入锦帐，微烟出玉床（玉饰的房子）。"

⑧**酒市舞青帘**：**酒帘**：酒店门前挂的酒旗，亦称望子，用以招引顾客。[南唐]李中《江边吟》诗云："闪闪酒帘招醉客，深深绿树隐啼莺。"[唐]张籍《江南曲》云："长干午日沽春酒，高高酒旗悬江口。"

⑨**横槊赋诗传孟德**：三国时期，赤壁大战在即，曹操（字孟德）大军集于长江北岸，恃其兵多将广，自信定能获胜。日落月上，他在船上置酒设乐宴会诸将，立于船头，洒酒祭江。自己满饮三爵已醉，横槊（长矛）对其诸将说："我持此槊，纵横天下，颇不负大丈夫之志。今对此景，甚为慷慨。我当作歌，汝等和之。"遂赋诗曰："对酒当歌，人生几何……"（见《三国演义》）

⑩**引壶酌酒尚陶潜**：东晋文学家陶潜（陶渊明），辞彭泽令归乡隐居后，在其《归去来兮辞》一文中写道："引壶觞以自酌，眄庭柯以怡颜，倚南窗以寄傲，审容膝之易安。"反映了他悠然自得的心境。（参见上卷"八齐"注㉞）

⑪**两曜迭明**：太阳和月亮日夜轮流照明。[南朝梁]梁元帝《纂要》云："日月谓之两曜。"[南朝梁]任昉《为齐宣德皇后重敦劝梁王令》云："四

时等契，两曜齐明。"

⑫**日东生而月西出**：《礼记·礼器》云："大明（太阳）生于东，月生于西。"

⑬**五行式序**：**式序**：按次第各显其功能。古人认为构成万物的五种元素水、火、金、木、土，既相生，又相克。相生，意味着相互促进，即："木生火，火生土，土生金，金生水，水生木"。相克，意味着相互排斥，即："水胜火，火胜金，金胜木，木胜土，土胜水"。（见《孙子·虚实》）

⑭**水下润而火上炎**：**下润**：向下浸润。**上炎**：向上燃烧。《尚书·洪范》云："水曰润下，火曰炎上。"

⑮**绣幕朱帘**：犹"珠帘绣幕"，门窗上饰有珠玉的帘子和绣花的罗幕。形容女子住房华丽。[宋]黄庭坚《诉衷情·珠帘绣幕卷轻霜》："珠帘绣幕卷轻霜。呵手试梅妆。"

⑯**探珠**："探骊得珠"。河上有个贫穷老人，靠编织苇席为生。一天，他的儿子潜入深潭，得到一枚价值千金的宝珠。老人生气地对儿子说："取石来锻之！夫千金之珠，必在九重之渊而骊龙颔下，子能得珠者，必遭其睡也。使骊龙而寤，子尚奚微之有哉？"（见《庄子·列御寇》）**献玉**：即"卞和献玉"。（参见下卷"十二侵"注⑨）

⑰**鹭立**：[唐]李白《白鹭鸶》诗云："白鹭下秋水，孤飞如坠霜。心闲且未去，独立沙洲傍。"**鱼潜**：[宋]僧文珦《枯鱼过河泣》诗云："为鱼当深潜，深潜身可肥。勿以风涛便，踊跃图奋飞。"

⑱**玉屑饭**：据《古事苑》载，唐代的郑仁本游嵩山时，遇见一人用斧凿嵩山之石得玉屑，既而取玉屑饭给郑仁本，说："食此，可以延年。"又据《酉阳杂俎·天咫》之说，食玉屑饭，"虽不足长生，可一生无疾。"

⑲**水晶盐**：亦作水精盐，透明如水晶的盐，产于环庆之墟盐池。[唐]李白《题东溪公幽居》诗云："客到但知留一醉，盘中只有水晶盐。"

⑳**手戟**：犹"手戴"，手所持的戈矛形利剑。《后汉书·吕布传》云："卓（董卓）拔手戟掷之，布拳捷（勇武迅捷）得免。"**腰镰**：犹似腰刀，其形略弯而柄短，便于执持。《魏书·傅竖眼传》："斌（萧斌）遣干爱诱

呼之，以腰刀为信，密令壮健者随之。"腰镰本是割草刀具。[宋]范成大《刈麦行》诗云："腰镰刈熟趁晴归，明朝雨来麦带泥。"

㉑**燕窠依邃阁**：燕子爱在高楼邃阁内巢居。[唐]李白《双燕离》诗云："玉楼珠阁不独栖，金窗绣户长相见。"

㉒**蛛网挂虚檐**：蜘蛛爱在凌空的房檐结网。[唐]姚合《酬任畴协律夏中苦雨见寄》诗云："丝网张空际，蛛绳（丝）续瓦沟（房檐瓦楞间的泄水沟）。"

㉓**夺槊至三唐敬德**：唐朝大将尉迟敬德，善于挥槊（长矛）避槊。齐王元吉也善于弓矛，但与敬德比试，总刺不着敬德。对打时最难的是夺下对方的槊，唐太宗命敬德夺元吉的槊。尽管元吉极力挥槊护槊，还是被敬德连夺三次。（见《旧唐书·尉迟敬德传》）

㉔**奕棋第一晋王恬**：奕：通"弈"。东晋宰相王导的次子王恬，字仲豫，少年好武，秉性放诞，不拘礼法。但多技艺，善弈棋，号称"中兴第一"。（见《晋书·王导传》）

㉕**南浦客归，湛湛春波千顷净**：这是写春天在辽阔的湖水岸边与客人告别的情景。**南浦**：泛指南面的水边，诗人常以南浦为送别客人之地。[宋]戴复古《代人送别》诗云："南浦春波碧，东风送客船。"[宋]范仲淹《忆杭州西湖》诗云："长忆西湖胜鉴湖，春波千顷绿如铺。"

㉖**西楼人巧，弯弯夜月一钩纤**：这是五代南唐国主李煜降宋后，抒发他亡国为囚的孤独感受。他在其《相见欢》词中写道："无言独上西楼，月如钩、寂寞梧桐深院锁清秋。"[宋]陆游《倚楼·初三日》诗云："暮云细细鳞千叠，新月纤纤玉一钩。"

㉗**市井**：市场，做买卖的地方。《管子·小匡》云："处商必就市井。"也用来称商人。《史记·平准书》云："市井之子孙，亦不得仕宦为吏。"**闾阎**：里巷住宅。也用来称平民。《史记·苏秦列传论》云："苏秦起（出身）闾阎（民间），连六国从亲，此其智有过人者。"

㉘**投簪**：辞去官位。古代人用簪把帽子牢扎在头发上，投簪即弃掉官帽。[晋]陶渊明《辛丑岁七月赴假还江陵夜行途口作》诗云："投冠旋旧墟（回故里），不为好爵萦（牵挂）。"**结绶**：往官服上系结印带，比喻出仕做

官。[南朝宋]颜延之《秋胡》诗云:"脱巾(脱下平民头巾)千里外,结绶登王畿(进京做官)。"

㉙握发:周成王封周公旦的儿子伯禽为鲁王,周公告诫伯禽说:"我现在任宰相辅佐成王,责任不轻,一沐三握发(洗头时三次握发停洗以接待来客),一饭三吐哺(吃饭时三次吐出口中饭停餐以接待来客),犹恐失天下之士。"(见《韩诗外传》)掀髯:发笑时开口张须的样子。[宋]苏轼《次韵刘景文见寄》诗云:"细看落墨皆松瘦,相见掀髯正鹤孤。"

㉚张绣幕:张挂绣花罗幕。[宋]毛滂《虞美人·东园赏春》词云:"更将绣幕密遮花,任是东风急性,不由他。"

㉛卷珠帘:卷起珍珠帘子。[唐]杜牧《赠别》诗云:"春风十里扬州路,卷上珠帘总不如。"

㉜石碏:春秋时期,卫国大夫石碏的儿子石厚,与卫庄公妾所生之子州吁合谋,杀死卫桓公,州吁取代兄长自立为君。为此,石碏把州吁和石厚诱骗到陈国斩首,并迎立公子晋为卫君。时人盛赞石碏大义灭亲之举。(见《左传·隐公三年》)江淹:南朝梁国文学家江淹,字文通,自幼孤贫好学,早年即以文章著名,晚年诗文则不如前期,人谓"江郎才尽"。(见《南史·江淹传》)

㉝宵征方肃肃:形容夜间行走很急速。语出《诗经·召南·小星》:"肃肃宵征(急速夜奔),夙夜在公(早晚都在为官家忙碌)。"

㉞夜饮已厌厌:形容夜间饮酒很痛快。语出《诗经·小雅·湛露》:"厌厌(通'餍',饱;满足)夜饮,不醉无归。"

㉟心褊小人长戚戚:心褊:"褊心",心地狭窄。这是《论语·述而》中"君子坦荡荡,小人长戚戚(忧惧)"文句的化用。

㊱礼多君子屡谦谦:谦谦:很谦逊。这是《易经·谦》中"谦谦君子,卑(谦卑)以自牧(自修)"文句的化用。

㊲美刺殊文,备三百五篇诗咏:美刺:有赞美有讽刺。孔子删修的诗经三百零五篇,扬善抑恶,内容全面,开创了有褒有贬的特殊文风。

㊳吉凶异画,变六十四卦爻占:伏羲氏画八卦,文王演变六十四卦,

占卜吉凶祸福。(见《周易》)

盐韵部代表字

盐 檐 廉 严 占 谦 帘 嫌 髯 奁 纤 签
瞻 蟾 炎 添 兼 缣 沾 尖 潜 阎 镰 幨
粘 淹 钳 甜 恬 拈 砭 铦 詹 蒹 歼 黔
铃

盐韵律诗例选

蜂

[唐] 罗 隐

不论平地与山尖,无限风光尽被占。
采得百花成蜜后,为谁辛苦为谁甜?

声韵、口语、散文

　　日常生活中，有人讲话像山间流水一样，哗啦啦的，很动听。有的人出口就是顺口溜，好听好记。特别是好的电视台主持人，讲话抑扬顿挫，优美动听，一套一套的，让人听不烦。好的散文作家写出来的散文就是长短句兼有的一首长诗，不仅内容好意境美，而且念起来上口，念的遍数多了，便会不由照文哼唱起来。可是有的人讲话疙里疙瘩的，不顺耳，别扭。这是什么原因呢？这与文化素养有关，特别是与语言的抑扬顿挫有关。

　　口语也好，书面语也好，如果音调平仄相间，自然会抑扬呼应。在诵读中，能够把握文中的思想感情，念字句又注意轻重急缓，那么动人的艺术效果一下子便出来了。好的发言稿，好的散文和散文诗，都是有韵律的，虽然不像律诗那样规范，但是有一种自然的押韵出现。有的人将稿子写好后，首先自己一遍遍地念，不顺口就改，这就是"炼句"。主持人台上说得很风光，殊不知台下的苦练绝不是一日之功。

　　《声律启蒙》和《笠翁对韵》自清朝以来，是韵书中最好听好记、最易普及的读本，所以从孩提时代就要背诵。实践证明，这对于一个人一生的说与写都是有好处的。本书将《声律启蒙》的内涵全部展开，读者在细细品味之中，就算是初识韵律，也会在口语和散文的写作中受到熏陶，有所进步。

十五 咸

清对浊，苦对咸，一启对三缄①。烟蓑对雨笠②，月榜对风帆③。莺睍睆④，燕呢喃⑤，柳杞对松杉。情深悲素扇⑥，泪痛湿青衫⑦。汉室既能分四姓⑧，周朝何用叛三监⑨。破的而探牛心，豪矜王济⑩；竖竿以挂犊鼻，贫笑阮咸⑪。

能对否，圣对凡，卫瓘对浑瑊⑫。雀罗对鱼网⑬，翠巘对苍岩⑭。红罗帐⑮，白布衫⑯，笔格对书函⑰。蕊香蜂竞采⑱，泥软燕争衔⑲。凶孽誓清闻祖逖[20]，王家能乂有巫咸[21]。溪叟新居，渔舍清幽临水岸；山僧久隐，梵宫寂寞倚云岩[23]。冠对带，帽对衫，议鲠对言谗[24]。行舟对御马[25]，俗弊对民岩[26]。鼠且硕[27]，兔多毚[28]，史册对书缄[29]。塞城闻奏角[30]，江浦认归帆[31]。河水一源形弥弥[32]，泰山万仞势岩岩[33]。郑为武公，赋缁衣而美德；周因巷伯，歌贝锦以伤谗[35]。

译文

清对浊，苦对咸，一次打开对三次封口。蓑衣对斗笠，月下摇橹对乘风扬帆。黄莺鸣叫，燕子细语，柳树杞树对松树杉树。班婕妤失宠心郁寄情《团扇歌》，白居易被贬失意泪写《琵琶行》。东汉按官员等级分四姓，周朝三监叛乱被周公旦平。西晋王济一箭破的，打赌赢喜割牛心走人；阮咸挑杆晒粗布短裤，自嘲家贫讽社会不公。

能够对否定，圣贤对平凡，西晋卫瓘对唐代浑瑊。捕雀的罗对打鱼的网，碧绿的山峰对青色的山崖。红罗帐，白布衫，笔架对信函。蜜蜂竞采香花蕊，燕子筑巢争软泥。祖逖发誓消灭凶孽收复中原，商臣巫咸善占卜辅佐王室复兴。临近水边的渔舍清新幽静，是渔父的新居；依靠高山的佛寺寂寞冷清，是山僧长久隐居的地方。

冠对带，帽对衫，直语对逸言。乘船对驾车，习俗鄙陋对民心涣散。硕鼠大，肥兔贪，史册对书缄。边塞听号角，江边看归帆。黄河之源水浩荡，泰山万仞势峻险。郑武公治郑有功，周王室赏《缁衣》嘉奖其美德；幽王听信谗言对巷伯孟子施宫刑，孟子愤作《贝锦》以自悼伤。

探源解意

①一启：启齿；开口说话。[唐]柳宗元《乞巧文》云："抃嘲似傲，贵者启齿。"三缄：闭嘴；封口三重。[汉]刘向《说苑·敬慎》云："孔子之（到）周，观于太庙，右陛之前有金人焉，三缄其口，而铭其背曰：'古之慎言人也。'"

②烟蓑、雨笠：隐士穿戴的蓑衣和斗笠。[宋]苏轼《书晁说之考牧图后》诗云："烟蓑斗笠长林下，老去而今空见画。"

③月榜：月下划船。[宋]苏轼《至秀州赠钱端公》诗云："鸳鸯湖边月如水，孤舟夜傍鸳鸯起。"风帆：乘风而行的帆船。[唐]韩愈《岳阳楼别窦司直》诗云："严程迫风帆，劈箭入高浪。"

④莺睍睆：黄莺鸣叫声。语出《诗经·邶风·凯风》："睍睆黄鸟（黄莺），载好其音。"

⑤燕呢喃：燕子鸣叫声。[唐]刘兼《春燕》诗云："多时窗外语呢喃，只要佳人卷绣帘。"

⑥**情深悲素扇**：西汉女文学家班婕妤，是班固的祖姑，幼有才学，极善诗歌。汉成帝时被选入宫，封为婕妤（妃嫔）。后来赵飞燕得宠，班婕妤退于长信宫侍候皇太后。传说，班婕妤失宠后，心忧郁郁，遂作《团扇歌》："新制齐纨素，皎洁如霜雪。裁为合欢扇，团团似明月。出入君怀袖，动摇微风发。常恐秋节至，凉飙夺炎热。弃捐箧笥中，恩情中道绝。"全唐诗李嘉佑《古兴》云："莫道君恩长不休，婕妤团扇苦悲秋。"

⑦**泪痛湿青衫**：白居易在唐宪宗元和年间，因得罪权贵，被贬为江州（今江西九江）司马，遂作长篇叙事诗《琵琶行》，借写昔日长安歌伎弹奏琵琶诉说身世，哀叹沦落，抒发自己在政治上的失意之感。诗中有"座中泣下谁最多？江州司马青衫湿"。

⑧**汉室既能分四姓**：据东汉荀悦《汉纪》载，东汉官员按等级分为四姓：尚书以上为甲姓；九卿、方伯为乙姓；散骑常侍、太中大夫为丙姓；吏部正员外郎为丁姓。此外，东汉各区域多爱突出本域内四大名门显贵之姓，合称四姓。汉明帝时，外戚有樊、郭、阴、马四姓；其子弟称"四姓小侯"，为四姓小侯开立学校，配置五经师。

⑨**周朝何用叛三监**：周武王灭商后，封殷纣王的儿子武庚为商朝故都朝歌之方伯（诸侯之长），并以朝歌以东为卫国，由武王之弟管叔监之；朝歌以西为墉国，由武王之弟蔡叔监之；朝歌以北为邶国，由武王之弟霍叔监之，合称"三监"。武王死后，管、蔡、霍三叔（三监）反而与武庚谋反，背叛周朝，周公旦出师平叛，处死管、蔡。（见《礼记·王制》）

⑩**破的而探牛心，豪矜王济**：西晋土豪王恺，有一头自称能超八百里骏马的快牛。号称"马癖"的中书郎王济，愿以千万钱币作赌，与王恺比赛射箭，以换牛。王济先射，结果一发破的（射中靶心）。王济立即喝令左右，说："速探牛心来！"割下牛心便扬长而去。（见《晋书·王恺传》）

⑪**竖竿以挂犊鼻，贫笑阮咸**：西晋阮咸，字仲容，性情放荡，不拘礼法，善弹琵琶。在阮姓村里，家居道南。居住道南者家贫；居住道北者家富。七月七日，此地流行晒衣，道北人皆晒纱罗锦绮，独有道南阮咸竖竿晒犊鼻（粗布短裤），嘲弄世道不公。（见《晋书·阮咸传》）

⑫**卫瓘**：西晋名将卫瓘，字伯玉，魏末任廷尉卿（主管刑狱），监督邓艾、钟会的军队攻蜀。蜀被平后，钟会在蜀反叛，卫瓘纠集诸将平定，斩杀钟会。晋武帝时，出任乌桓校尉，北方安宁。（见《晋书·卫瓘传》）**浑瑊**：唐代名将浑瑊，本名进，十一岁入朔方军，以勇武著称，御敌平乱，屡立战功。（见《新唐书·浑瑊传》）

⑬**雀罗**：捕雀的网罗。古有"门可罗雀"的故事。西汉下邽（今陕西渭南东北）人翟公任廷尉时，宾客盈门。后被贬废，"门外可设雀罗"，无客来访。再者，汉武帝时，郑庄与汲黯两人位列九卿，廉洁奉公。后被废职，家贫如洗，宾客益少。司马迁说："以汲、郑之贤，有势，则宾客十倍，无势则否。"（见《史记·汲黯郑庄传》）**鱼网**：捕鱼的网。古有"鱼网鸿离"的故事。《诗经·邶风·新台》："鱼网之设，鸿则离（通'雁'，遭难）之。"设网本为捕鱼，结果鸿雁也被网住。

⑭**翠巘**：翠绿色的小山。[宋]苏轼《祭常山回小猎》诗云："回望白云生翠巘，归来红叶满征衣。" **苍岩**：深青色的高峰。太行山中段有苍岩山（在河北井陉西南），群峦叠翠，景色佳丽，古迹众多，素有"五岳奇秀揽一山，太行群峰唯苍岩"之誉。

⑮**红罗帐**：富家女子用的红丝帐子。[汉]班婕妤《长信秋词五首》诗云："白露堂中细草迹，红罗帐里不胜情。"

⑯**白布衫**：平民百姓穿的白布单衣。[明]施耐庵《水浒传》云："张顺上穿一领白布衫，腰系一条绢搭膊。"

⑰**笔格**：笔架。[唐]陆龟蒙《和袭美江南道中怀茅山广文南阳博士》诗云："自拂烟霞安笔格，独开封检试砂床。"[唐]杜甫《题柏大兄弟山居屋壁》诗云："笔架沾窗雨，书签映隙曛。" **书函**：书封套为函，书一套、信一封皆称书函。《后汉书·祭祀志》："以吉日刻玉牒、书函，藏金匮，玺印封之。"

⑱**蕊香蜂竞采**：这是唐代温庭筠《惜春词》中"蜂争粉蕊（花心）蝶分香，不似垂杨惜金缕"诗句的化用。

⑲**泥软燕争衔**：这是宋朝苏轼《浣溪沙》中"风压轻云贴水飞，乍晴池

馆燕争泥"词意的化用。

⑳凶孽誓清闻祖逖：西晋末年，羯人首领石勒作乱，攻陷洛阳。西晋名将祖逖，率河北涞水亲党（乡党）数百家南迁京口（今江苏镇江）。晋元帝时，中原大乱，元帝封祖逖为奋威将军兼豫州刺史渡江北伐。渡至江心，祖逖以楫（船桨）击水发誓说："不清中原而复济（回渡）者，有如此水。"表达了恢复中原失土的决心。（见《晋书·祖逖传》）

㉑王家能乂有巫咸：传说，商朝中宗太戊的大臣巫咸，是鼓的发明者，是用筮占卜的创始人，又是占星家。他辅佐中宗"大修成汤之政，商道复兴"。《尚书·君奭》有"巫咸乂（治理）王家"的记载。

㉒溪叟新居，渔舍清幽临水岸：渔父新搬进河边清静的渔舍内。[宋]陆游《鹧鸪天·渔翁》词云："逢人问道归何处，笑指船儿此是家。"[宋]陆游《鹊桥仙》词云："酒徒一半取封侯，独去作江边渔父。"

㉓山僧久隐，梵宫寂寞倚云岩：山僧隐居在云崖幽静的佛寺中。[唐]独孤及《登山谷寺上方答皇甫侍御卧疾阁陪车骑之后》诗云："梵宫（佛寺）香阁攀霞上（天空云层之上），天柱孤峰指掌看。"

㉔谠鲠：鲠言；直言。《新唐书·韩愈传》云："操行坚正，鲠言无所忌。"言谗：谗言，说别人的坏话。《楚辞·离骚》云："荃（暗指下令囚禁屈原的楚怀王）不察余之中情兮，反信谗而齌怒（发怒）。"

㉕御马：驾驭车马。《旧唐书·礼仪志》云："玄宗御马而登，侍臣从。"

㉖俗弊：平庸人的弊病。《荀子·儒效》云："不学问，无正义，以富利为隆，是俗人者也。"民岩：民众意见不同，难管理。《尚书·召诰》云："王不敢后（怠慢），用（因为）顾畏（担心）于民岩。"

㉗鼠且硕：大老鼠。人们常把贪官喻为硕鼠。《诗序》云："蚕食于民，不修其政，贪而畏人，若大鼠也。"

㉘兔多毚：贪婪的大肥兔。[汉]扬雄《法言·问明》云："不慕由（许由。尧拟让位给许由，由不受，逃至箕山下，农耕而食），即夷（伯夷，商末孤竹君的长子。孤竹君让次子叔齐继位。孤竹君死后，叔齐要让位给兄，伯夷不受）矣，何毚（贪婪）欲之

有？"

㉙**史册**：史书。[宋]苏轼《谢张太保撰先人墓碣书》云："先朝载之史册，今虽容布（布衣平民）不知，后世决不可没。"**书缄**：书信。《水浒传》云："李应教请门馆先生来商议，修了一封书缄。"

㉚**塞城闻奏角**：边城闻听战斗号角。[唐]李益《过五原胡儿饮马泉》诗云："悲笳数声动，壮士惨不骄。"

㉛**江浦认归帆**：江边迎接亲人归来。[唐]刘采春《望夫歌》诗云："朝朝江口望，错认几人船。"[宋]某子发《锦石岩》诗云："一段画图奇绝处，夕阳天际认归帆。"

㉜**河水一源形弥弥**：语出《诗经·邶风·新台》"新台（卫宣公所筑台名）有泚（敞亮），河水弥弥（同'瀰瀰'，深且满）。"

㉝**泰山万仞势岩岩**：语出《诗经·鲁颂·閟宫》"泰山岩岩（雄伟高大），鲁邦（鲁国）所詹（通'瞻'，仰望）。"

㉞**郑为武公，赋缁衣而美德**：《诗经·郑风·缁衣》载：郑武公任周王室司徒时，治理郑国功高德望，周王室以缁衣嘉奖其美德。另一说是，郑武公爱贤，他以缁衣赏给郑国贤者当朝服。**缁衣**：帛做的朝服。

㉟**周因巷伯，歌贝锦以伤谗**：《诗经·小雅·巷伯》载：春秋时期，周幽王听信谗言，对巷伯（亦称"寺人"，官名，类似宦官）孟子（人名）施以宫刑（割掉生殖器）。孟子伤于谗言，愤而作《贝锦》诗，以自伤悼。（此处的"孟子"不是儒家学说派的孟子。）

咸韵部代表字

咸　鹹　函　缄　岩　馋　衔　帆　衫　杉　监　凡
谗　芟　搀　巉　鑱　啣

咸韵律诗例选

隋　宫

[唐]李商隐

乘兴南游不戒严，九重谁省谏书函。
春风举国裁宫锦，半作障泥半作帆。

读写诗词常识

入声字表

【一屋】屋木竹目服福禄毂熟谷肉族鹿漉腹菊路轴逐苜蓿牧宿夙读犊牍渎黩縠复粥肃碌骕鹜育六缩哭幅斛戮仆畜菽蓄叔淑俶倏独卜馥沐速祝麓辘恧镞簇蹙筑穆睦秃榖覆辐瀑曝郁舳朒掬蹴踘茯复蝮鹄鹏髑

【二沃】沃俗玉足曲粟烛属录辱隅绿毒局欲束鹄梏告蜀促触续欲酷躅褥旭欲笃督赎劚项蓐渌骁

【三觉】觉角桷榷岳乐促朔数卓斫啄琢剥驳雹璞朴壳确浊濯擢渥幄学榷涿

【四质】质日笔出室实疾术一乙壹吉秩密律逸史漆栗毕恤蜜橘溢瑟膝匹述慄黜跸弼七叱卒悉戌嫉帅蒺姪轻踬怵蟋蟀笮篥必宓秫栉飋窸

【五物】物佛拂屈郁乞掘讫吃绂黼弗髴勿绋不迄

【六月】月骨髪阙越谒没伐罚卒竭窟芴钺歇发突忽袜鹘厥蕨蹶曰阀筏暍殁掘橛楬揭蝎勃纥龁龁孛渤揭碣

【七曷】曷达末扩活钵脱夺褐割沫拔葛阏渴拨豁括抹遏挞跋撮泼斡秣掇妲怛秳獭剌

【八黠】黠拔鹘八察杀刹轧嘎瞎刮刷滑辖捋猾鍄獭

【九屑】屑节雪绝列烈结穴说血舌洁别缺裂热决铁灭折拙切悦辙诀泄洩咽噎傑彻澈哲鳖设啮劣掣玦截窃孽浙孑桔拮揭撷缬羯挈抉袤薛拽爇冽蘖臬瞥撇迭跌阅缀掇

【十药】药薄恶作乐落阁鹤爵弱约脚雀幕洛壑索郭错跃若酌托削铎凿却鹊诺萼度橐漠钥著虐掠穫泊搏簿锷藿嚼勺谑廓绰霍镬莫箨各略缚貉濩骆寞膜鄂博昨拓柝

【十一陌】陌石客白泽伯迹宅席策册碧籍格役帛戟壁驿麦额柏魄积脉夕液尺隙逆画百辟虢赤易革屐脊获翮适帻宅隔益窄核覈舃掷责圻惜癖辟僻掖腋释译择摘崿奕迫疫昔赫瘠谪亦硕貊跖鶺鸰只炙踯斥吓晳妾淅骼鬲舶珀

【十二锡】锡壁历枥击绩笛敌滴镝檄激寂觋析溺觅荻狄幎鹢戚慼的涤吃沥霹雳剔惕砾翟籴倜

【十三职】职国德食蚀色力翼墨极息直得北黑侧贼饰刻则塞式轼域植殖敕饬棘惑默织匿仪臆特勒劾仄昃稷识逼克即弋拭陟测翊恻洫穑鲫克嶷抑或

【十四缉】缉辑戢立集邑急入泣溼习给十拾袭及级涩粒楫汁蛰笠执隰汲繫萁浥挹岌熠

【十五合】合塔答纳榻阁杂腊蜡匝阖蛤衲沓榼鸽踏飒拉塌遝盍

【十六叶】叶贴帖牒接猎妾蝶叠箑惬涉捷颊楫摄蹑协侠荚靥睫浃慑蹀挟铗燮摺耷馇踏辄婕镊渫谍堞

【十七洽】洽狭峡法甲业邺匣压鸭乏怯劫胁插锸歃押狎夹恰蛱硤

汉韵细品

主要参考文献

《声律启蒙》原文参考国家图书馆珍藏的、光绪三年（1877）宝经堂出版的原文之刻本。

《声律启蒙与笠翁对韵探源精解》，王润安、陈泓，中国纺织出版社，2014年。

《诗词格律》，王力，中华书局，2009年。

《词学概说》，吴丈蜀，中华书局，2000年。

《诗文声律论稿》，启功，中华书局，2009年。

《毛泽东诗词欣赏》，周振甫，中华书局，2010年。

《词源》《诗渊》《唐诗鉴赏辞典》《宋词鉴赏辞典》《四书五经》《二十五史》《太平广记》《世说新语》等。